数字档案馆与信息技术

徐健 主编

Shuzi Dang'anguan Yu Xinxi Jishu

信息管理本科教材系列

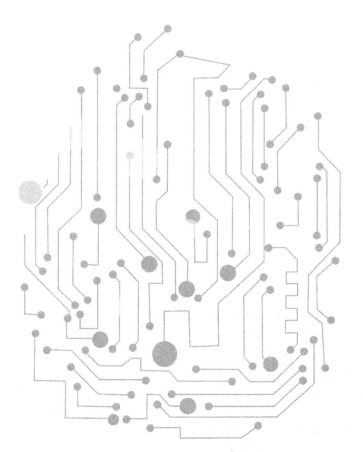

中山大学出版社

·广州·

版权所有　翻印必究

图书在版编目（CIP）数据

数字档案馆与信息技术／徐健主编. —广州：中山大学出版社，2021.9
（信息管理本科教材系列）
ISBN 978-7-306-07123-1

Ⅰ. ①数⋯　Ⅱ. ①徐⋯　Ⅲ. ①数字技术—应用—档案馆—研究　Ⅳ. ①G270.7

中国版本图书馆 CIP 数据核字（2021）第 026196 号

出 版 人	王天琪
策划编辑	曹丽云
责任编辑	曹丽云
封面设计	林绵华
责任校对	梁嘉璐
责任技编	靳晓虹
出版发行	中山大学出版社
电　　话	编辑部 020-84110776，84111996，84111997，84113349 发行部 020-84111998，84111981，84111160
地　　址	广州市新港西路 135 号
邮　　编	510275　　　　传　真：020-84036565
网　　址	http://www.zsup.com.cn　E-mail:zdcbs@mail.sysu.edu.cn
印 刷 者	广东虎彩云印刷有限公司
规　　格	787mm×1092mm　1/16　17 印张　343 千字
版次印次	2021 年 9 月第 1 版　2023 年 12 月第 2 次印刷
定　　价	52.00 元

如发现本书因印装质量影响阅读，请与出版社发行部联系调换

信息管理本科教材系列
编 委 会

林俊洪　张　靖　陈定权　聂勇浩　彭国超
李海涛　周　旖　朱　侯　唐　琼

目录

第1章 数字档案馆与信息技术概论 ······ 1
1.1 数字档案馆的概念与特征 ······ 2
1.2 中国古代科技对档案事业的影响 ······ 3
1.3 现代信息技术进展 ······ 10
1.4 档案信息化发展趋势 ······ 13
思考题 ······ 16
参考文献 ······ 16

第2章 数字档案信息获取技术 ······ 17
2.1 电子文件的鉴定与归档 ······ 18
2.2 档案数字化技术 ······ 27
2.3 数字扫描仪和OCR技术 ······ 36
2.4 条形码和二维码技术 ······ 44
2.5 RFID技术 ······ 49
实验设计 ······ 53
思考题 ······ 53
参考文献 ······ 54

第3章 数字档案信息组织技术 ······ 55
3.1 通用置标语言及其相关标准——从SGML到XML ······ 56
3.2 元数据 ······ 88

3.3　电子文件管理系统 ………………………………………… 96
　　实验设计 ……………………………………………………… 110
　　思考题 ………………………………………………………… 110
　　参考文献 ……………………………………………………… 110

第4章　数字档案信息发布技术 …………………………… 113
　　4.1　数字档案网站发布技术分析 ……………………………… 114
　　4.2　移动数字档案馆发布技术分析 …………………………… 132
　　实验设计 ……………………………………………………… 147
　　思考题 ………………………………………………………… 147
　　参考文献 ……………………………………………………… 147

第5章　数字档案信息检索技术 …………………………… 151
　　5.1　数字档案信息检索 ………………………………………… 152
　　5.2　图像检索技术 ……………………………………………… 155
　　5.3　地图检索技术 ……………………………………………… 159
　　5.4　音频检索技术 ……………………………………………… 162
　　5.5　搜索引擎技术 ……………………………………………… 168
　　5.6　云检索 ……………………………………………………… 174
　　思考题 ………………………………………………………… 177
　　参考文献 ……………………………………………………… 177

第6章　数字档案信息利用技术 …………………………… 179
　　6.1　数据挖掘技术 ……………………………………………… 180
　　6.2　信息抽取技术 ……………………………………………… 192
　　6.3　虚拟现实技术 ……………………………………………… 200
　　6.4　大数据技术 ………………………………………………… 204
　　实验设计 ……………………………………………………… 207

思考题 …… 208
参考文献 …… 208

第 7 章 数字档案信息安全技术 …… 211

7.1 物理安全技术 …… 212
7.2 网络安全技术 …… 214
7.3 系统安全技术 …… 219
7.4 数据安全技术 …… 224
实验设计 …… 234
思考题 …… 234
参考文献 …… 234

第 8 章 数字档案信息长期保存技术 …… 237

8.1 数字档案信息长期保存的技术需求 …… 238
8.2 数字档案信息长期保存技术的类型 …… 243
8.3 数字档案信息长期保存的相关新兴技术 …… 246
实验设计 …… 258
思考题 …… 258
参考文献 …… 258

后 记 …… 261

第1章　数字档案馆与信息技术概论

本章对数字档案馆与信息技术进行概述。首先，对数字档案馆的概念、特征进行阐述；其次，以中国古代科技（如甲骨材料制作技术、冶金术、丝织技术、造纸术、印刷术、中药学等）的发展为主线，阐明科学技术的发展是档案事业赖以生存和发展的动力，而古代档案载体演化也是中国科技发展的产物；再次，对现代信息技术（如传感技术、计算机技术、通信技术）的发展趋势、历次信息技术革命的核心内容及主要特点进行介绍；最后，对档案信息化发展的协同化、项目化、集成化、通用化、专业化、平台化等趋势进行分析和总结。

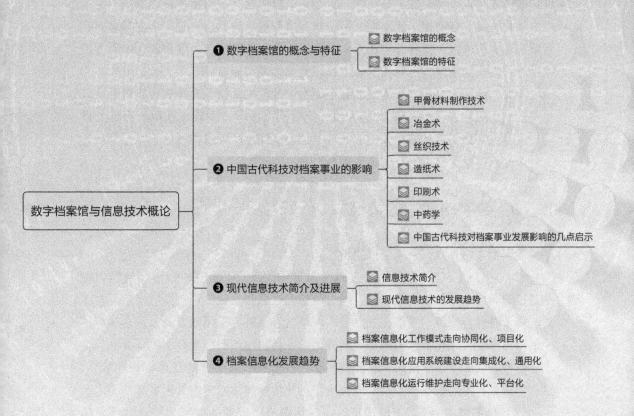

1.1 数字档案馆的概念与特征

1.1.1 数字档案馆的概念

数字档案馆概念的提出离不开计算机技术的发展。早在20世纪70年代中期，随着计算机技术的发展和普及，国外部分档案馆就已经开始了档案业务自动化的尝试。一方面，档案馆传统的卡片式目录管理开始过渡到机读目录管理，对档案全文的信息管理也随之提上日程；另一方面，随着各行各业的信息化，电子文件数量持续增长，对档案馆档案管理工作提出了新的要求。此外，数字图书馆逐渐从概念变成事实，也为数字档案馆的发展指明了道路。

数字档案馆这一概念自出现以来，始终没有一个统一、明确的定义，这是因为数字档案馆正处在不断发展变化的过程中，不同时期、不同角度对数字档案馆概念的描述存在差异。数字档案馆不只是一个技术意义上的信息管理系统，它还以数字化资源、自动化工作流程、网络化存取等特点为标志，是一个在各级档案行政管理机构的统一指导、协调下，分层履行各自职能的、高度自动化的新型档案信息管理机构群体，是对传统档案馆职能的继承与创新。

本文采纳了朱小怡等人提出的数字档案馆的定义：指在分布式计算机网络环境中，利用数字技术、多媒体技术和计算机网络技术，创建、获取、存储、处理、发布数字档案信息的档案馆或其他数字档案信息管理机构群体，是国家和地方各级政府信息化建设的有机组成部分。[1]

1.1.2 数字档案馆的特征

数字档案馆具有以下三个主要特征：

（1）数字档案馆信息资源具有海量与异构性特点。首先，数字档案馆馆藏信息资源具有多来源的特征。除了通过传统的纸质档案数字化获得数字信息资源外，随着各种传感器、网络在线办公、网络内容服务等应用的普及，从多来源产生的海量原生数字化信息资源正逐渐成为数字档案馆馆藏的重要构成。其次，文本、音频、视频等不同格式和不同技术标准的数字档案共存的状态将长期存在，这种异构性特点对数字档案馆管理提出了远比传统实体档案馆管理更高的要求。

（2）档案信息传递具有网络化特点。馆藏信息资源的数字化特点为档案信息传递带来了便利，使档案信息用户不需要亲自到馆也可以获得档案信息借阅服务。数字档案馆通过客户端、网站、手机小程序等多种途径，为用户提供不间断的远程服务。档案信息获取的成本明显降低，档案利用效率得到显著提升。

（3）数字档案馆之间的互联性得到明显提升。相比传统档案馆所提供的"信息孤岛"式档案服务，身处网络环境中的数字档案馆从诞生之日起就具有了互联互通的先天优势。数字档案馆之间的数据集成、协议规范、检索集成等后台的工作，可以为档案用户提供一站式的检索服务，像利用通用搜索引擎那样方便地获得相关档案信息，极大地提升了档案利用效率。

1.2　中国古代科技对档案事业的影响

中国是世界四大文明古国之一，有着光辉灿烂的文明历史。历史的不断演变和发展，催生了数量众多的科技发明。这些在当时非常先进的科学技术推动了档案管理及载体保护技术的形成和发展，但消极的科技思想也对档案事业产生了迟滞和阻碍作用。

在中国古代数量众多的科学技术成果中，对档案管理影响较大的有甲骨材料制作技术、冶金术、丝织技术、造纸术、印刷术和中药学等。[2]

1.2.1　甲骨材料制作技术

甲骨文书是以龟甲和兽骨为载体材料，如图1-1所示。取龟甲作为记录载体材料，原因有三：一是龟被殷人视为通神灵物，"麟凤龟龙，谓之四灵"（《礼记·礼运》）；二是龟甲和兽骨质地坚韧，不易腐败；三是龟甲和兽骨形状扁平，便于刻写。其形成至少有四道工序：整治、凿钻、灼兆和刻辞。甲骨整治要经过锯、削、刮、磨等工序；凿钻是占卜前在甲骨背面按一定间距施以凿和钻；灼兆即在凿钻处用圆形木条炭火灼炙；刻辞是用刀将信息内容刻于甲骨上，并涂成红色或黑色。

甲骨经过灼炙处理后，其表面有机物被碳化，而炭是档案制作材料中最稳定耐久的物质，具有防腐避蚀功能。字迹材料红色的主要

图1-1　甲骨文
（图片来源：https://wapbaike.baidu.com/tashuo/browse/content? id = cf48fae3075fa3c0630f30de&fromLemmaModule = &lemmaId = 16914&bk _ share = wechat&bk_sharefr = wapbaike）

成分是红色的赤铁矿和朱砂,而黑色则以炭黑为主,它们都是天然无机颜料,耐久性好。甲骨档案从材料制作开始就体现了古人的良苦用心,他们为制成一块文书载体材料而精工细作,为后人留下了丰富的文书载体材料制作经验。

1.2.2 冶金术

中国的冶金术大约始于炎帝、黄帝时期的青铜冶炼。至夏代,人们开始用青铜制作礼器和祭器。殷商时期,我国青铜器冶炼烧制技术已经很发达。河南安阳武官村1939年出土的后母戊鼎(又称"司母戊鼎")说明了殷代的冶铸水平,这是我国乃至世界古代青铜文化中所仅见的,如图1-2所示。西周时期,铸造青铜器的技术得到进一步发展,青铜器不仅在数量上大大超过商代,而且器物种类也更加多样化,这是中国青铜器的鼎盛时期。

图1-2 青铜方鼎

(图片来源:https://baike.baidu.com/item/%E5%95%86%E5%91%A8)

青铜器的出现,为金文档案的产生提供了载体材料。金文档案是继甲骨档案后我国历史上又一种珍贵的特有的历史档案。金文即铸刻在青铜器上的铭文。金文档案是重要的记事档案,当有重要文件需要长期保存,或重大事件需永久留作凭证或纪念时,人们就铸一件青铜鼎,用于祭奠祖先,并传诸后世子孙。因此,青铜器铭文作为档案的盛行,增强了上流社会的档案意识,促进了档案管理工作的不断完善,为档案事业的发展提供了物质基础。

1.2.3 丝织技术

中国古代丝织技术水平较高,马王堆汉墓所出土的丝织品,其高超的工艺技术令人赞叹。到唐宋时期,丝织工艺已经达到非常成熟、精湛的程度。缣帛是古代丝织品的通称。以缣帛作为书写材料的时间很早,学术界一般认为最迟在春秋战国时期。战国及秦汉时期,缣帛与简牍并行于社会。凡是有纪念意义的或重大的事件,往往用缣帛来记录,以示庄重和珍贵,如图1-3所示。缣帛作为档案载体经历的时间跨度比较长,在纸张出现之前,与简牍一起成为其时主要的书写材料。纸张出现后,缣帛并未完全被停止使用,仍沿用至近现代。

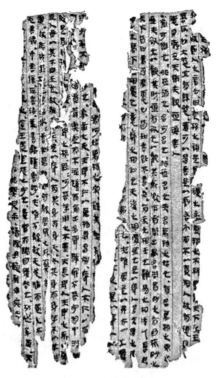

图 1-3 缣帛文献

（图片来源：https://baike.baidu.com/item/%E9%A9%AC%E7%8E%8B%E5%A0%86%E5%B8%9B%E4%B9%A6/3024663？fr=aladdin）

缣帛之用于书写，由其本身的一些优点所决定。一是缣帛质地轻薄，柔软平滑，可以随意折叠和舒卷，便于查阅、传递和保管；二是缣帛容量大，幅面的大小可根据文字的多少灵活裁剪，便于携带；三是缣帛表面平滑，书写时容易着墨，书写清晰；四是缣帛中所含纤维伸张力强，遇水时膨胀系数极小，不易变形、受侵蚀，比竹木更易保存。但是，缣帛成本高，数量少，价格昂贵，一般老百姓用不起缣帛，这促使人们探索如何能制造出一种物美价廉的书写材料。

1.2.4 造纸术

公元 105 年，东汉宦官蔡伦完成了造纸技术的重大革新。他采用树皮、麻头、破布、渔网为原料，经过碾磨、打浆等工艺，制成了柔韧耐磨、便携易藏的"蔡侯纸"。造纸术在唐宋时期又有重大发展，制作工艺更加精湛，其时生产的宣纸、蜀纸、苏纸、歙纸、池纸和蠲纸，成为誉满天下的名纸。清代的宣纸巧妙地应用了石灰浸泡、阳光漂白、活水洗浆等方法，纸色洁白耐久，韧性高，有"纸寿千年"的美誉，如图 1-4 所示。

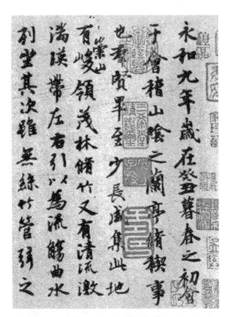

图1-4 纸质文献

（图片来源：https://baike.baidu.com/item/%E5%85%B0%E4%BA%AD%E9%9B%86%E5%BA%8F/17357702？fr=aladdin）

造纸术是人类档案发展的一次革命，对档案事业产生了深远影响。

其一，加速了档案信息的传播。纸张薄而轻，双面可以写字，字间行距可大可小，信息的存储量比以往任何一种档案载体都大得多，尤其是档案的转移变得轻而易举，人们不再为一份文件的重量发愁。这些优点有利于加快档案信息的交流速度，为人类的文化传播、思想交流和科学技术进步提供了至今仍不可或缺的信息存储和传递手段。

其二，促进了档案产生和利用的平民化。纸张发明之前，档案载体不是过于笨重，就是非常昂贵，产生和使用档案的人都是王公贵族。纸张的产生和普及，使普通百姓产生和利用档案成为可能，各种家谱族谱档案逐渐兴旺起来就是很好的例证。

其三，极大地提高了档案管理的效率。档案管理的高效性是人们始终追求的目标。纸张产生以前，缣帛档案在当时的历史条件下固然有其优点，但"缣贵而简重，并不便于人"（南朝·范晔《后汉书·蔡伦传》）。纸张的出现和普及，使档案归档、收集、整理、鉴定、保管和利用等主要环节的工作变得容易驾驭，大大提高了档案管理的效率。

其四，促进了档案事业系统的形成和发展。纸张的出现使档案生成、保管和利用的社会化成为可能，而档案工作社会化要求必须建立一整套档案事业系统，包括组织机构实体保管和法规制度等方面。东汉以后，随着档案数量的急剧增加,文书档案人员数量增多,名目繁多。为了管理这些人,统治者建立了相应的行政管理机构,不断完善各种档案工作的法规制度,总结出档案管理的方法和程序,并在各朝代的更替中得到继承和发展。

其五,有利于档案的长久保存。古代手工纸有的历经几百年而不腐,这得益于其原料质量好,生产过程对纤维损伤少,水质洁净,不含金属离子,纤维横向交织均匀。纸质档案具有较好的耐久性,所要求的保管条件并不苛刻,技术简单,成本较低,有利于人类档案信息资源的传承。

1.2.5 印刷术

晋人借鉴古代印玺和石刻的经验,发明了墨拓技术。隋人在此基础上发明了雕版印刷。唐宋时期,雕版印刷技术得到进一步完善。宋代出现了铜版印刷和更为复杂、精密的彩色套印技术。毕昇在公元1041年发明了活字印刷术:用胶泥刻成单字烧硬,再拼版印刷,如图1-5所示。这是印刷史上又一次重要的技术革命。元人发明了锡活字和铜活字及转轮排字架,这是世界上最早的金属活字。之后,明人发明的铅活字把印刷术推向高峰。

图1-5 活字印刷

(图片来源:https://baike.baidu.com/item/%E6%B4%BB%E5%AD%97%E5%8D%B0%E5%88%B7%E6%9C%AF/7258232)

印刷术是我国古代档案事业史上的里程碑,对档案管理产生了重要意义。

其一,促进了档案文字标准化和规范化。文字的标准化和规范化是档案管理的基础,它决定了档案收集、整理、著录、标引和提供利用等工作能否顺利而有效地进行。因为档案的形成者和管理者并非同一个人，只能通过对文字信息内容的充分理解来达成管理的有效性，因此，印刷术促进了档案文字的标准化和规范化，为档案工作标准化奠定了基础。

其二，推动了档案文化传播的增值效应。通过印刷而成的规范化文字一经与轻薄柔软的纸张结合，便形成了一个灵巧的档案信息材料，可以加快其传递的速度，使单位时间内信息接收体增多，提高了信息利用率，扩展了其经济效益和社会效益。

其三，强化了档案的权威性和凭证价值。档案具有历史原始性和价值性，这有赖于官方机构职能的权威性。在封建社会官府控制下的印刷机构将印刷职能"当成保持其知识垄断和维护专制统治的权力工具"，"承载着封建的道统，于严刑峻法之外起着柔化人心的作用"。[3]因此，从某种意义上说，印刷术为档案的凭证价值提供了保障。

1.2.6 中药学

中国古代中药学取得了巨大的成就，涌现了一批重要的中医药经典。《神农本草经》收录各类药物365种。由唐代苏敬等人编撰的《新修本草》，载药9类共844种。明代李时珍的《本草纲目》共52卷，190万字，收录药物1892种、医方11096首、插图1162幅，全面系统地总结了16世纪以前中国的药物学成就，涉及动物、植物、矿物、化学、地质、农学、天文、地理等许多科学领域。

中国古代中药学成就对档案有害生物防治做出了重要贡献。染纸避蠹法有香气驱避法、椒纸防蠹法、万年红防蠹法、黄檗染纸法等；熏蒸驱蠹药物有芸香、麝香、木瓜、樟脑、莽草、角蒿等。图1-6为用樟木书柜保存古籍以防虫。万年红纸，亦称为红丹防蠹纸，是用红丹涂于纸张而成的用作古籍扉页或衬底的防蠹纸。红丹即"铅丹"，其"气味辛辣，微寒"（明·李时珍《本草纲目》），其化学成分为四氧化三铅，鲜橘红色粉末状，有剧毒。万年红纸对蠹虫具有长期显著的防治作用。黄檗染纸法也是一种有效的驱蠹方法。黄檗是一种芸香科落叶乔木，树皮中含有小柏碱及少量棕榈碱、黄檗酮等多种生物碱，具有较好的杀虫功能，"黄檗浸汁染书，用以避蠹"（北魏·贾思勰《齐民要术》）。后来衍生出了雌黄染纸法，用雌黄染纸，是对黄檗染纸法的一种补充，"凡雌黄治书，待潢讫治者佳"（北魏·贾思勰《齐民要术》）。

图 1-6 樟木书柜保存古籍以防虫

（图片来源：https://www.bjnews.com.cn/news/2014/05/04/315432.html）

1.2.7 中国古代科技对档案事业发展影响的几点启示

从以上中国古代科技的各项介绍可以看到，中国古代科技对档案事业的形成、发展、壮大和传承都具有重要影响。具体来说，体现在以下四个方面：[2]

（1）科学技术是档案事业赖以生存和发展的动力。中国档案事业发展的历史证明，科学技术的每一次重大突破，都会引发档案事业的飞跃和档案文化的深刻变革。蔡伦改造了造纸工艺，制造出了具有实用意义的纸张，这是中国古代，也是人类历史上的第一次档案科技革命，它使人类真正进入以纸张作为载体的档案文明时代。20世纪，人类发明了电子计算机，以光盘和磁盘为主要载体的电子文件，使档案事业迈入了信息化和数字化的时代。这次科技革命既冲击和挑战了传统档案学的理念和模式，也带来了档案事业改革和发展的新机遇。

（2）古代档案载体演化是中国科技发展的产物。甲骨档案出现于我国3500多年前的奴隶社会，反映了当时生产力水平和科技文化水平很低。进入西周时期，金石档案盛行，青铜器的数量远超过商代，以礼器、兵器及饰物为多，说明该时期的青铜冶炼技术已达到较高的水平。之后缣帛档案的盛行与当时丝织业的发展同样有着密切的关系，反映了当时手工业和纺织技术有了巨大的发展。北宋时期的造纸业和印刷业都有了发展，除麻纸继续生产外，楮皮纸和檀皮纸的制作更精细，在质量上达到了轻、软、薄、韧的水平，说明我国的造纸科技获得了巨大进步，造纸工业取得了空前发展。可见，青铜铭文、缣帛以及纸张等档案载体的出现并不是偶然的，而是我国古代科技发展的产物。

（3）古代档案科技是中国档案事业的重要组成部分。档案载体由古代的甲骨、石刻、青铜铭文、铁券、丝绸、麻布、竹简、木牍、纸张等，演变为现在的光盘、磁盘等；档案保护技术由简单的杀青、晾晒，演变为现代全方位的系统保护和与此相适应的"以防为主，防治结合"保护技术思想的确立；档案的形成方式从数量很少的手写档案，发展到基于办公自动化的大规模电子档案的出现；档案修复技术从效率低下的手工修裱和装订，发展到高效的自动化修裱和字迹再现技术。这就是档案科技从古代到现代的发展图景。古代档案科技是中国档案事业的重要组成部分，应当采取有效措施，积极挖掘和保护我国古代档案科技成就，以丰富我国档案文化的内涵。

（4）档案事业发展应做到基础理论与实用技术并重。档案学是一门实践性很强的科学，离不开档案实用技术；档案学又是一门独立于学科之林的专门科学，必须有深厚而系统的基础理论支撑。因此，应在大力开发档案实用技术的基础上，对档案学进行理性升华，从具体到抽象，再从抽象到具体，形成档案学科的基础理论。在当今电子文件时代，我国档案事业发展应走基础理论和实用技术并重的道路。

1.3 现代信息技术进展

当今世界正在向信息时代迈进，信息已经成为社会、经济发展的"血液""润滑剂"；现代信息技术正广泛地渗透并改变着人们的生活、学习和工作；信息产业正逐步成为全球最大的产业。在这股席卷全球的信息化浪潮的冲击下，档案馆硬件设施建设、档案保存、档案利用、档案数字化管理等方方面面无一例外地受到现代信息技术的强大影响，传统档案事业正面临着新的发展契机。

1.3.1 信息技术简介

信息技术（information technology，IT）是主要用于管理和处理信息所采用的各种技术的总称。它主要是应用计算机科学和通信技术来设计、开发、安装和实施信息系统及应用的软件。它也常被称为信息和通信技术（information and communications technology，ICT）。信息技术主要包括传感技术、计算机技术和通信技术。

（1）传感技术。从仿生学观点，如果把计算机看成处理和识别信息的"大脑"，把通信系统看成传递信息的"神经系统"，那么，传感器就是"感觉器官"。传感技术是关于从自然信源获取信息，并对之进行处理（变换）和识别的多学科交叉的现代科学与工程技术，涉及传感器（又称为换能器）、信息处理和识别的规划设计、开发、制造/建造、测试、应用及评价改进等活动。

（2）计算机技术。计算机技术的内容非常广泛，可大致分为计算机系统技术、计算机器件技术、计算机部件技术和计算机组装技术等方面。计算机技术包括运算方法的基本原理与运算器的设计、指令系统的设计、中央处理器（CPU）的设计、流水线原理及其在CPU设计中的应用、存储体系、总线与输入/输出。

（3）通信技术。通信技术就是实现人与人沟通的技术。随着电信业务从以话音为主向以数据为主转移，交换技术也相应地从传统的电路交换逐步转向给予数据分株的数据交换和宽带交换，以及适应下一代网络基于IP的业务综合特点的软交换方向发展。信息传输技术主要包括光纤通信、数字微波通信、卫星通信、移动通信以及图像通信。

到目前为止，人类信息技术已经经历了五次革命，见表1-1。

表1-1 人类信息技术的五次革命

发展阶段	核心内容	历史年代	产生的作用	主要特点
第一次信息技术革命	语言的产生和广泛应用	大约50000年前至35000年前	人脑对信息进行存储和加工，利用声波传递信息	人类的信息沟通能力有了一个质的飞跃
第二次信息技术革命	文字的发明和使用	大约公元前3500年	文字作为信息的载体，使信息的存储和传递取得重大突破	信息的存储和传递突破了时间和空间的限制
第三次信息技术革命	造纸术和印刷术的发明和应用	公元105年蔡伦发明造纸术，公元1041—1048年，毕昇发明活字印刷术	信息的存储和传播获得巨大发展	提高了信息存储的质量，扩大了信息交流的范围
第四次信息技术革命	电报、电话、广播、电视以及其他通信技术的发明和应用	1844年莫尔斯发明电报，1876年贝尔发明电话，1929年贝尔德发明电视	信息的传递获得巨大发展	信息的传递进一步突破时空的限制
第五次信息技术革命	电子计算机的发明及计算机与通信技术相结合的现代通信技术的应用	1946年第一台电子计算机诞生	信息的处理和传递获得巨大发展	信息的处理和传递速度得到惊人的提高，人类利用信息的能力得到空前发展

1.3.2 现代信息技术的发展趋势

现代信息技术正经历着高速发展的过程,并深刻影响着人类经济、文化、政治领域的方方面面。现代信息技术的发展趋势可归纳为以下七个方面(如图1-7所示):

(1)现代通信技术将趋向数字化、智能化、网络化和个性化,信息的数字转换处理技术将进一步走向成熟。

(2)网络技术将向高速、快捷、多网合一、安全保密的方向发展。

(3)计算机技术将向网络化、智能化方向发展,操作使用将更方便。

(4)计算机硬件将更加微型化,并具有超强性能;软件将向自动化、构件化、集成化方向发展。

(5)人类对信息的获取、处理、存储和传输能力将有数量级的突破。

(6)模拟信息技术正全面完成向数字信息技术的转变。

(7)信息技术与生物、空间、纳米等技术深度融合。

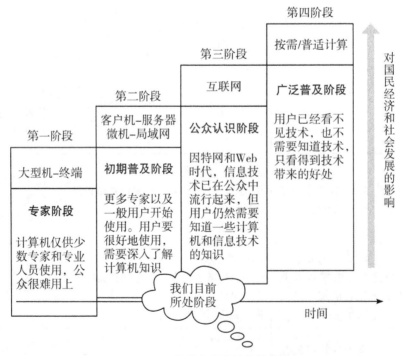

图1-7 现代信息技术的发展趋势

档案信息化发展趋势

档案信息化是档案管理变革、流程优化和业务规范的进化过程，也是人才培养、观念更新和服务创新的开拓过程。《中共中央办公厅、国务院办公厅关于加强信息资源开发利用工作的若干意见》（中办发〔2004〕34号文件）从国家政策层面明确了信息资源及其开发利用工作的战略地位，指出"信息资源作为生产要素、无形资产和社会财富，与能源、材料资源同等重要，在社会资源结构中具有不可替代的地位"，同时还明确了档案馆是我国政务信息公开的主要场所，当前各级政府形成的行政规范性文件应于发布之日起15天之内移交到档案馆并向公众开放，提供查询与利用服务。档案工作面临着前所未有的发展机遇。

与此相适应的是，我国的档案信息化建设工作也在如火如荼地开展，各级各类档案管理部门都在利用计算机技术提高档案管理的自动化水平，运用现代管理方法促进档案工作的现代化，借助网络技术促进档案信息资源的整合与共享，积极思考和努力开拓档案信息服务的创新模式。然而，从许多单位开展档案信息化工作的经历看，建立一个网络系统、开展馆藏数字化加工、接收电子文件进馆并不是难事，难就难在如何更好地解决数字化档案信息的组织管理、长期存储、安全保障和持续发展等问题。这些工作几乎超出了传统档案工作者的业务能力和工作范围，毋庸置疑，档案工作面临着前所未有的困惑和挑战。这就要求新时期的档案工作者不断地跟踪和学习快速发展的信息技术，结合档案业务发展需要，研究和思考档案信息化发展趋势，分析和梳理开展信息时代档案管理工作的创新思路和方法。[4]

1.4.1 档案信息化工作模式走向协同化、项目化

档案信息化涉及网络、信息、计算机、管理和档案等多学科知识的交叉应用。开展档案信息化工作，需要具有多学科知识背景的人员参与并协同工作，特别是随着信息技术的快速发展和档案业务的多元化拓展，档案信息化工作的复杂程度和专业化程度也将逐渐提升，采用项目管理思想，建立动态联盟组织，利用网络开展协同工作，必将成为档案信息化建设与发展的主流工作模式。协同工作不仅能够保障把同样的事情做得更好，而且能够保障共同做好不同的事情，是一种提供服务的崭新方式。因此，应建立协同工作的各个组织，通过网络开展档案工作的协同办公，实现信息化系统之间的互联互通和档案业务的互动。

以档案信息化工作中数字档案馆建设为例,无论是区域型数字档案馆还是资源共享型数字档案馆,系统建设工作都需要依次开展从方案论证,项目立项,招投标,软硬件选型、系统设计、开发、实施、验收,到运行维护与持续发展等一系列工程实践和研究性工作,这些工作需要众多拥有专业知识的成员、多个团队来协作开展。通常情况下,信息化项目组织可以划分为总体协调组、发展研究组、系统建设组、项目监理组、运行维护组五大主要团队,它们分别在系统建设的各个阶段发挥各自重要的作用。

（1）总体协调组。协调档案信息化建设过程中涉及的档案馆、档案室与归档部门及其他机构之间的数据交换、系统接口、共建共享等工作,解决系统建设过程中遇到的各种冲突和矛盾。应由各机构的领导、信息化项目负责人和业务骨干等共同参与。

（2）发展研究组。制定档案信息化持续稳定发展的宏观决策、技术路线、总体方向、指导方针,提出全局规划与项目计划。应由档案业务专家、IT技术专家、学术研究专家、信息化建设与研究专家等共同参与。

（3）系统建设组。由项目经理带领项目团队,按照系统规划方案和实施计划,带动IT研发公司、项目实施人员、项目运行管理与维护人员进行系统建设。

（4）项目监理组。从规划、设计、实施、运行维护、滚动发展等系统建设全过程项目的计划、成本、质量、风险等方面进行全方位的监控、协调、跟踪、把关,降低风险。一般由具有项目监理资质的第三方单位承担。

（5）运行维护组。项目实施后期,应根据需要成立专门的系统运行维护工作团队,以保证档案信息化应用系统的稳定运行和持续发展。

1.4.2　档案信息化应用系统建设走向集成化、通用化

从目前的情况看,我国在档案信息化建设和应用中还普遍存在"重概念轻实效、重电子轻业务、重新建轻整合"的现象。档案馆之间及档案馆内部各部门在档案信息化软硬件系统平台和信息资源的整合、集成与共享利用方面受到体制、人力等因素的限制,难以发挥信息化系统的最佳功效,制约了档案馆公共服务水平的提高。全国大部分地区档案信息化建设处于简单的档案目录信息发布系统平台的建设和档案信息的计算机化管理的初级应用阶段,不少单位缺乏完备的信息化软硬件基础设施和对档案信息安全管理的保障措施和手段。孤立封闭的系统架构致使档案信息系统不能集成,档案信息资源不能共享,档案信息格式无法统一;档案信息在不同的系统中重复存在,也导致本该协同一致的完整业务过程被人为地分割和打碎,形成了"信息孤岛"。关键是,缺乏统一的档案业务支撑平台或有效的异构系统整合模式。

协同工作强调以档案业务工作人员的协作为核心，强化档案信息化建设的软硬件设备资源的共建、档案应用软件的共用、档案信息资源的共享、档案业务流程的优化与集成，这是档案馆实施现代化管理的创新要求。在实现信息资源共享方面，档案信息化和档案信息资源建设将起到关键性作用。因此，在信息化建设与发展问题上，必须统一思想认识，以整合、集成、共享作为出发点和落脚点，建立能够互联互通、符合标准规范的软硬件支撑平台，以及功能通用、业务集成的档案管理信息系统，实现档案信息资源的互动与共享；采取有效的技术措施和管理方法保障档案信息资源的安全，实现现代档案管理业务的持续健康发展。

协同工作模式更加注重快捷性和实时性，体现以人为本的服务理念，适应档案馆从信息保存向信息服务的职能转变。这就需要最大限度地整合档案信息资源，通过系统共建、业务集成、工作协同、信息共享，实现跨地区、跨部门、可变流程的协同工作，有效地解决信息化发展过程中遇到的"信息孤岛"、业务分割等问题，提升现代档案管理整体水平，更大限度地发挥档案信息化管理的优势和作用。

从档案馆的发展来看，突破传统档案管理的守旧思想，以新观念、新技术、新思路、新方法建设集成化运行、集中化管理的国家级和省市级档案馆平台系统，以全新 IT 服务管理模式运行和发展数字档案馆系统是非常必要的，也是与节约型社会发展理念相一致的有效工作模式。因此，系统的建设应采取顶层设计思路，确保数据格式能够统一、业务能够集成、系统能够整合、信息能够共享，避免各档案馆重复建设各自的软硬件基础平台和重复开发各自的档案管理软件，从而最大限度地保障各档案馆能够实现 IT 资源的一次共建、多家共享使用。

1.4.3　档案信息化运行维护走向专业化、平台化

档案信息化是关系到国家信息化战略实施的基础性工作，也是社会化需求很强的资源储备工作。随着档案信息化应用的普及与深化，档案信息化持续发展问题将会越来越突出，单靠档案部门自身的力量显然很难得到全方位的保障，依靠外力助推发展成为必然。只有联合专业的从事档案信息化解决方案的科研机构和 IT 服务组织，从咨询、规划、设计、研发、实施、培训、运行维护、数据备份等信息化系统建设的各个方面接受专业化的 IT 服务，才能使档案工作获得更大的发展空间，才能及时解决信息化建设和信息资源开发利用等过程中面临的各种问题，才能有效探索和推动档案馆的建设与发展。

从国家档案资源长期发展的角度来说，为保障数字档案资源的长期保存和数字档案馆的持续发展，应考虑将数字档案馆作为全国档案事业系统中提供档案信息化专业服务的独立机构而设立。在国家档案行政管理机构设立数字档案馆行政

管理相关部门，负责规划和设立数字档案馆的分支机构，制定数字档案馆建设、运行及发展的标准、规范和制度，确定数字档案馆系统中应保存的数字化档案资源的内容和范围，指导和监督数字档案馆各项工作的开展，将数字档案馆作为数字档案资源的终极保管基地、现代档案管理工作开展的网络平台来统筹规划，共建、共享、共用，保障数字档案馆的持久性和发展性。

档案馆的建设、应用与维护等工作与信息技术的发展及信息化专业人才之间的关系日益密切，这就决定了新的档案馆运营模式将有别于传统实体档案馆，经营管理数字档案馆的工作团队也需要拥有档案业务和信息技术双重背景知识。从国家档案资源战略发展角度来看，迫切需要研究一套适合新形势下档案馆运营发展的新模式，特别是应遵循我国节约、和谐、共建、共享的科学发展观，打破以往的围绕单个实体档案馆而开展的"孤岛"建设模式，开展通用的、集成平台化的共建与共享运行服务模式。因此，应积极探索档案领域的IT服务专业化发展模式，将档案馆的IT资源集中控制，统筹管理IT服务，为全国的档案工作提供开展现代档案管理业务的网络化服务平台，为国家档案资源的统筹管理和长期保存提供信息技术的专业化服务。

实践经验告诉我们，封闭的、固定的、缺乏标准规范的档案馆信息化建设方法很难适应现代档案管理的业务变化、档案资源滚动增长、应用系统跟踪完善和提供多元化服务的动态需求。遵循国际标准，构建跨区域的开放档案的共享资源库，针对公众对档案资源的利用需求提供高效率的查准、查全服务机制，研究开放的、灵活的、动态的、可扩展的档案信息化建设模式是开展现代档案管理的迫切需求，是在全国范围内大力开展档案信息化建设的重要工作，是实现国家信息资源战略整合的重要组成部分，是档案事业发展的需要，也是档案学科发展的需要。

思考题

1. 中国古代哪些科技对档案事业发展产生了重大影响？
2. 现代信息技术主要包括哪些？
3. 在信息技术日新月异的新形势下，如何做好档案信息化工作？

【参考文献】

[1] 朱小怡，等. 数字档案馆建设理论与实践[M]. 上海：华东师范大学出版社，2007.

[2] 麻新纯. 中国古代科技对档案事业的影响[J]. 档案学研究，2010（1）：92-95.

[3] 李万健. 中国古代印刷术[M]. 郑州：大象出版社，1997.

[4] 丁立新. 档案信息化的发展趋势[J]. 档案学研究，2009（4）：12-14.

第2章　数字档案信息获取技术

本章重点对数字化环境下的档案信息获取技术进行介绍。首先，介绍电子文件的鉴定与归档；其次，对档案数字化的优势、对象、实施策略、流程等进行阐述；再次，对档案数字化过程中应用到的数字扫描仪、OCR技术等进行重点介绍；最后，对当前电子文件已经在使用的条形码技术、将来极有可能使用的二维码技术、新兴的RFID识别技术进行阐述，展望电子文件/电子档案识别技术的应用趋势。

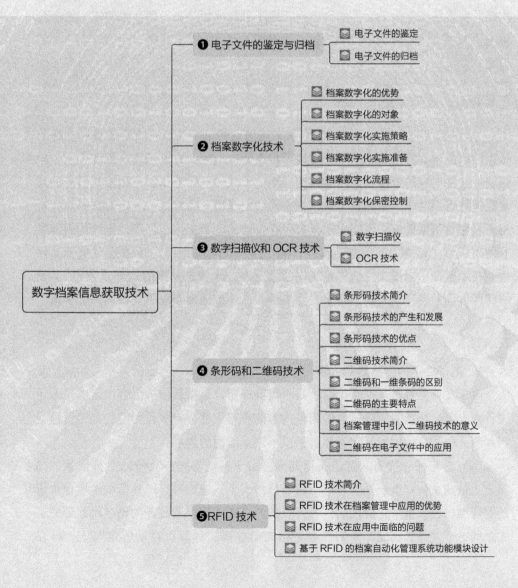

2.1 电子文件的鉴定与归档

2.1.1 电子文件的鉴定

为了保证电子文件的齐全完整、真实可靠，保证归档电子文件可以充分发挥其参考凭证价值，在电子文件归档以及归档后的保管期限到达之前，需要对其进行鉴定。鉴定工作需要完成两项判断：①文件所含内容信息的有用程度，有多长时间的保存价值，即内容鉴定；②文件的技术状况是否可以保证电子文件的价值实现，也就是说，电子文件的价值是否处于可利用的状态，即技术鉴定。二者合称为"双重鉴定"，前者是鉴定工作的核心，后者是其他工作顺利开展的保障。[1]

2.1.1.1 "双重鉴定"理论

"双重鉴定"理论是为了适应电子文件信息的易变性、对特定设备和标准的依赖性以及与其特定载体的可分离性等特点而产生的。对于纸质文件的鉴定，只强调对文件内容的分析，即内容鉴定。而电子文件则大不相同，由于其信息的易变性等特点，电子文件的真实性、完整性鉴定显得尤为重要。鉴定时如果对其长期可利用性不做要求，可能出现具有保存价值的电子文件在保存一定时间后不可利用而成为"死档"的现象。因此，除了进行内容鉴定外，还需要对电子文件进行技术鉴定。电子文件的鉴定是内容鉴定和技术鉴定并重的"双重鉴定"，只有将两方面的鉴定结果联系起来，才能综合、正确地判断电子文件的保存价值。

2.1.1.2 电子文件的内容鉴定

1. 电子文件内容鉴定的内容

电子文件是否具有保存价值，是否需要保留，是由其信息内容决定的。电子文件内容鉴定是指对文件所含的信息内容的有用程度、有多长时间的保存价值进行判断。电子文件内容鉴定具体包括以下三个方面的内容：[1]

（1）鉴定保存价值，划定保管期限。由于鉴定掺入了大量的主观因素，如鉴定人员的文化程度、知识水平、敬业精神、个人偏好等，严重影响了鉴定价值的客观性。进入电子化时代后，计算机的广泛应用和电子政务的迅速崛起形成了大量的电子文件，因此，人们普遍将目光集中到"计算机自动鉴定"上，即在设计文档管理系统软件时，可以根据机关或部门职能的重要程度编写鉴定程序，由系统自动给出电子文件的保管期限，并形成表格。系统可以在电子文件保管期限表的支持下，通过"批处理"的方式自动进入电子文件的鉴定。

（2）鉴定内容是否齐全。指鉴定电子文件的内容是否齐全、真实、完整、准确，办文手续和图纸修改审批手续是否齐全，等等。中外档案学者认为，为实施对电子文件内容质量的有效保护和监管，必须在电子文件生命周期开始之前就进行积极的干预和必要的前端控制。因此，在进行系统设计时，档案人员就应该积极介入，将需要的电子文件保管期限表纳入管理系统，这是自动鉴定得以实现的关键环节，可以最大限度地保证所收集的电子文件齐全、完整。需要注意的是，系统设计只能接近智能化，做简单模糊的判断，其最终的决定权还应归于档案业务人员。这就需要档案业务人员在工作效率和电子文件的齐全性、完整性和准确性之间寻找一个最佳的平衡点。

（3）划定使用范围。应根据文件内容划定其使用范围；如有保密内容，应确定密级。

以上是对电子文件生成时的内容进行鉴定，即归档鉴定。此外，电子文件的鉴定还包括销毁鉴定，即对保管期已满或失效的电子文件进行鉴定。这类鉴定可用淘汰法拣出无用文件存于另外的光盘，经复查后报上级单位审查，得到批准后再做销毁处理。

2. 电子文件内容鉴定的原则

电子文件内容鉴定的原则、标准与档案的鉴定原则一致，具体包括全面性原则、历史性原则、发展性原则与效益性原则。[1]

（1）全面性原则。第一，全面分析档案（文件）的各方面属性，从档案的来源、内容、时间、文本、外形特征等方面综合判定其价值；第二，全面把握被鉴定文件与其他文件的联系，把价值鉴定放入相互联系的文件整体中；第三，全面预测社会对档案利用的需求。

（2）历史性原则。在鉴定及制定鉴定标准时要遵循历史性原则，充分考虑档案价值的时效性或社会历史性。电子文件作为社会活动原始的历史记录，它的产生总是与一定的历史条件相联系。因此，在鉴定和分析档案价值时，必须把档案放在它所在的历史环境中。

（3）发展性原则。发展性原则的"发展"包括两个相互联系的方面：一是鉴定要着眼于档案价值关系的发展，二是档案价值鉴定及其标准本身也要不断发展。对档案价值进行鉴定的一个重要特点是：鉴定的作用在于指出档案价值与运动规律的后果，预见未来。在对电子文件进行鉴定时，要指出它对主体发展现实的、直接的意义，还要进一步指出发展了的主体所需要的，或能够在实践中提供的新的价值。

（4）效益性原则。第一，鉴定档案价值必须以一定的档案价值关系中现实的或必然的客观结果为依据，以实践为最高标准，这时的效益性原则就表现为实效性原则，即注重实际效益的原则；第二，在鉴定中要适当注意档案保存的成本，这时的效益性原则就表现为经济效益原则。

此外，电子文件内容鉴定的方法包括内容鉴定法和职能鉴定法。内容鉴定法又称为直接鉴定法，即从微观角度逐份审阅文章的内容，确定其保管期限；而职能鉴定法是指机构按照职能对其生成的互有联系的电子文件进行宏观鉴定。在我国，电子文件内容鉴定采用什么方法需要根据实际情况来定，在客观条件允许的情况下，最好的办法是将两种鉴定方法结合起来，优势互补，以达到最佳效果。

2.1.1.3 电子文件的技术鉴定

电子文件的技术鉴定是指"对电子文件的各方面技术状态进行全面的检查，包括对信息真实、可靠、完整、可读性的认定和对文件载体、性能的检测"。技术鉴定不仅需要了解电子文件自身的内容和形成原因，还需要掌握电子文件的形成环境、技术状况和载体情况。总体来看，电子文件的技术鉴定可分为有关硬件的技术鉴定和有关软件的技术鉴定两个方面。[1]

1. 硬件技术鉴定

电子文件硬件方面的鉴定主要是对载体、网络连接等状态的检测。载体质量的好坏直接关系到储存信息的质量，因此，必须检测磁盘、光盘是否有物理损坏、有无霉斑、质地是否良好等。对网络连接状况检查的重点是网络服务器的接口卡，因为网络服务器上的接口卡若出现问题，常会使服务器停止运行，造成被打开的文件受到损坏。

2. 软件技术鉴定

电子文件软件方面的鉴定主要包括可读性鉴定、可靠性鉴定、完整性鉴定、无病毒鉴定和载体状况鉴定。

（1）可读性鉴定。电子文件的可读性鉴定是电子文件技术鉴定的重要内容，是电子文件能够被准确识读，不致丢失和出现误码、错码的技术保障。根据我国有关标准的规定，技术鉴定的首要任务就是对构成电子文件的支持软件、记录方式等进行检测，要保证归档的相应程序文件、元数据文件、数值文件的完整。如果电子文件是带有密级的，还应另外提供相应的密钥，且要在适当的设备上全面检查软件功能是否达到要求，能否正常显示电子文件的内容，等等。

（2）可靠性鉴定。部分学者也将可靠性鉴定工作称为真实性鉴定，此处有别于内容上的真实，是指要避免技术上的疏忽，主要是检测电子文件的可信度。在实际工作中，可以从版本的鉴定入手。首先，判断电子文件是否由文件形成者当时按照事件形成的；其次，根据管理系统记载的文件形成、修改时间，分析文件是否为生成时的最终版本；再次，检查是否有非法和违规操作发生；最后，分析在文件迁移和著录标引过程中是否准确，有无对真实性造成损害。

（3）完整性鉴定。完整性鉴定一方面是指同一项目中所有文件是否收集齐全，另一方面是指除文件的实际内容和计算机系统自动加上的信息外，是否还有文件形成必须标明的内容。由于电子文件的形成十分分散，一套电子文件可能由分布在不同地方的多个部分组成，其形成的时间也不统一，因此，在进行技术鉴定时，要保证同一项目所有的电子文件收集齐全就显得尤为重要。

（4）无病毒鉴定。无病毒鉴定是指对接收入馆的电子文件须首先使用杀毒软件进行检查并消除病毒。无论是电子文件中心还是档案馆，一旦系统感染病毒，则不但影响该文件的使用，有时还会影响其他文件的存储和利用，甚至导致整个文件中心或档案馆的电子文件管理系统崩溃。因此，对接收入馆的电子文件进行多次、反复的病毒检测与处理十分重要。

（5）载体状况鉴定。电子文件的载体是信息最直接的"生存环境"。电子文件的载体状况鉴定需要对载体质量和性能进行检测。首先，须检查载体表面是否有物理损坏和变形，是否清洁；其次，须对载体上的信息进行读取校验，确认归档。载体质量好，才能归档。之后要定期复查，如检测出错，要查明原因。

对于电子文件而言，硬件鉴定和软件鉴定都是一个长期的过程，每次进行迁移后都需要对文件信息和载体状况进行检查分析，这就意味着即使是永久保存的文件，也因技术环境的改变而需要不断地鉴定其可利用的状态，并根据具体情况做出适当处理，以保证电子文件的长期可用。

2.1.2 电子文件的归档

电子文件是数字档案馆信息资源的重要来源，是数字档案馆管理的主要对象。具有长期或永久保存价值的电子文件经鉴定归档后成为数字档案。国际档案理事会前主席王刚曾经指出："电子文件的产生、形成、归档及传送、存储、保存等管理均与传统的纸质档案所用的方法不同，这是文件管理的一场革命。"归档是电子文件管理的重要环节。电子文件归档质量的优劣直接影响着数字档案馆的管理和数字档案价值的发挥。

2.1.2.1 归档电子文件的真实性保证

归档是保证电子文件真实性、完整性和有效性的重要环节。我国《电子文件归档与管理规范》（GB/T 18894—2002）规定，为保证电子文件的真实性、完整性和有效性，须做到以下几点：

（1）应建立规范的制度和工作程序，并结合相应的技术措施，从电子文件形成开始就不间断地对有关操作进行管理登记，保证电子文件的产生、处理符合规范。登记的内容包括处理过程中相互衔接的各类责任者、操作者，产生的责任凭证信息以及电子文件传递、交接过程中的其他标识。

（2）应采取可靠的安全防护措施，保证电子文件的真实性。具体包括：第一，建立对电子文件的操作者可靠的身份识别与权限控制；第二，设置符合安全要求的操作日志，随时自动记录实施操作的人员、时间、设备、项目、内容等；第三，对电子文件采用防错漏和防调换的标记；第四，对电子印章、数字签名等采取防止非法使用的措施。

（3）应建立电子文件完整性管理制度并采取相应的技术措施采集背景信息和元数据。

（4）应建立电子文件有效性管理制度并采取相应的技术保证措施。

（5）电子文件的处理和保存应符合国家的安全保密规定，针对自然灾害、非法访问、非法操作、病毒侵害等，采取与系统安全和保密等级要求相符的防范对策，主要有网络设备安全保证、数据安全保证、操作安全保证、身份识别方法等。

从上述规定可以看出，电子文件的归档管理涉及电子文件的形成、处理管控直至归档的全过程，充分体现了前端控制、全程管理与文件连续体理论的指导思想。

2.1.2.2 电子文件的归档范围

电子文件除了与纸质文件一样要参照执行国家关于文件归档的有关规定外，因为其自身的独特性质，还需要制定详细的归档范围，这是确保相关单位电子文件齐全完整的关键。归档范围具体包括以下内容：

（1）本单位活动中形成的各种有查考利用价值的文本文件。文本文件是指用文字处理技术形成的文字形式的文件，其中包括需要保存草稿的重要文件，在修改后应通过拷贝保留原文，加版本号后积累，与定稿一并归档。通常类别代码为 T。

（2）本单位在 CAD/CAM 系统中形成的各种有查考利用价值的图片文件。图片文件是指采用扫描仪、数码相机等设备生成的静态图像文件，包括各种设计模型、图纸、照片、图形等。通常类别代码为 I。

（3）本单位制作的各种重要的数据文件。数据文件是指用计算机软硬件系统进行信息处理等过程中形成的各种管理数据、参数等，包括各种重要的数据库。通常类别代码为 D。

（4）与文本文件、图像文件、数据文件有关的各种计算机程序文件。计算机程序文件是指在使用的或在某一软件平台上自行开发设计的系统软件、支持软件和应用软件的源程序及其开发、编译工具,包括各种软件。通常类别代码为P。例如,本单位自行开发的软件、外购的软件,基于电子文件长期可读性的考虑,应备份归档。

(5)计算机各种设备运行所需要的操作系统。不同的操作系统形成的电子文件在版本、格式和外观上会有一定的区别,将操作系统一并保存对于数据恢复、备份和迁移都有极为重要的意义。

(6)计算机超媒体链接文件。这类文件是指用计算机超媒体链接技术制作的文件。这些超链接是日后电子文件可读的重要保证,要与电子文件一起归档。

(7)与电子文件有关的各类纸质文件。包括计算机硬件的随机文件(如计算机技术说明书、图纸、操作手册等)和软件开发中产生的纸质文件(如系统设计和可行性研究报告、程序设计说明书等)。

(8)归档电子文件的元数据。在归档过程中,应同时收集归档电子文件的背景信息与元数据。我国《电子文件归档与管理规范》(GB/T 18894—2002)规定,要从电子文件形成开始不间断地对有关操作进行管理登记,并清楚地规定了应该与电子文件同时归档的各类重要的元数据。

2.1.2.3 电子文件的归档方式

电子文件一般采用两种方式进行归档:物理归档和逻辑归档(实际工作中又称为预归档)。

物理归档是指将电子文件拷贝到脱机保存的载体上向档案部门移交。这种方法主要利用存储介质传输,包括磁盘、光盘等。这种归档方式与纸质归档没有本质区别。

逻辑归档是指在单位内部已实现网络化,各部门和档案部门都已成为网上一个节点的条件下,各部门将本部门形成的电子文件通过网络传输到档案部门,或按档案部门的要求加工后进入网络规定的地址,在线归档后供本单位各部门查阅。该技术使得电子文件的归档不再受地理和人力的限制,传输速度大大加快,电子文件的齐全完整性也得到了空前提高。

一个单位的电子文件是采用物理归档方式还是逻辑归档方式,取决于该单位的业务规模、计算机系统的配置情况和档案部门存储器的容量。需要注意的是,逻辑归档作为一种实时归档的方式,不能单独使用,为了保证电子文件的安全,在经过档案部门鉴定后仍要采用物理归档的方式,将具有查考价值的部分向档案馆移交。这种逻辑归档与物理归档相结合的方式,一方面便于计算机信息系统的开发,完善与OA系统的对接;另一方面便于规划、统筹本单位信息管理工作。

2.1.2.4 电子文件归档的具体步骤

就科技类电子文件而言，必须将电子文件正本及其背景信息、元数据一同收集，以保证电子文件的齐全、准确、完整和有效。

1. 电子文件归档的准备

（1）档案部门应该在本单位具体的归档文件范围中说明需要归档的电子文件的种类、格式。电子文件必须由形成部门按照统一格式编目整理，然后传输给档案部门。所传输的文件推荐采用 XML 和 PDF 格式，以保证数据的真实性、准确性和原始性。

（2）需要确定归档的方式。实践证明，利用磁盘脱机采集数据的介质移交方式或质量较差的磁盘，容易造成数据丢失，影响文件的可读性；而为防止数据丢失采取多份备份又大大增加了工作量。简便而安全的方式是采用逻辑归档，并在规定的时间进行物理归档。

2. 逻辑归档的步骤

在具体的归档工作流程中，第一步是逻辑归档，第二步是物理归档。

（1）逻辑归档的方式。主要为借助信息管理网络在各业务管理机构与档案部门之间开通的电子文件收集专递服务器以及相关网线，建立网上直接接收电子文件的专用子系统，将具有保存价值、符合归档要求的电子文件通过此系统传输给档案部门。

（2）逻辑归档的主体。包括形成电子文件的机关单位和档案馆两类主体。前者熟悉各项管理业务，了解电子文件形成的规律和历史联系，是承担归档工作的主要责任者；后者掌握收集归档的原则、方法，是各项归档范围、鉴定、著录等标准的制定者，发挥着把关和统筹的作用。

（3）逻辑归档的内容。传统的纸质文件在归档时主要采用来源原则，即按照文件形成的业务机构职能的重要程度立卷。由于电子文件易于复制，在逻辑归档时可在来源原则的基础上引入事由原则，即按照文件涉及的事件内容主题归档，也可以同时按照时间归档。

（4）逻辑归档的具体流程。本单位的具体业务处/室作为逻辑归档的主体，在档案部门制定的各项归档范围、归档文件格式、著录项的统一要求下，通过权限认证进入本单位计算机信息管理系统中的档案归档子系统。各处/室的工作人员只具有进入本处/室的子系统上传文件的权限，由档案部门按照归档范围的要求规定其必须上传的文件范围。当遇到归档范围中没有涉及的，但与相关事件有重大关系的电子文件，可酌情放入"备注项"中，以附件的形式发送。

对于文件级的著录，需要由档案部门提出相关的著录项目、格式和标准（如项目题名、项目号、负责人、起始时间等），由本单位的具体处/室进行实际操作,并在著录完成之后进行原件的挂接。在挂接原件时,同样要由档案部门事先提出提交原件的类型、格式、参数、背景信息、元数据等内容。对某一机构的原件挂接和文件级著录的时间、人员、操作日志也应该有相应的记录和控制,须确认电子文件及相关的信息和软件无缺损且未被非正常改动,电子文件与相应的纸质文件内容相同且表现形式一致,处理过程没有差错。

关于电子文件的真实性、完整性和有效性的检验,应在归档前由文件形成单位按照规定的项目进行,并由负责人签署审核意见,检验和审核结果填入"归档电子文件移交、接收检验登记表"。归档后的鉴定由本单位的档案部门进行,包括内容鉴定和技术鉴定两种,主要是监督、检查在档案馆的相关规定、条例中列举的归档范围内的电子文件是否收集齐全,以及原件挂接是否正确,著录是否符合规范,等等。

3. 物理归档的步骤

物理归档是一种卸载归档,是归档工作的重中之重。其具体步骤如下:

(1) 把带有归档标识的电子文件集中,拷贝至耐久性好的载体上,一式三套,一套封存保管,一套供查阅使用,一套异地保存。对于加密电子文件,则应在解密后再制作拷贝。

(2) 推荐采用的载体按优先顺序依次为:只读光盘、一次写光盘、磁带、可擦写光盘、硬磁盘等。不允许用软盘作为归档电子文件的长期保存载体。

(3) 存储电子文件的载体或包装上应贴有标签,标签上应注明载体序号、全宗号、类别号、密级、保管期限、存入日期等,归档后的电子文件的载体应设置成禁止"写操作"的状态。

(4) 特殊格式的电子文件,应在存储载体中同时存有相应的浏览软件。

(5) 将相应的电子文件机读目录、相关软件、其他说明等一同归档,并附"归档电子文件登记表"。

(6) 对于需要长期保存的电子文件,应在每一个电子文件的载体中同时存有相应的机读目录。

(7) 归档完毕,电子文件形成部门应将存有归档前电子文件的载体保存至少一年。

2.1.2.5 归档电子文件的保管

我国《电子文件归档与管理规范》(GB/T 18894—2002)规定,移交、接收与保管归档电子文件,应按有关规定进行认真检验。检验合格后如期移交至档案馆等档案保管部门,进行集中保管。

1. 保管要求与条件

归档电子文件的保管除了应符合纸质档案的要求外,还应符合下列条件:

（1）归档载体应做防写处理。避免擦、划、触摸记录涂层。
（2）单片载体应装盒，竖立存放，且避免挤压。
（3）载体存放时应远离强磁场、强热源，并与有害气体隔离。
（4）环境温度选定范围为17～20 ℃，相对湿度选定范围为35%～45%。

2. 定期检查

为保证归档电子文件的有效性，在归档后还需要定期做如下检查：

（1）归档电子文件的形成单位和档案保管部门每年均应对电子文件的读取、处理设备的更新情况进行一次检查登记。设备环境更新时应确认库存载体与新设备的兼容性；如不兼容，应进行归档电子文件的载体转换工作，原载体保留时间不少于三年。保留期满后，可擦写载体清除后重复使用，不可清除内容的载体应按保密要求进行处置。

（2）对磁性载体每满两年、光盘每满四年进行一次抽样机读检验，抽样率不低于10%，如发现问题应及时采取措施进行恢复。

（3）对磁性载体上的归档电子文件，应每四年转存一次。原载体同时保留时间不少于四年。

（4）档案保管部门应定期将检验结果填入"归档电子文件管理登记表"。

3. 安全保密措施

在电子文件提供利用时，应注意安全保密，包括：

（1）归档电子文件的封存载体不应外借。未经批准，任何单位或个人不允许擅自复制电子文件。

（2）利用时应使用拷贝件。

（3）利用时应遵守保密规定。当对具有保密要求的归档电子文件采用联网的方式利用时，应遵守国家或相关部门有关保密的规定，有稳妥的安全保密措施。

（4）利用者对归档电子文件的使用应在权限规定范围之内。

4. 鉴定销毁

归档电子文件的鉴定销毁是电子文件生命周期的最后环节。归档电子文件的鉴定销毁包括以下内容：应参照国家关于档案鉴定销毁的有关规定执行，且应在办理审批手续后实施。属于保密范围的归档电子文件，如存储在不可擦除载体上，应连同存储载体一起销毁，并在网络中彻底清除；不属于保密范围的归档电子文件可进行逻辑删除。

5. 统计

同传统载体档案一样，统计是电子文件管理必不可少的环节。档案保管部门应及时按年度对归档电子文件的接收、保管、利用和鉴定销毁情况进行统计。

2.1.2.6 归档过程中应注意的几个问题

1. 应保存电子文件的背景信息和保证元数据的完整性

电子文件的背景信息是指伴随该文件的生成和运作过程而产生的人员、机构等方面的信息。对于传统纸质文件而言，一般原件上附带这种背景信息，即文件本身包含背景信息。而电子文件的背景信息通常与文件内容分离保存，若在归档时丢失了背景信息，则会直接影响电子文件的凭证作用或价值，因为只有将电子文件与其背景信息放在一起，电子文件才具有证据价值。元数据是关于电子文件描述的数据，一旦丢失或被破坏，电子文件的原始形态就会改变，甚至失去可读性。可见，保存背景信息和保证元数据的完整性是至关重要的。

2. 应提供电子文件的软硬件环境说明

电子文件都是在一定的软硬件环境中生成的。为了提高工作效率，文件形成单位常会编制适合本单位的程序。为保证电子文件的可读与共享，文件形成单位在归档时应同时提供关于文件形成和读取的软硬件环境说明，以便档案部门对归档电子文件的格式进行转换。

3. 接收电子文件时应先查毒

由于各单位常要用到网络和各种存储介质，电子文件随时都有染上病毒的可能，因此，档案部门在接收物理归档的电子文件时，一定要经过一道严格的查毒程序，以确保归档电子文件的安全。

2.2 档案数字化技术

数字化是指用计算机技术将模拟信号转换为数字信号的处理过程。纸质档案数字化就是采用扫描仪或数码相机等数码设备对纸质档案进行数字化加工，将其转化为存储在磁带、磁盘、光盘等载体上并能被计算机识别的数字图像或数字文本的处理过程。纸质档案数字化让档案信息资源可被准确、方便、快捷地利用，满足人们对档案利用的需求。

档案数字化是一项专业性比较强的系统工程，技术性强，涉及面广，工作量大。影响档案数字化工作顺利开展的因素较多，如人员因素、硬件设备和场地空间等。每个因素都会对整个数字化进程造成一定的影响。在开展档案数字化工作前，须壮大档案数字化人员队伍，引进必需的硬件设备，提供一定的工作场地，为档案数字化工作奠定基础。另外，档案数字化是一项系统的工作，各环节既彼此联系，又相互牵制。档案数字化的前提和基础是纸质档案的有序化和规范化。

2.2.1 档案数字化的优势

纸质文档资源在收集、管理和利用过程中给工作人员带来很多麻烦。例如，纸质文档资源往往分散在个人手中，收集困难；要组卷、装订，整理费时、费力；保管需要大量的库房和装具；长时间保存易造成纸张变质、损毁；数量较大时不便于携带，不易传递；查阅、办理时只能依次进行，不能并行工作，效率较低；更重要的是纸质文档资源不利于快速检索，不利于远程传输，不利于资源共享。

纸质文档资源一旦进行数字化加工并存储为数字形态，将在积累、共享、利用等方面带来无法比拟的优势。主要包括以下方面：[2]

（1）优化工作流程。纸质文档资源数字化加工后可进入办公自动化系统中流转和办理，有利于业务流程的制订和优化，减少重复环节。

（2）有利于协同办公。电子文档资源可在网络上并行传输、查阅办理，有利于业务人员远距离协同办公、交互设计；同时，有利于实现文档一体化管理。

（3）提高工作效率。档案数字化使文档工作人员可以通过信息化手段开展收集、整理、保管、服务等工作，本单位各级人员不必离开办公室即可查询、办理或利用文档，大大提高了工作效率。

（4）促进资源共享。以数字形式存储是档案信息资源网络化服务的前提，极大地促进了文档资源跨越时空的共享、利用。

（5）提升部门形象。运用信息技术提高了文件部门、档案部门的服务与管理水平，提升了部门形象，也有利于文件档案信息化工作与本单位总体信息化建设协调发展。

2.2.2 档案数字化的对象

针对各档案部门工作现状，必须对档案数字化工作进行统筹安排。先要明确档案数字化的对象和范围，即应该选择哪些纸质档案进行数字化。如果将目前不符合要求的档案进行数字化，只会增加成本，浪费资源，加重工作负担。国家档案局颁布的《纸质档案数字化规范》（DA/T 31—2017）明确指出，应当对所要进行数字化的对象按照一定的原则和方法进行确认，只有符合一定要求的纸质档案文献才能进行数字化。[3]同时，该规范对档案数字化对象的确定给出了原则性规定，即"符合国家法律法规的原则"和"价值性原则"。

（1）实施有序，利用优先。满足实际工作的利用需求，实现资源共享，是档案数字化的初衷。档案部门数字化任务重，一般不可能在短时间内全部完成，一步到位，应根据"利用优先"原则，有序进行。可根据实际利用的轻重缓急程度，按照档案形成时间依次往前推移，逐步对更早的纸质档案和文件资料进行扫描。

（2）保证质量，提高效率。档案数字化人员应遵循数字化规范，认真落实每一个加工环节，尤其是质检环节，真正从细节处把好质量关。此外，对不同版式的档案和文件资料进行分类，配套不同规格的扫描仪，数字化人员队伍采取分工合作的方式进行流水线式操作，都能提高档案数字化工作效率。

2.2.3 档案数字化实施策略

档案数字化是一项烦琐的工作，完成这项工作可供选择的方式有两种：一是通过签订合同，采取外包的方式，委托其他机构（如数字化专业公司）进行扫描；二是档案部门自行组织人员进行扫描。这两种方式各有利弊。

2.2.3.1 外包式的利弊分析

外包式有如下优点：

（1）减少工作量。采用外包式，档案部门将省去组织相关工作人员、招聘临时人员、统筹协调、处理烦琐的具体业务和资金结算等众多的事务，大大减轻了工作压力。

（2）节省时间。专业公司能省去大量培训时间，有效组织相关技术人员，按照合同规定的时间完成扫描任务。

（3）提高工作效率，节省成本。专业化的公司有一个经验丰富的团队，采用流水线作业，工作效率高，扫描质量有保证。

其缺点是：档案部门的档案可能涉及许多机密信息，外包扫描具有一定的泄密风险，需要谨慎选择扫描单位，严格管理数字化进程。

2.2.3.2 档案部门内部临时组建团队的利弊分析

档案部门自行组建团队有如下优点：

（1）档案部门工作人员熟悉文件的运转过程，有利于档案整理工作。

（2）档案部门工作人员熟悉相关的保密要求和规定，综合素质较高，保密意识强，有利于控制档案数字化的泄密风险。

（3）有利于档案人员工作经验的积累、交流和总结。档案工作的顺利开展离不开档案部门每个岗位的支持和配合。通过档案数字化将不同岗位的档案人员集中起来，有利于听取不同的建议和要求，通过有效的交流和探讨，能较快地总结出视角多元、内容全面、切实可行的工作经验。

其缺点如下：

（1）组织协调工作难度大。档案部门日常工作比较繁忙，来自不同岗位的人员在不脱离原岗位、兼顾本职工作的情况下临时组合在一起工作，很难在两项工作之间协调时间和精力，无法保证档案数字化工作的顺利完成。

（2）数字化周期长。档案部门要在短时间内解决人员协调、组织培训等众多工作，难度大、耗时长，难以按时完成档案数字化任务。

（3）成本高。档案部门要购买若干数字化扫描设备，耗资不少，而且，完成数字化任务后，这些专业设备将可能闲置，造成资源浪费。

综合以上两种方式的利弊，可以采取档案部门负责档案的前期整理工作，委托其他机构（如数字化专业公司）进行纸质档案扫描的方式开展数字化工作。这主要基于以下几点考虑：

（1）数字化专业公司具有丰富的档案数字化经验。不少数字化专业公司已经开展了纸质档案数字化的工作，配备了先进的数字化设备、专门的数字化场地，以及专业的工作人员，进行流水线操作，专业化程度高，积累了一套成熟的做法，能保证档案部门委托的扫描任务的顺利完成。

（2）部分数字化专业公司具有涉密资质。一些数字化专业公司注重对数字化加工的过程控制和管理，对参与人员进行了严格的培训，内容涉及档案相关的法律法规、保密要求、岗位职责等，并且还与参与人员签订保密协议。健全、完善的保密体系符合档案部门数字化保密的要求。

（3）数字化专业公司进行纸质档案扫描的成本较低。如果档案部门内部组织专业班组完成扫描工作，仅购置或者租赁一系列专业的扫描设备就需要一大笔预算。随着档案数字化的推进，需要扫描的纸质档案不会大幅度增加，购置设备的处置就成了难题。因此，委托数字化专业公司完成这项工作，有利于节约成本。

2.2.4 档案数字化实施准备

数字化工作实施前，应做好相应的准备工作，主要包括文档资源、人力资源、软硬件环境、数据结构分析、场所、资金等方面的准备。[2]

（1）文档资源的准备。文档资源的准备工作可分为以下四步：一是对馆藏门类及数量进行统计，形成统计报表，做到摸清家底。二是对不同门类、不同时期的文件档案的利用价值进行统计、分析，本着"需求牵引"原则，分出轻重缓急。三是考虑保密等级问题，绝密文档资源按照国家保密局的规定不能上网提供利用，一般来说不必数字化；其他密级文档资源依照本单位网络系统保密等级的不同而定，不能上网的可暂缓数字化。四是制订数字化规划，形成进度报表，明确哪个阶段完成哪些文档资源的数字化工作。

（2）人力资源的准备。数字化工作需要以下几方面的专业人员：文件档案管理人员，软硬件环境建立、维护的IT人员，文档资源扫描、加工的技术工人，数据分析、备份、维护的复合型专业人员。如果档案部门人员难以胜任，可以请IT部门人员协作，或者请专业的数字化服务公司技术人员提供帮助。

（3）软硬件环境的准备。硬件方面，要有服务器、存储设备、计算机、扫描仪等；软件方面，连成一个局域网络是必要的，选择文件档案管理系统时要考虑本单位文档资源的门类以及在收集、管理、维护、利用等方面的具体业务需求。数字化加工系统的配备将有助于提高数字化工作的效率、质量，但不是必需的。软硬件环境的建立通常不是文件档案部门可以独立完成的，IT部门和文件档案管理软件公司的帮助是必要的。

（4）数据结构分析的准备。数字化使实体馆藏转化为虚拟馆藏，传统档案馆转变为数字档案馆，这需要事先分析虚拟馆藏的分类排列层次、数据结构、全文存储形式和格式等。数据结构的分析对于数字化加工后的文档资源存储和利用都是至关重要的，该过程中需要研究国家档案局制定的分类法、著录规则等国家和行业标准。

（5）场所的准备。数字化工作所需的场所依据设备、人员数量以及整理、暂存空间需求而定，只要可以满足工作需要，又利于安全保密即可。

2.2.5 档案数字化流程

根据国家档案局制定的《纸质档案数字化规范》（DA/T 31—2017）的要求，我们对档案数字化的流程进行了增补和完善（档案数字化工作流程如图2-1所

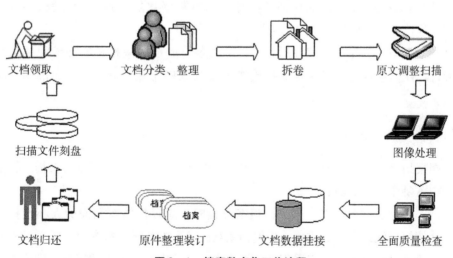

图2-1 档案数字化工作流程

（图片来源：https://baike.baidu.com/item/%E6%A1%A3%E6%A1%88%E6%95%B0%E5%AD%97%E5%8C%96）

示)。档案数字化的基本环节包括档案运送、档案整理、档案扫描、图像处理、图像存储、OCR文字识别、建立目录、数据挂接、数据验收、数据提交等。

2.2.5.1 档案运送

档案运送工作包括移交和回收。档案部门先把纸质档案运送到数字化工作场地，开展档案数字化工作，扫描完毕后，再将档案运回档案保存地。在运送过程中，必须确保档案的安全；同时，每次运送需要安排两名以上的人员参与档案的交接和清点，并办理相关的交接手续。

2.2.5.2 档案整理

数字化前必须对纸质档案进行整理，让实体档案有序化和条理化。数字化前的整理工作直接影响数字化档案信息的质量，因此，必须充分重视纸质档案的前期整理工作，不可贸然进行数字化。针对档案整理现状，可将档案数字化的前期整理工作分为以下六个阶段进行：[2]

（1）目录数据准备。按照国家档案局颁布的《档案著录规则》（DA/T 18—1999）等的要求，规范档案中的目录内容，包括确定档案目录的著录项、字段长度和内容要求。

（2）拆除装订。

（3）区分扫描件和非扫描件。

（4）页面修整。对破损严重、无法直接进行扫描的档案，应先进行技术修复。

（5）档案整理登记。制作并填写纸质档案数字化加工过程交接登记表单，详细记录档案整理后每份文件的起始页号和页数。

（6）装订。扫描工作完成后，凡拆除过装订的档案应按档案保管的要求重新装订。恢复装订时，应注意保持档案的排列顺序不变，做到安全、准确、无遗漏。

2.2.5.3 档案扫描

档案扫描阶段主要采用数字扫描仪对需要数字化的纸质档案进行扫描。扫描过程中需要注意以下四点：[2]

（1）扫描方式的选择。在进行档案扫描时，应根据档案幅面的大小选择相应规格的扫描仪或专业扫描仪。根据档案纸张状况的好坏选择扫描方式，若档案纸张过薄、过软或超厚，应采用平板扫描方式；若档案的纸张状况好，则应采用高速扫描方式，这样可以提高工作效率。

（2）扫描色彩模式的选择。扫描色彩模式一般有黑白二值、灰度、彩色等，通常采用黑白二值，也可根据实际情况，采用相应的彩色扫描模式。页面为黑白两色，并且字迹清晰、不带插图的档案，可采用黑白二值模式进行扫描；页面为黑白两色，但字迹清晰度差或带有插图的档案，以及页面为多色文字的档案，可采用灰度模式进行扫描；页面中有红头、印章或插有黑白照片、彩色照片、彩色插图的档案，可视需要采用彩色模式进行扫描。

（3）扫描分辨率的选择。扫描分辨率参数大小的选择原则上以扫描后的图像清晰、完整、不影响图像的利用效果为准。当采用黑白二值、灰度、彩色等模式对档案进行扫描时，其分辨率一般建议选择大于或等于 100 dpi；需要进行 OCR 文字识别的档案，扫描分辨率建议选择大于或等于 200 dpi；特殊情况下，如文字偏小、密集、清晰度较差等，可适当提高分辨率。

（4）扫描登记。扫描各环节应及时做好登记，以备查验。

2.2.5.4 图像处理

档案扫描后获得的纸质档案的图像文件，应在存储和 OCR 识别等后续工作步骤之前对图像进行以下处理：

（1）图像数据质量检验。进行图像处理前，要对图像数据进行质量检验，对图像偏斜度、清晰度、失真度等进行检查。发现不符合图像质量要求时，应重新进行图像处理。

（2）纠偏。对出现偏斜的图像应进行纠偏处理，以达到视觉上基本感觉不到偏斜为准。对方向不正确的图像应进行旋转还原，以符合阅读习惯。

（3）去污。对图像页面中出现影响图像质量的杂质，如黑点、黑线、黑框、黑边等，应进行去污处理。处理过程中应遵循在不影响理解的前提下展现档案原貌的原则。

（4）图像拼接。对大幅面档案进行分区扫描形成的多幅图像，应进行拼接处理，合并为一个完整的图像，以保证档案数字化图像的整体性。

（5）裁边处理。采用彩色模式扫描的图像应进行裁边处理，去除多余的白边，以有效缩小图像文件的容量，节省存储空间。

2.2.5.5 图像存储

图像存储主要包括两个方面的内容，一是图像文件的存储格式，二是图像文件的命名方式。[2]

（1）图像文件的存储格式。《电子文件归档与管理规范》推荐扫描图像数据采用 JPEG、TIFF 格式。黑白二值模式扫描的图像文件，采用单页 TIFF（G4）格式存储；灰度模式和彩色模式扫描的图像文件，采用 JPEG 格式存储。存储时，在保证扫描图像清晰可读的前提下，应尽量减少存储容量。

(2) 图像文件的命名方式。扫描生成的图像文件,要给予一个编号。可采用纸质档案目录数据库中每一份文件对应的唯一档号。多页文件可采用该档号建立相应的文件夹,按页码顺序对图像文件进行命名。为了方便查找和记忆,也可采用由"全宗号(3位数)+保管期限代码(1位数)+案卷号(4位数)+文件号(3位数)+页号(3位数)"14位数字组成的文件命名模式,如001(全宗号)–Y(保管期限代码)–0001(案卷号)–001(文件号)–001(页号)。

2.2.5.6 OCR 文字识别

纸质档案扫描之后,是以图片格式进行保存的。图像文件和纸质档案一一对应,在保管和利用过程中不容易改动,能最大限度地维护档案的真实性与完整性。但档案部门在实际工作中有较强的全文查询需求,而图像文件不能进行全文检索。因此,在形成图像文件、保证档案真实性的同时,还需要进行 OCR 文字识别,形成一份文本文件,附在技术后台,用于全文检索。这样,既可以保证电子档案的真实性,也可以保证利用的需要。OCR 文字识别的准确率与纸质档案的质量有着密切关系,如对手写字体、印章等识别率较低,效果较差。由于校对的工作量太大,因此,对文本文件不进行校对,只供全文检索使用,不直接提供给用户。

2.2.5.7 建立目录

(1) 数据格式选择。图像文件对应的目录应选择通用的数据格式,建议转换为 DBF 格式。所选定的数据格式应能直接或间接地通过 XML 文档进行数据交换。

(2) 档案著录。按照《档案著录规则》(DA/T 18—1999)的要求进行著录,建立档案目录数据库。

(3) 目录数据质量检查。采用人工校对或软件自动校对的方式,对目录数据库的建库质量进行检查。核对著录项目是否完整,著录内容是否规范、准确,发现不合格的数据应按要求进行修改或重录。

2.2.5.8 数据挂接

建立图像文件之后,还需要把这些图像文件与对应的目录进行挂接。具体操作为:以纸质档案目录为依据,将每一份纸质档案文件扫描所得的一个或多个图像存储为一份图像文件。将图像文件存储到相应文件夹时,应认真核查每一份图像文件的名称与档案目录数据库中该份文件的编号是否相同,图像文件的页数与档案目录数据库中该份文件的页数是否一致,图像文件的总数与档案目录数据库中该份文件的总数是否相同,等等。通过每一份图像文件的文件名与档案目录数据库中该份文件的编号的一致性和唯一性，建立起一一对应的关系，为实现档案目录数据库与图像文件的批量挂接提供条件。

2.2.5.9 数据验收

数据验收以抽检的方式进行。数据验收分批进行，按5%的比例进行抽查，抽查内容包括页数和目录。页数抽查主要是抽查扫描的图像页数与纸质档案页数是否一致、图像文件是否存在重扫或漏扫等问题。如果抽查的合格率低于99.8%，则该批数据须退回重新修正。目录抽查主要是抽查目录数据库与图像文件挂接是否有误，电子目录、纸质档案目录、纸质档案能否一一对应。如果抽查的合格率低于99.8%，则该批数据须退回重新修正。

2.2.5.10 数据提交

数据验收合格之后，就进入最后一个环节：数据提交。提交的数据包括电子目录、图像文件、文本文件。数据通过制作光盘分阶段进行提交。为备份需要，提交的光盘应制作两套。

2.2.6 档案数字化保密控制

档案数字化是一项系统工作。为保证整项工作的顺利进行和档案数字化目标的顺利实现，需要准备和完成的不仅是档案的数字化工作，还需要做好数字化过程的管理和控制。若在数字化过程中出现泄密情况，则后果是非常严重的。因此，在档案数字化的过程中，需要加强管理，采取各种措施，做好档案原件和档案信息的安全保密工作。

2.2.6.1 重视工作人员的保密教育

档案数字化过程中涉及不少人员，加强相关人员的保密教育是保密的首要措施。在档案数字化的过程中，应要求数字化参与人员增强保密意识，对参与档案整理的工作人员开展保密教育，让他们充分认识到保密的重要性，增强其保密观念；签订保密责任书，明确脱密期限。同时，档案部门须与其他机构（如数字化专业公司）签订保密协议，要求其加强管理，对数字化人员进行保密教育，确保严格遵守相关的保密规定，在保质、保量、保密的前提下高效完成任务。

2.2.6.2 加强管理，采取各种技术手段进行保密控制

档案数字化过程中，档案信息经常需要存储、拷贝、打印和传输。为防止在信息传递的过程中发生泄密情况，应采取多种措施保护档案信息的安全。

在信息载体的控制上，严禁私人软盘、光盘、移动硬盘（U 盘）、磁带等载体在涉密计算机和信息设备上使用。在档案信息的迁移过程中，要求使用经过加密处理的信息载体。禁止档案整理人员在工作期间使用无线电话，禁止在工作场所使用带有录音、录像、拍照等功能的设备，以保证档案信息不被外泄。此外，对数字化工作场所应采用内控的形式，全程监控整个过程，防止泄密。

2.3 数字扫描仪和 OCR 技术

应用数字扫描仪进行纸质档案扫描，以及应用 OCR 光学字符识别技术对扫描获得的文字图片进行文字识别，是档案数字化过程中必不可缺的重要环节。本小节重点对数字扫描仪和 OCR 技术的基本原理、性能指标、操作流程等方面进行介绍。

2.3.1 数字扫描仪

扫描仪是 20 世纪 80 年代中期才出现的光电机一体化高科技产品。它可以将各种形式的图像信息，从图片、胶片、照片到各类图纸、图形以及文档资料，扫描输入计算机中，从而对这些图像形式的信息进行处理。目前，扫描仪已广泛应用于出版印刷、广告制作、办公自动化、多媒体应用、图文通信等众多领域，极大地促进了这些领域的技术进步。[4]

2.3.1.1 扫描仪的工作原理

从外形上看，扫描仪给人的整体感觉十分简洁、紧凑，但其内部结构相当复杂，不仅有复杂的电子线路控制，而且还包含精密的光学成像器件，以及设计精巧的机械传动装置。它们的巧妙结合构成了扫描仪独特的工作方式。

一般来说，扫描仪由上盖、原稿台、光学成像部分、光电转换部分以及机械传动装置组成，如图 2-2、图 2-3 所示。

（1）上盖。主要是将要扫描的原稿压紧，以防止扫描灯光线泄漏。

（2）原稿台。主要是用来放置扫描原稿的地方，中间为透明玻璃，称为稿台玻璃。

（3）光学成像部分。即图像信息读取部分，是扫描仪的核心部件，包括灯管、反光镜、镜头以及电荷耦合器件（CCD）等。

（4）光电转换部分。指扫描仪内部的主板，虽然其体积很小，但它是扫描仪的"心脏"，主要完成光信号的处理，以及控制各部件协调一致地工作。

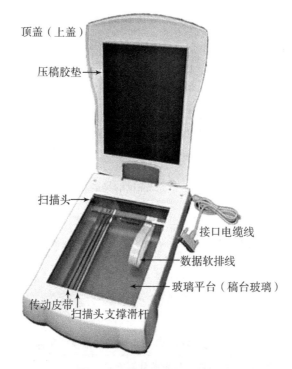

图 2-2　扫描仪的组成结构

（图片来源：http://www.itbmw.com/zxdt/itzsk/8493.html）

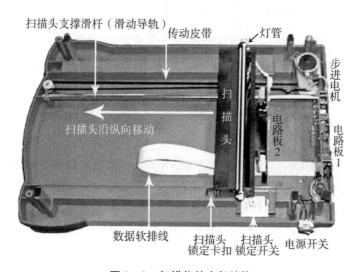

图 2-3　扫描仪的内部结构

（图片来源：http://www.itbmw.com/zxdt/itzsk/8493.html）

（5）机械传动部分。主要包括步进电机、传动皮带、滑动导轨和齿轮组。

像复印机一样，扫描仪工作时，首先由光源将光线照在需输入的图稿上产生表示图形特征的反射光（对于纸介质）或透射光（对于胶片），光学系统将这些光线聚焦在 CCD 上，由 CCD 将光信号转换成相应的电信号，然后进行模拟信号/数字信号（即 A/D）转换及处理，生成相应的数字信号，经过扫描仪 CPU 处理后，图像数据暂存在其缓冲器中，为输入计算机做好准备。当机械传动机构带动光学系统和扫描头与图稿进行相对运动时，图稿信息就被全部扫入，扫描仪会按照先后顺序把图像数据传输到计算机并储存起来，经过软件重新处理后，可将完整的图稿显示在计算机屏幕上。[4]

在档案数字化过程中多使用平板式扫描仪，但在处理特种文献时则需要其他类型的扫描仪。常见扫描仪种类见表 2-1。

表 2-1 扫描仪的种类

扫描仪类型	描述
手持式扫描仪	诞生于 1987 年。其扫描幅面窄，难以操作和捕获精确的图像，扫描效果也差。1996 年后相继停产
平板式扫描仪	诞生于 1984 年。是目前办公用扫描仪的主流产品，扫描幅面一般为 A4 纸或者 A3 纸尺寸
大幅面扫描仪	一般指扫描幅面为 A1、A0 纸尺寸的扫描仪，又称为工程图纸扫描仪
底片扫描仪	又称为胶片扫描仪，其光学分别率较高
笔式扫描仪	外形与一支笔相似，扫描宽度约为四号汉字大小，使用时贴在纸上一行一行地扫描。主要用于文字识别
条码扫描仪	又称为条码阅读器，其中一种与笔式扫描仪外形相似，主要用于条码的扫描识别，不能用来扫描文字和图像
实物扫描仪	其结构原理类似于数码相机。拥有支架和扫描平台，分辨率远远高于市场上常见的数码相机，只能拍摄静态物体，扫描一幅图像所花费的时间与其他扫描仪相当
3D 扫描仪	结构原理与传统的扫描仪完全不同，生成的文件能够精确地给出物体三维结构的一系列坐标数据，输入 3DMAX 中即可完整地还原物体的 3D 模型。无彩色和黑白之分

2.3.1.2 扫描仪的性能指标

1. 分辨率

扫描仪的分辨率反映了扫描仪对图像细节的表现能力，生产厂家通常用每英寸①长度上扫描图像所含像素点的个数来表示，记作 dpi（dot per inch），扫描仪的分辨率一般在 300～2400 dpi 之间，但扫描仪的真实分辨率或光学分辨率都是

---

① 1 英寸≈2.54 厘米。

由 CCD 的精度决定的。受制造成本和生产工艺的限制，目前扫描仪中 CCD 的精度最高为 600 dpi，高于此分辨率的都是由光学分辨率确定后，再通过软件插值算法补上计算出来的像素而得到的，1200 dpi 插值 1 次，2400 dpi 插值 2 次，等等。插值法虽然可以提高分辨率，但不一定能提高图像的品质，而且插值次数的增加，会使数据量以几何级数增大，给数字信息的存储带来困难，因此，扫描仪最高分辨率的确定，是各种因素调和的结果。

为了准确衡量扫描仪对图像细节的实际分辨能力，国际上通常用标准测试图测试扫描仪在 1 英寸长度上实际能分辨出的线条个数，来表示扫描仪的实际精度，记作 lpi（line per inch）。dpi 是生产厂家提供的指标，lpi 是从用户的角度测得的，而影响扫描仪精度的因素很多，有些产品的 dpi 值较高，但其实际精度比一些 dpi 值较低的产品还差，因此，扫描仪的 dpi 与 lpi 并不总是成正比，并不是 dpi 值越高，扫描仪的 lpi 值也越高。[4]

2. 灰度级

扫描仪的灰度级水平反映了扫描时提供由暗到亮层次范围的能力，具体来说，就是扫描仪从纯黑到纯白之间平滑过渡的能力。灰度级位数越大，相对来说扫描结果的层次就越丰富、效果越好。常见的有 8、10、12 位（bit）三种灰阶度。

3. 色彩位数和色彩数

色彩位数表明了扫描仪在识别色彩方面的能力和能够描述的颜色范围，它决定了颜色还原的真实程度，色彩位数越大，扫描的效果越好、越逼真，扫描过程中的失真就越少。因此，提高扫描仪的色彩位数，可以提高扫描图像的品质。色彩数表示扫描仪所能产生图像的颜色数量，用来描述每个像素点颜色的数据位数（bit），1 bit 产生 2 种颜色，2 bit 产生 4 种颜色，等等。真彩色扫描仪的色彩数为 24 bit，即每个像素点可由 2^{24}（即 1677216）种颜色来描述。目前，产品最高的为 36 bit 的彩色扫描仪。

4. 扫描速度

通常用在指定的分辨率和图像尺寸下的扫描时间来表示扫描速度。一般来说，在设备相同的情况下（相同的光源、CCD 和其他元件），扫描头通过图稿的速度越快，所取得的图像信息就越少，因此，快速扫描总是以牺牲一些图像质量来换取速度的。比如预扫（prescan）和普扫（normal scan），预扫速度快，但只能扫个大概样子，一般用于取样数据；而普扫则要把全部数据都读入计算机，相对来说速度较慢。另外，扫描仪在不同的微机软硬件环境下（如主机型号、内存容量、附加卡等），扫描速度也不同。

5. 扫描次数

从工作方式来看，扫描仪有三次扫描和一次扫描两大类。三次扫描方式技术成熟，实现简单，成本低，但扫描彩色图像时要分别用红光、绿光、蓝光扫描三次,因此速度慢;而一次扫描方式进行扫描时只要一个扫描过程就可完成,速度快,且大大降低了扫描图像套色不准的可能性,改善了图像质量。通常一次扫描的彩色质量要比三次扫描的好,但一次扫描的彩色质量是否真正优于三次扫描,取决于扫描仪的色彩位数。

2.3.2 OCR 技术

随着档案信息化在我国的快速发展,全国各大档案馆纷纷进行档案数字化建设工作,特别是纸质档案扫描工作正如火如荼地进行。然而,通过扫描仪扫描所产生的电子档案实际上只是以图像形式存在的文件,而非真正意义上的可直接利用的文本文件,也就是说,计算机仍然只能识别档案的外表,却不能认知其内容,用户虽然可以通过计算机看到档案的原貌,却不能对其中的内容进行检索和利用。考虑到档案用户的利用需求,若要得到文本形式的电子档案,使档案数字化工作更加彻底、更加有效,就必须应用 OCR 技术。[5]

2.3.2.1 OCR 技术简介

OCR 是光学字符识别(optical character recognition)的英文缩写。扫描仪等光学输入设备可以将报刊、书籍、文稿、票据及其他印刷品的文字转化为图像信息。而利用 OCR 文字识别技术可以将图像信息转化为可以进行编辑的文字。它是一种计算机输入技术,主要是通过软件实现的。

中文 OCR 是针对汉字信息高速输入计算机的技术,致力于解决汉字使用者低速信息输入与高速信息处理之间的矛盾,从而提高整个计算机系统的效率。该技术比手工输入要快几十倍。此时,用户只需要用扫描仪将整页的文本或图像扫描输入计算机,OCR 软件就会自动产生可以编辑的文本文件。

2.3.2.2 OCR 的基本原理

简单地说,OCR 就是通过扫描仪将一份文稿的图像输入计算机(或者说是计算机通过扫描仪获取图像),然后由 OCR 软件取出每个文字的图像,将其转换成文字的编码。其具体工作过程是:计算机 OCR 软件接受文稿的数字图像,然后利用各种模式识别算法分析文字形态特征,判断文字的标准编码,并按通用格式存储为计算机的文本文件格式。其中文字识别是 OCR 的核心技术。

2.3.2.3 OCR 的工作流程

在实际的 OCR 系统实现过程中,主要涉及处理对象的图文输入、预处理、单字识别、后处理和结果输出五大过程,如图 2-4 所示。简述如下:[6]

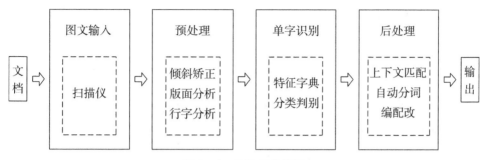

图 2-4 OCR 工作流程

（1）图文输入。将需要 OCR 处理的资料通过光学仪器，如扫描仪、传真机或其他光学器材，转换成图文资料再转入计算机。

（2）预处理。预处理是 OCR 系统中须解决问题最多的阶段，从得到一个不是黑就是白的二值化影像，或灰度、彩色的影像，到独立出一个个的文字影像单元的过程，都属于预处理，这其中包含图文正规化、去除噪声、倾斜矫正，以及图文分析、版面分析和行字分析等处理。

（3）单字识别。单字识别即利用特征抽取技术抽取目标文字集合，然后根据比对数据库或特征字典来分类判别文字集合中的每一个元素。就识别而言，特征抽取可以说是 OCR 系统的核心，用什么特征、怎么抽取，直接影响识别质量的好坏。可以简单地分为两类：一类为统计的特征，如文字区域内的黑/白点数比。当文字区分成好几个区域时，这一个个区域内的黑/白点数比之联合，就成了空间的一个数值向量，在比对时，基本的数学理论就足以应付了。而另一类为结构的特征，如文字影像细线化后，取得字的笔画端点、交叉点之数量及位置，或以笔画段为特征，配合特殊的比对方法进行比对。目前，市面上的线上手写输入软件的识别方法多以此种结构的方法为主。当文字特征抽取结束后，不论是用统计的特征还是结构的特征，都须有一比对数据库或特征字典来进行比对，数据库的内容包含预先对所有欲识别文字的集合中的元素采用文字影像单元同样的特征抽取方法抽取特征。通过比对，确定文字影像单元所对应的文字。

（4）后处理。由于 OCR 的识别率不可能达到百分之百，为了提高识别的准确度，字词后处理过程就必不可少，它利用比对后产生的识别文字与其可能的相似候选字群，根据上下文找出最合乎词义的词，并对识别结果进行更正。如识别出"我们"，但在词库中找不到这个词，而"我"是"找"的相似候选字，因此很自然地将"我"取代"找"而成"我们"。最后通过人工校正进行"编配改"。这是保证 OCR 质量的最后步骤，也是最有效、最直接的步骤，在这个过程中，要求使用者花费精力及时间去直接更正甚至寻找可能是 OCR 出错的地方。一个好的 OCR 软件，除了有一个稳定的影像处理及识别核心以降低错误率外，合理、有效、便捷的人工校正的操作流程及其功能也在很大程度上影响着 OCR

的处理效率和准确性。

（5）结果输出。在该阶段，OCR 产生的结果将按照用户的要求提交给用户。

2.3.2.4 OCR 技术在档案数字化工作中的独特优势

OCR 技术相对于传统的手工录入方式来说，具有强大的优势。首先，OCR 文字识别的速度远快于手工录入。根据国际通行的打字速度评级标准，即使是专业人员，每分钟也仅能输入 150～240 个字；而采用 OCR 技术，即使算上前后期处理环节所花的时间，其速度也绝对比手工录入快好多倍。其次，OCR 文字识别的质量远高于手工录入。虽然受各种因素影响，OCR 技术的识别率很难达到百分之百，但比起大批量手工录入，其出错率要小得多。[6]最后，OCR 还节省了大量的人力资源，优化了资源配置，使人员可以分配于进行更加有意义的工作。

对于档案数字化工作来说，OCR 技术除了具有以上几个普遍的优势之外，还有其独特的用武之地：[5]

（1）创新著录标引方式。创建档案目录数据库是一项较基础的档案数字化工作，目前，大多数档案馆正在进行这项工作，很多档案馆已建成较为完备的目录库。然而，各档案部门的档案条目基本是通过手工录入的，既费时又费力，还很容易出错。比如一些档案，标题很长，一个题名就占了好几行，手工录入费时。OCR 技术提供了一种新的著录方式，使档案条目通过计算机录入成为可能。工作人员可以直接从 OCR 处理后的全文中找到著录项（如题名、文号、责任者等），复制粘贴到目录数据库的相应字段中去。但这么做，必须先扫描档案全文并进行 OCR 处理，然后再输条目，颠覆了档案数字化工作的一般工作流程，因此，可行性并不强。还有一种方法是先将档案卷内目录扫描、OCR 处理，再复制粘贴条目，或通过特定的程序自动采集条目信息。但很多卷内目录是手写的，OCR 无法识别，只能依靠手工录入。相信未来随着技术的发展，OCR 处理在这方面的应用一定能够有所突破。此外，系统还可以对 OCR 处理后的档案全文进行词频统计、内容分析，从而自动提取关键词、主题词等标志符，这在一定程度上实现了档案内容的自动标引。

（2）实现真正的全文检索。档案工作中所说的全文检索实际上包括两种类型：一种是仅对档案目录数据库进行检索，找到相关条目后再打开相应的档案全文。目前，档案馆大多采用这种检索方式，但尚有很多档案没有电子全文。另一种是真正的全文检索，即直接对档案全文进行检索，而且是对档案全文进行逐字检索。很明显，后一种检索方式的查全率比前一种要高出很多，使用户能从浩如烟海的档案馆藏中找到更多所需的信息，更深入地开发利用档案信息资源。而要实现真正的全文检索，自然离不开 OCR 技术，因为只有将扫描图像中的文字变成文本格式，才有可能对其中的文字进行逐字检索。

（3）支持双层 PDF 技术。所谓"双层 PDF"，就是一个 PDF 文件中的每一页都包含两层，上层是扫描所得到的原始图像，下层是 OCR 处理的文字结果。这种技术在数字图书馆领域已得到广泛应用，我们在 CNKI 等数据库中检索到的 PDF 格式的电子文献大多采用了双层 PDF 技术。由于采用双层 PDF 技术既能较好地保证档案的原真性，又能让用户在需要时对档案中的文字进行选择、复制、搜索等处理，因此，在今后的档案数字化工作中必将越来越受到青睐。而这一技术的运用，必须以 OCR 技术为支撑。

（4）拓宽档案用户的利用面。以往档案用户大多是基于档案的凭证价值而对其加以利用，如政府查阅某份文件，居民查阅房产证、结婚证、学籍卡等，这些利用需求对档案的原真性要求较高，很多情况下，还是需要纸质档案才能发挥作用。但档案用户的利用面绝不应该仅限于此，档案除了拥有凭证价值，还与图书、情报一样具有情报价值和参考价值。例如，利用档案进行学术研究时，用户就更加注重档案的知识性、信息性，对于纸质档案，要利用其中的内容就必须亲自去档案馆，印刷或手工摘录所需信息，非常不便，有些用户便转而通过网站或数字图书馆查阅所需信息。

将纸质档案数字化，并采用 OCR 处理，能够使档案信息资源实现全文检索、网络传输，方便用户异地检索、复制、引用，从而深化用户对档案内容的查询与利用，拓宽其利用面，使档案也能像图书、情报一样，成为人们日常学习、工作中获取信息、利用信息、增加学识的手段，多方面地服务于公众。

2.3.2.5 进行文字识别时的注意事项

在使用 OCR 软件进行文字识别时，必须认真学习 OCR 的有关知识和理论，特别是对系统设置、版面处理和编辑修改的理解和具体操作，并结合实践不断积累经验，摸索出切实可行的解决方案。下面是一些有价值的提示，要认真理解和体会：

（1）在扫描仪中放置原稿时一定要放正，不能倾斜，否则扫描出来的原稿也会是倾斜的，从而造成 OCR 软件无法正确识别。另外，在放置扫描原稿时，需扫描的文字材料一定要摆放在扫描起始线正中，以最大限度地减小由光学透镜导致的失真。

（2）选择适当的分辨力也是很重要的。一般来说，使用 200～300 dpi 的分辨力进行扫描比较合适，分辨力太高没有太大意义，只会增加扫描时间和文件的占用空间。

（3）在扫描识别报纸或其他半透明文稿时，背面的文字会透过纸张，混淆文字字形，对识别造成很大的障碍。遇到这类文稿，可以在扫描原稿的背面覆盖一张黑纸，并增加扫描对比度，即可减少背面字体的影响，提高识别的正确率。

（4）对扫描后生成的图像，可用图像处理软件擦掉图像污点，包括原来版面中不需要识别的插图、分隔线等，使文字图像中除了文字没有一点多余的东西，大大提高识别率并减少识别后的修改工作。

（5）对版面进行分析。如果需要识别的原稿是包含多种字号、字体的文字，多个文本区块以及图文混排等的复杂版面，就需要进行版面分析，将要识别的内容划分为一个个块，这样 OCR 软件才能正确识别。

（6）多页批量识别功能。如果需识别的文章由多页组成，则使用 OCR 的批量识别功能十分方便。先将多页文件以 TIF 的格式按页面顺序依次扫描后存盘，然后打开它们，一次性进行批量识别。批量识别的优点是速度快，效率高。一般来说，批量识别的文件版面不要太复杂，文件页数也要根据计算机配置适量控制。另外，在进行大批量文稿扫描时，必须对原稿进行测试，找到最佳的阈值百分比。

2.4 条形码和二维码技术

条形码（简称"条码""一维条码"）技术已在我国电子文件的实际应用中得到推广，为电子文件的识别和输入提供了便利。二维码是新一代的条码替代品。将二维码应用于电子文件/档案的识别、输入和过程管理，会带来真伪验证、泄密追踪、快速获取元数据等多种前所未有的益处。

2.4.1 条码技术简介

条码是由一组按特定规则排列的条、空及其对应字符组成的表示一定信息的符号。[7]条码中的条、空分别由深浅不同且满足一定光学对比度要求的两种颜色（通常为黑、白色）表示，条为深色，空呈浅色，如图 2-5 所示。

图 2-5　条形码

条码技术主要研究的是如何将需要向计算机输入的信息用条码这种特殊的符号加以表示，以及将条码所表示的信息转变为计算机可以自动识读的数据。因此，条码技术的研究对象主要包括编制规则、符号表示技术、识读技术、印刷技术和应用系统设计五大部分。[7]

2.4.2 条码技术的产生和发展

条码技术最早产生于20世纪20年代，诞生于Westinghouse实验室，但在实际中得到应用和发展则是从60年代后期开始的。条码技术通过其读取器与电脑互联，逐渐在各种领域中得到扩展和运用，如邮电通信、图书出版与档案管理、仓储与物流、工业生产过程控制、资产跟踪、交通运输、身份识别、医疗卫生、安全检查、餐饮旅游、票证管理、军事装备、工程项目以及文件和表格管理等领域。目前，条形码体系已在100多个国家得到应用。

事实上，条形码体系中最重要的部分不是那些引人注目的小线条，而是其下面的一列数字。正是在这列数字中存储了所有的信息，这些信息与一个数据库共同显示出产品的特征。因此，这套体系是一种非常有效的商业工具。虽然目前还存在着其他的识别系统，但至今还没有一种能像条码那样具有广泛应用价值的有效技术。

2.4.3 条码技术的优点

条码技术的最大优点在于节省时间，而且具有条理性和准确性。给产品加上条码就是对它们进行了分类。因此，条形码体系被应用于服装店、药店、书店、玩具店以及超市、百货公司等场所。具体来说，其优点主要体现在以下七个方面：[8]

（1）准确可靠。据统计，键盘输入平均每300个字符出现1个错误，而条码输入平均每15000个字符出现1个错误，如果加上校验位，出错率则是千万分之一。

（2）数据输入速度快。键盘输入，一个每分钟打90个字的打字员1.6 s可输入12个字符或字符串，而使用条码，做同样的工作只需0.3 s，速度提高了5倍。

（3）经济便宜。与其他自动化识别技术相比较，推广应用条码技术所需费用较低。

（4）灵活实用。条码符号作为一种识别图形可以单独使用，也可以和有关设备组成识别系统实现自动化识别，还可以和其他控制设备联系起来实现整个系统的自动化管理；而当没有自动识别设备时，也可实现手工键盘输入。

(5) 自由度大。识别装置与条码标签相对位置的自由度要比 OCR 大得多。条码通常只在一维方向上表达信息,而同一条码上所表示的信息完全相同并且连续,这样,即使标签有横向部分缺欠,仍可以从正常部分识别出正确的信息。

(6) 设备简单。条码符号识别设备的结构简单,容易操作,使用人员无须接受专门训练。

(7) 易于制作。条码可印刷,被称为"可印刷的计算机语言"。条码标签易于制作,对印刷技术、设备和材料无特殊要求。

2.4.4　二维码技术简介

二维码是用某种特定的几何图形(如黑白相间的图片)作为数据信息的载体,并按一定规律在平面上分布的图形。二维码将一维条码存储信息的方式在二维空间上扩展,在水平方向和垂直方向两个方向同时表达信息,不仅能在很小的面积内表达大量的信息,而且能够表达汉字和存储图像。

目前市场上有较多的二维码编码标准,根据编码原理主要分为线性堆叠式和矩阵式两种:[9]

(1) 线性堆叠式。线性堆叠式是在一维条码的基础上开发而来的。代表性的行排式二维码有 Code 16K、Code 49、PDF417(如图 2 - 6 所示)等。

(2) 矩阵式。矩阵式是在一个矩形空间通过黑白像素在矩阵中的不同分布进行编码。代表性的矩阵式二维码有 QR Code(如图 2 - 7 所示)、Data Matrix 等。

图 2 - 6　PDF417 码

图 2 - 7　QR 码

2.4.5　二维码和一维条码的区别

随着条码技术应用领域的不断扩展,传统的一维条码逐渐表现出它的局限性。首先,使用一维条码,必须通过连接数据库的方式进行数据检索才能明确条码所表达的信息含义,因此,在没有数据库或者不便联网的地方,一维条码的使用就受到了限制;其次,一维条码表达的只能是英文字符和数字,而不能表达汉字和图像,在一些需要应用汉字的场合,一维条码就不能很好地满足要求;最后,在某些场合下,大信息容量的一维条码通常受到尺寸的限制,给印刷带来了不便。二维码的诞生解决了一维条码不能解决的问题。

具体来说，一维条码和二维码的差别主要体现在外观、容量、编码范围、容错能力和信息存储五个方面，见表2-2。

表2-2 一维条码和二维码的区别

项目	一维条码	二维码
外观	由纵向黑白条纹组成，通过黑白相间的平行线条不同的间距来存储信息	通常为方形结构，通过大小不同的黑白点阵来存储信息
容量	容量小，只能保存30个字符	容量大，最多能保存1817个字符
编码范围	只支持字母和数字	支持多种符号、文字、图片、声音等
容错能力	只能校验而无纠错能力，局部损坏时可能无法正常读取	容错能力强，具有纠错能力，损毁面积达50%仍可读取信息
信息存储	仅能存储基本名称，无法存储具体信息	可作为信息查询的媒介，同时本身比一维码能存储更多信息

2.4.6 二维码的主要特点

（1）信息容量大，应用范围广。在国际标准的证卡有效面积上（相当于信用卡面积的2/3，约为76 mm×25 mm），PDF417条码可以容纳大约1 K字节的信息，约500个汉字。可以将数字、英文、汉字、照片、指纹、掌纹、签字、声音等可数字化的信息进行编码，广泛应用于各种领域。[10]

（2）修正错误能力强。二维码的纠错功能是通过将部分信息重复表示（即冗余）来实现的。比如，在PDF417条码中，某一行除了包含本行的信息外，还有一些反映其他位置上的字符（错误纠正码）的信息。这样，即使条码的某部分遭到损坏，也可以通过存在于其他位置的错误纠正码将其信息还原出来。PDF417条码的纠错能力依错误纠正字码数的不同分为9级，纠正等级从0到8，级别越高，错误纠正字码数越多，纠正能力越强，条码也越大。当纠正等级为8时，只要条码破损面积不超过整个条码面积的50%，就仍然可以读出整个条码的信息。因此，当二维码因穿孔、污损等引起局部损坏时，条码包含的全部信息仍然可以被正确地识读。

（3）输入速度快，可靠性极高。与键盘输入相比，条码输入的速度是其

5倍，并且能实现"即时数据输入"；键盘输入数据的出错率为三百分之一，而二维码技术误码率低于千万分之一。

（4）具有多重防伪特性，保密性能好。以PDF417条码为例，可以采用密码格式编码，可以利用所包含的信息如指纹、照片等进行防伪，可以通过软件对数据进行加密，因此，PDF417条码具有极强的保密性和防伪性。另外，还可以采用隐形条码进行防伪。

（5）成本低，易操作，使用方便，持久耐用。二维码易于制作，对设备和载体材料没有特殊要求，利用现有的点阵、激光、喷墨等打印技术，即可在纸张、卡片、光盘等各种载体上印制二维码；二维码识别设备操作容易，不需要特殊培训；二维码还可以通过传真方式进行传送；二维码识别不需要物理接触，不受读取次数限制。

2.4.7 档案管理中引入二维码技术的意义

二维码作为信息的另一种表示形式，不依赖于计算机网络和数据库存储、转移信息，是实现文件、档案等信息的存储、携带、传递并识读的理想形式。将它引入档案管理中，可较好地解决目前档案管理中出现的问题。[11]

（1）采用二维码技术可解决电子档案易被更改的问题。将电子档案转化为二维码，再打印到纸张上，形成纸质电子档案，则可封存电子文件形成的原始状态信息。二维码一经生成就不可改动，可解决电子档案易被更改的问题，是电子文件真实性保障的重要工具。因为二维码直接对原文二进制或ASCII码进行编解码，所以支持任何语言和文字，而且在电子化的过程中不会丢失任何信息。

（2）采用二维码技术可使电子档案长期保存。采用二维码技术，将电子档案固化在纸质介质上，这样，电子档案的载体与纸质档案一样可长期保存。纸质电子档案携带方便，不怕折叠，保存时间长，又可复印传真，做更多备份。此外，二维码有错误修复能力，即使载体保存不善，印刷的文字、条码有污损，只要破损面积不超过整个条码符号的50%，也可照常恢复数据。

（3）采用二维码技术可实现纸质档案与电子档案的同步管理。将二维码引入档案管理，形成纸质电子档案，可方便档案人员对纸质档案和电子档案的统一管理。档案部门对纸质档案的管理历史悠久，有许多行之有效的方法，电子档案丢失的可能性就小多了。二维码相当于在电子档案管理系统与纸质档案管理系统之间建立通道，使人们可以容易地从一种档案找到相同内容的另一种档案，方便利用。

（4）采用二维码系统可提升档案信息录入的质量与效率。在办公系统中加入二维码生成控件，将文件的著录信息生成标准的二维码，档案部门人员只需用扫描设备就可将电子文件信息识别出来，无须铺设网络和考虑软件对接，对公文系统影响最小，容易实现，而且二维码一经生成，可多次使用，可以保证著录信息的准确，减少重复劳动。

2.4.8 二维码在电子文件中的应用

二维码是电子文件的唯一标识，也是认证电子文件的有效途径，能够在流转过程中阻止从高密级系统向低密级系统流动；它能够反映电子文件的基本属性，通过扫描即可获得电子文件的元数据信息，从而避免了扫描时文件基本信息的人工重复输入；它是电子文件真实性保障的重要工具，通过对二维码本身正确性的验证即可验证电子文件的真实性。

在电子文件管理过程中实现二维码的生成，需增加两个辅助控件（二维码生成控件、二维码解码控件）及条码打印机、扫描枪、盘点机等硬件。

电子文件管理系统通过调用二维码生成控件生成二维码图片，通过条码打印机打印成标签，粘贴于纸质文件上。需要读取电子数据的机构或个人通过扫描枪扫描标签，在计算机中调用二维码解码控件，即可将二维码图片还原为电子文件。具体过程如图 2-8 所示。

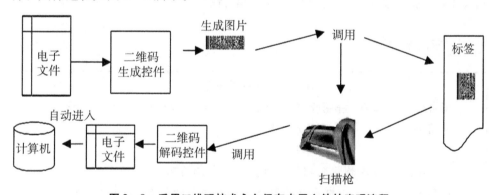

图 2-8 采用二维码技术永久保存电子文件的实现流程

2.5 RFID 技术

2.5.1 RFID 技术简介

RFID（radio frequency identification）即射频识别，俗称电子标签，类似于条码，如图 2-9 所示。它是一种非接触式的自动识别技术，通过射频信号自动识别目标对象并获取相关数据，无须人工干预，可工作于各种环境，并可进行高度的资料集成。[12]

RFID 系统由以下三个主要部件组成：[13]

（1）电子标签（tag）。也有人使用 RFID 询答器（RFID transponder）、非接触 ID 标签（contactless ID tag）等不同的名称。

（2）传感器（reader）。也称为辨识器、读码机等，主要用来读取电子卷标。它使用射频信号，所以不需要与电子卷标接触即可读取数据。传感器分为只读及可擦写两种。它与计算机连接，将得到的数据传送至系统上做辨识或后续处理。

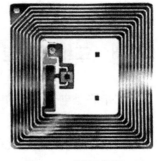

图 2-9　RFID 标签

（图片来源：https://scienceprog.com/2006/07/）

（3）天线（antenna）。在嵌入 RFID 电子标签的物品中置入天线，用来传递电子卷标和传感器之间的射频信号。

RFID 具有依赖于无线射频信号的空间耦合的传输特性。在实际应用中，目标对象贴有约定数据信息内容的标签，标签进入磁场后，发送包含自身信息的信号，读写器读取解码数据信息后，传送到后端数据库并进行标签合法性判断，然后发出相关指令动作，从而达到自动识别的目的。

 应用案例

RFID 在图书馆的应用

图书馆日常业务：书籍到货、登录上架、读者借/还书、盘点上架。

采用条码与磁条技术存在的问题：

（1）磁性媒体（如录像带等）须分开处理。

（2）近距离没有物体阻挡的条件下才能判读条码。

应用 RFID 技术，以电子标签取代条码及磁条的优点：

（1）书籍流通与安全防盗整合为一。提供图书馆在出口或限定出口处的控制工作，确定通过侦测主机的书籍或媒体是否确实办理了借阅手续。如果书籍尚未办理借阅的手续，警报器就会被触动。

（2）自动借阅站台能让读者无须图书馆员工帮助，自己办理借阅的程序。站台内部的借阅导引可让读者轻松地完成借阅。当读者来到个人自动借阅站台并且于站台出示其身份辨识卡时，即可以其读者辨识卡经由导引来行使其权利。

（3）馆员工作站读取机为图书馆馆员提供工作平台。馆员负责处理借书、还书、将图书分类、解除防盗及其他工作，如产生工作报表；对过期未及时归还书籍的读者进行罚款。

（4）手持式盘点机可近距离读取图书馆馆内具有 RFID 标签的书籍或媒体，方便寻找及分辨书架上的书籍，轻松完成盘点及顺架工作。

2.5.2　RFID 技术在档案管理中应用的优势

RFID 具有的特性与档案保管和利用朝着更安全、更方便的方向发展相吻合。RFID 技术作为档案管理信息化、数字化的手段，很大程度上解决了档案管理中的种种不足，表现出明显的应用优势。[14]

（1）清点快速，强化准确度。RFID 可以结合图像识别技术显示档案位置。工作人员使用读写器扫过柜架或库房，一旦扫到摆放错误的档案，读写器立即报警，这就使得查找和清点工作变得很容易，也方便工作人员定时定期地统计卷宗。

（2）手续简便，提高利用率。RFID 系统可以实现档案文件的登记、查询、催办、立卷、调阅和卷宗的信息一体化管理，免去传统的借阅、归还手续。另外，存放于服务器内的文件档案，可以授权给合法个人和部门阅读，这样文件传阅就不再受传阅速度限制，也不会产生众多人排队等候的问题，大大提高了工作效率，服务管理也更加准确化、规范化。

（3）存放安全，完善保密性。RFID 可以用于防盗。档案室/馆可以利用 RFID 进行用户身份识别，并适时结合指纹识别技术，通过现场指纹与数据库指纹比对确定用户的真实身份，给出用户是否在借阅合规范围内的判断。同时，RFID 可以识别运动的物体，能有效弥补档案室/馆门禁区域的安全漏洞，若档案未办理出库登记手续，则装置会自动报警，从而把严最后一道安全屏障。

2.5.3　RFID 技术在应用中面临的问题

RFID 技术不是毫无隐忧的安全系统，事实上，没有任何技术、设备或者措施能保证绝对安全，所有技术的安全都是相对的。RFID 在档案管理中面临的问题主要有成本问题以及安全与隐私问题两类。[14]

2.5.3.1　成本问题

档案服务对象一般有各级公共档案馆、高等院校人事处、企事业单位的档案室和中介机构等，其中，大部分属于服务性质，因此，作为消耗性投入的标签的成本问题是目前档案管理部门考虑的最主要因素。

目前，标签缺乏统一的技术标准，导致相关配套设备更新升级问题成为限制档案管理采用 RFID 的主要因素之一。

2.5.3.2　安全与隐私问题

尽管 RFID 在档案管理中有着诸多优势，但是，RFID 的工作原理决定了其数据读写被置于开放的空间。一方面，易形成读写器和标签本身的访问缺陷；另一方面，易导致通信信道的不安全，带来数据安全威胁和隐私威胁。非法用户可以利用合法的阅读器或者自购一个阅读器，直接和标签"对话"，而不被工作人员知晓，因而就有可能复制、篡改档案标签的内容，甚至令系统拒绝服务，无法读取。档案作为第一手材料，保证档案内容的真实性、完整性是第一要务。另外，若在标签中存储了一些档案中的个人信息，则档案中当事人的隐私可能被侵犯。非法用户可以窥探到档案中当事人的学习经历、工作经验、奖惩情况以及家庭背景等，这些有可能成为打击报复、人身伤害等恶性事件的诱因。从这个角度来说，隐私问题也是使用 RFID 技术面临的问题。

2.5.4 基于 RFID 的档案自动化管理系统功能模块设计

基于 RFID 技术的档案自动化管理系统主要由 RFID 数据管理系统和档案信息管理系统组成，如图 2-10 所示。

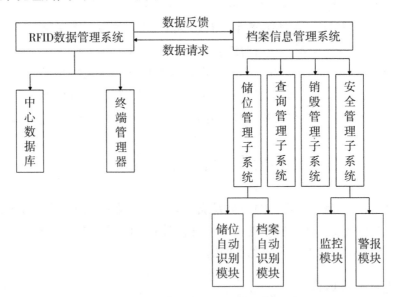

图 2-10 基于 RFID 的档案自动化管理系统功能模块架构

RFID 数据管理系统与档案信息管理系统通过系统接口实现系统间的对接，由 RFID 数据管理系统实现档案数据的收集、储存、电子标签读写；档案信息管理系统实现对档案信息的应用与管理。同时，可对系统用户设置不同权限，以实现对用户安全性的管理。

2.5.4.1 RFID 数据管理系统

该系统由中心数据库和终端管理器组成，是系统的数据存取中心和信息输入输出终端。终端管理器包括读写器与手持式阅读器，是中心数据库获取信息与输出信息的重要端口。读写器的作用是将数据库中的信息写入标签或者将标签中的信息导入数据库；手持式阅读器是管理员进行现场信息采集与通信的硬件，管理员将采集到的数据导入中心数据库，进而为档案管理信息系统各功能的使用提供数据支持。

2.5.4.2 档案信息管理系统

该系统由储位管理子系统、查询管理子系统、销毁管理子系统和安全管理子系统构成。各子系统的主要功能如下：

（1）储位管理子系统。该子系统能够实现档案自动识别模块所储存的档案盒编号和储位自动识别模块所储存的储位编号自动匹配，从而在档案出入库时较好地实现档案储位的定位。

（2）查询管理子系统。在需要查阅档案时，由该子系统提供档案编目查询、密级查询等，并发出出库指令，指令通过计算机总线将查询信号传输至档案架，使档案架上的指示灯亮起，管理人员按指示灯指示进行出库作业。

（3）销毁管理子系统。档案入库前，在销毁管理子系统中设定每份档案的保管期限，当达到保管期限时，销毁管理子系统自动提醒管理人员失效档案的相关信息，由管理人员做进一步处理。

（4）安全管理子系统。当档案盒在非正常的情况下离开储位，安装于储位区的阅读器将捕捉到这一信息，并将该信息无线传回管理系统，监控模块会把这一异常信息立即发送给警报模块，警报模块接收信息后向计算机控制中心发出警报。

虽然 RFID 系统在实际应用中有一定的缺陷，但随着技术的成熟、标签成本的降低以及行业标准的制定，这种现代化技术有很大的发展潜力，如果使其服务于档案管理，将解决很多用传统技术难以解决的问题，为档案管理工作注入新的活力。

实验设计

1. 在互联网上找一幅纸质文件扫描图像，使用 OCR 软件对其进行文字自动识别，结合识别结果对影响 OCR 识别正确率的主要因素进行分析。

2. 使用 QR Code 等二维码生成软件编码一条档案元数据，并通过手机软件"快拍二维码"对其进行解码识别。

思考题

1. 档案数字化的流程是怎样的？各环节应采取哪些措施来确保数字化顺利实施？

2. 如何做好档案数字化保密控制工作？
3. OCR 技术在档案数字化工作中的独特优势体现在哪些方面？
4. 在进行档案扫描图像 OCR 处理时，为保证识别效果，应注意哪些问题？
5. 在档案管理工作中应用 RFID 技术能够带来哪些好处？

【参考文献】

[1] 王芳. 数字档案馆学 [M]. 北京：中国人民大学出版社，2010.

[2] 邓爱. 如何进行文件档案资源数字化 [J]. 航空档案，2006（6）：49 - 51.

[3] 国家档案局. 纸质档案数字化规范 DA/T 31—2017（代替 DA/T 31—2005）[EB/OL]. [2020 - 09 - 26]. https：//www. saac. gov. cn/uploadfile/daj/64006a6bf3e51b9c0e4801. pdf.

[4] 李纲，马健. 扫描仪技术原理 [J]. 宁夏工学院学报（自然科学版），1996，8（2）：67 - 69，76.

[5] 许呈辰. 档案数字化过程中 OCR 技术的应用 [J]. 档案管理，2011（1）：38 - 40.

[6] 迟春佳. OCR 技术及其在高校图书馆信息资源数字化建设中的应用 [J]. 中国科技信息，2007（7）：95 - 96.

[7] 吴雁平. 条码技术在档案管理中的应用情况综述 [J]. 档案管理，2006（1）：53 - 55.

[8] 胡清让. 条码技术在档案管理中的应用研究 [J]. 开封大学学报，2007，21（2）：86 - 87.

[9] 石华. 采用二维条码技术永久保存电子文件研究 [J]. 梧州学院学报，2008，18（6）：39 - 42.

[10] 黄静涛，徐亮，杜琳琳. 二维条码技术在文件和档案管理中的应用 [J]. 中国档案，2006（2）：54 - 55.

[11] 石华. 二维条码技术在档案管理中的应用研究 [J]. 档案管理，2010（1）：40 - 42.

[12] 任增森. RFID 技术在档案工作中的应用前景分析 [J]. 兰台世界，2009（6）：24 - 25.

[13] 冷海梅. 电子标签技术及其在档案管理中的应用 [J]. 电子世界，2012（3）：95 - 96.

[14] 司晓琨，谷爽，姜静，等. RFID 技术在档案管理中的应用分析 [J]. 河北省科学院学报，2011，28（4）：61 - 63，66.

第3章　数字档案信息组织技术

　　本章重点对数字档案的信息组织技术进行介绍。首先，重点对数字档案元数据交换所使用的通用置标语言及其标准进行介绍，包括SGML、HTML和XML；其次，对元数据的基本概念、级别与分类、作用以及都柏林核心集元数据等内容进行阐述；最后，结合电子文件管理系统实例，介绍电子文件管理系统的功能模块、业务流程等内容。

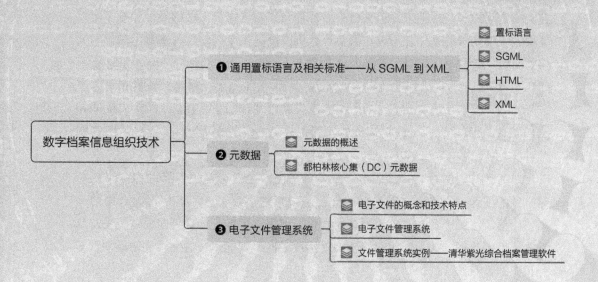

3.1 通用置标语言及其相关标准——从 SGML 到 XML

为了方便用户从大量的信息中找到自己所需的信息，各类信息服务机构经常需要对文献进行组织，对文献的外部特征和内容信息进行描述和标引。传统的图书馆书籍著录卡片、档案著录卡片都是针对纸质文献的一种可用和有效的信息组织技术。随着信息技术的发展，数字化资源逐渐取代传统的纸质信息资源，人们不断探讨新的方法与技术来解决数字化信息资源时代的信息组织问题，其中，置标语言是解决数字化信息资源组织问题的一项得以广泛应用的技术。

3.1.1 置标语言

置标就是给文档中某些具有特殊含义的部分加上标记的过程，置标的符号就是该过程的具体实现。在 20 世纪 80 年代早期，IBM 设计了一种文档系统，通过在文档中附加一些标签来标识文档中的各种元素。这样，文档的显示和打印可以更少地依赖特殊的硬件，不过这需要计算机系统提供专门的软件来显示和打印文档。IBM 把这样的标记语言称为通用置标语言（generalized markup language，GML）。1986 年，国际标准化组织（ISO）认可 IBM 提出的概念，并发布了为生成标准化文档而定义的标识语言标准，称为标准通用置标语言（standard generalized markup language，SGML）。置标一般分为程序性置标和描述性置标两种。[1]

（1）程序性置标（procedural markup）。程序性置标是用专属的指令来执行对文件的处理，它关注文件呈现的外观，包括对字体的大小、字形、页面的布局、段落、注脚以及左右页边距等的设置。程序性置标只能在特定的系统平台或相关软件中执行，如果所使用的系统软件被更换，则标识过的文件往往必须重新标识，即重新排版编辑。

（2）描述性置标（descriptive markup）。描述性置标一般也称为通用的置标，它所关注的是文件的内容或者机构元素，而不是文件呈现的版面样式，它描述文件结构的方式是以标识文件构成的元素进行的。其文件的内容与文件的外观是分离的，同样的文件内容有不同的呈现形式。因此，描述性置标在文件的重复利用方面比程序性置标要灵活得多。

3.1.2 SGML

SGML 是 ISO 在 1986 年指定的用于描述文档资料的结构和内容,实现文档交换和共享的国际标准。它是数据描述、数据模型化和数据交换的标准,同时又是一种元语言(meta-language)。元语言是一套可以用来定义其他更具专门性的标记语言的通用规则。HTML 就是由 SGML 定义出来、专门使用在万维网(WWW)上的标记语言。[1]

3.1.2.1 SGML 的工作原理

典型的文档由以下三部分构成:①结构。指文档内容间的顺序和相互关系。通过文档类型定义(document type definition,DTD)可以定义构成具体文档的元素之间的相互关系。②内容。指文档信息本身,如文字、声音和图像等。确定内容在 DTD 中的位置的方法称为加置标。③样式。它决定内容如何被显示。样式表把结构所对应的内容的呈现形式予以定义。在数字化信息资源中,内容和样式是相互分离的。

普通的 SGML 文档一般由以下三部分组成:①SGML 声明。定义文档使用的语言集、参考语法规则、SGML 可选特性等。②DTD。描述文档的结构模板、逻辑框架结构以及元素的属性等,它可以确定文档类别,规定文档结构规则,列出文档实例中所允许的全部元素及其次序。③SGML 文档实例。它是文档内容的主要部分,由许多元素及元素的正文按 DTD 规定的框架结构组织而成。

3.1.2.2 SGML 的应用

SGML 主要有以下四个方面的应用:①HTML。HTML 是欧洲粒子物理研究所使用 SGML 中一个固定的 DTD 开发的一套标签集。在 HTML 中不能随意增加置标,因此灵活性较差。②电子商务中的数据交换。在政府部门,计算机辅助获取及运算逻辑支持(computer-aided acquisition and logistic support,CALS)计划要求按照程序和格式来处理、传递、存储文献资料,用 SGML 作为结构化处理的标准之一。③电子出版。通过 SGML 来增强电子文档的结构化处理,进行知识的聚类,更好地利用计算机进行电子出版物的制作、整理。④图书馆等机构。在图书馆等机构,人们试图用 SGML 来描述 MARC(机读目录)格式。

3.1.2.3 SGML 的优缺点

SGML 具有以下优点:①有弹性。在 SGML 中,置标是不固定的,用户可以根据自己的需要来添加置标,可以用置标来标识结构非常复杂的文档。SGML 能描述任何信息结构与任何复杂的文件，其应用可以简单如 HMTL，也可以复杂得像 TEI、EAD、CIMI 等。②非专属性。SGML 相对于平台和系统独立，不属于特定的平台和特定的应用系统；可以在不兼容的系统直接进行数据交换，避免数据交换中的信息遗失；撰写的文档能够长久保存。③信息的再利用性。SGML 文件的内容可以重复利用，或者被其他的 SGML 文件使用。同一份文件也可以通过不同的 DTD 来定义，用不同的可视化形式呈现出来。

SGML 具有以下缺点：①应用程序不易开发。②SGML 文件不易在 Web 上传播。要想传送 SGML 文件，必须有特定的 DTD 和样式表。③技术复杂，学习成本高，缺乏商家支持。

3.1.3 HTML

由于 SGML 过于繁复，许多可选特性在 Web 开发中不必要，因此难以获得广泛应用。Internet 的全球普及，需要人人都易操作的描述语言。作为 SGML 的一种应用，超文本标记语言（hyper text markup language，HTML）应运而生。

HTML 不是一种编程语言，而是一种标记语言（markup language），它具有一套标记标签（markup tag），用来描述文档或网页。[2]

3.1.3.1 HTML 标签

HTML 标记标签通常被称为 HTML 标签（HTML tag）。HTML 标签是由尖括号"< >"包围的关键词，如 < HTML >；HTML 标签通常成对出现，如 < TABLE > 和 </TABLE > 分别表示一个表格元素的开始和一个表格元素的结束。在标签对中，第一个标签是开始标签（也称为开放标签），第二个标签是结束标签（也称为闭合标签）。除了在结束标签前面加一个斜杠符号"/"之外，开始标签名称和结束标签名称是相同的。

3.1.3.2 HTML 文档

一个 HTML 文档相当于网页，它通常由文档头（head）、文档名称（title）、表格（table）、段落（paragraph）和列表（list）等成分构成。为了表达方便，人们把这些成分称为文档元素，简称为元素。[3]

Web 浏览器的作用是读取 HTML 文档，并且以网页的形式显示出来。浏览器不会显示 HTML 标签，而是使用标签来解释页面的内容。例 3.1 是一个简单的 HTML 文档。

【例 3.1】简单的 HTML 文档

    < html >

```
< head >
< title > 数字化档案信息组织 < /title >
< /head >
< body >
< h1 > My First Heading. < /h1 >
< p > My First paragraph. < /p >
< /body >
< /html >
```

其中，在 < html > 与 < /html > 之间的文本描述网页中，< head > 与 < /head > 之间相当于文档的头部，< title > 与 < /title > 之间的内容为文档的标题，< body > 与 < /body > 之间的文本是可见的页面内容，< h1 > 与 < /h1 > 之间的文本被显示为标题，< p > 与 < /p > 之间的文本被显示为段落。Web 浏览器解释该文档后显示的内容如图 3 – 1 所示。

图 3 – 1　简单的 HTML 页面显示效果

3.1.3.3　HTML 特色及其局限性

HTML 语言简单易用。HTML 文档是纯文本的，在多个平台上均可编辑，且不需要架构任何 Web 服务器或者安装专门的 HTML 编辑器。使用 HTML 语言可以方便快速地制作网页、建立链接，方便互联网用户发布、获取以及交换信息，因此，它很快成为互联网蓬勃发展的"基石"。

但是，HTML 自身也具有一些不可避免的局限性：①不可拓展性。HTML 的置标是固定的，用户不能根据自己的需要添加 HTML 标签。②不可分离性。HTML 文档中数据和数据的表现形式混合在一起，难以分离。

3.1.4　XML

3.1.4.1　XML 简介

HTML 的出现，确实解决了因特网文档的信息发布、信息查询以及信息交流等基本问题，它简单易学的特点使得非专业人士也能够很容易地在网上发布自己的信息，成为 Web 的"基石"。但是，在网上发布信息远不止是为了"被看到"，还应该有更深层次的"被应用"，真正实现信息共享。HTML 的只能显示内容、单向链接、标签不可拓展等局限性使其不能满足更高的信息组织要求。在这种情况下，可扩展置标语言（extensible markup language，XML）的诞生，给予了用户根据不同的内容需求设计不同的描述语言的可能，并且能有效地将显示信息与描述信息相分离，既可以提高信息搜索的效率，又可以根据不同内容进行不同的处理。

XML 是一种基于 SGML 的简单灵活的语言。确切地说，它是一种元语言，是一种能够创建标记语言的语言。[4] 标记语言将标记直接插入文本中来描述文档的各部分。XML 能够在任何平台和操作系统上运行，它的可扩展性表现在它并不像 HTML 那样有固定的格式。设计 XML 的目的就是使用户能够在网上使用 SGML。

1. XML 与 SGML、HTML 的关系

从本质上看，XML 和 HTML 都是由 SGML 派生出来的；不同之处在于，XML 是一种元标记语言，HTML 是一种特殊化的标记语言。

由于 HTML 有固定的格式，因而缺少了灵活性，能够描述的数据类型很有限，如果使它能够包含所有类型的数据，那么，HTML 将变得非常复杂。HTML 的优势是连接文本和显示内容，如果用其进行信息处理，就显得有些力不从心。而 XML 是 SGML 的一个缩简版，使用 XML 能更容易地定义自己的文件类型，也使程序员能够更容易地编写处理这类文件的程序。XML 省略了 SGML 中过于复杂的和很少使用的部分，变得更容易使用和理解，也更适合在 Web 上传递和操作。XML 文档仍然是一个 SGML 文档，可以作为一个 SGML 文件被解析。

值得注意的是，XML 不是 HTML 的替代，XML 和 HTML 是为不同的目的而设计的。XML 被设计用来传输和存储数据，其焦点是数据的内容，旨在传输信息；HTML 被设计用来显示数据，其焦点是数据的外观，旨在显示信息。

可以说，XML 是复杂的 SGML 和功能有限的 HTML 之间的"桥梁"，它提供了一种比 SGML 简单、比 HTML 更广泛的方法来描述文档内容，使得网上信息的利用达到更高的水平。

2. XML 的特点

（1）可拓展性。XML 提供了一个表示结构信息的架构，它允许定义任意一组标记来满足不同内容的需求。这使得它突破了 HTML 标记只能用来描述内容的显示格式的限制，可以通过网络传输数据和显示数据，还可以将数据转交给其他应用程序做进一步处理。

（2）将信息的显示与处理分离。XML 通过定义标记来描述文档内容。文档

内容以什么样的形式显示由扩展样式表语言（extensible stylesheet language，XSL）和层叠式样式表（cascading style sheets，CSS）加以控制。XML 将信息的显示与处理分割开来，只需套用不同的样式表和应用程序，就可以按照希望的形式显示并处理信息。

（3）信息的自我表述。一个遵循 XML 规则的文档是一个结构化文档。如果一个结构化文档同时还遵循它所引用的 DTD 中的所有规则，那么它就是一个有效文档。无论是结构化文档还是有效文档，用来描述内容的标记都包含在文档中，因此，由 XML 编写的文档都是可以自我表述的。

3.1.4.2 XML 文档结构

1. XML 树形结构

一个 XML 文档由文档声明和文档实例两部分组成。[5]文档声明提供了有关文档实例的解释信息，如 XML 的版本号、字符集、样式表和文档类型，包括 XML 声明、处理命令和文档类型声明等。文档实例在文档声明之后，它包含真正文档的数据，这些数据以元素形式按照树形方式组织。逻辑上，XML 将文档看成元素的集合，所有的元素都遵照树形结构，有且仅有一个根元素；除了根元素之外，每个元素都有且仅有一个父元素；除了父元素外，每个元素都可以有一个或者多个子元素。例 3.2 是一个简单的 XML 文档，它包含了文档声明和文档实例。

【例 3.2】一个简单的 XML 文档

```
< ? xml version = "1.0" encoding = "ISO-8859-1"? >
< note >
< to > George < /to >
< from > John < /from >
< heading > Reminder < /heading >
< body > Don't forget the meeting! < /body >
< /note >
```

在该例子中，第一行是 XML 声明，它定义了 XML 的版本（1.0）和所使用的编码（ISO – 8859 – 1 为 Latin – 1/西欧字符集）。第二行至第七行是 XML 的文档实例。其中 < note > 是根元素，这个根元素意在告知用户，这个文档是一个便签；接下来是 4 个子元素（ < to >、< from >、< heading > 和 < body > ）；最后一行 </note > 是定义根元素的结尾。从这个例子中可以设想，这个 XML 文档包含了 John 给 George 的一张便签。

XML 声明是一个 XML 处理命令，处理命令以 " <?" 开始，以 "?>" 结束。XML 文档都必须以 XML 声明开始。XML 声明中可以使用 version、encoding、standalone 三个属性。

从上例可以看出，version 属性用于指明 XML 文档所使用的版本，目前只有 XML 1.0 版本，因此，version 属性的值只能是 1.0，不能是 1 或者其他值。值得注意的是，version 属性是必不可少的，没有 version 属性的声明是无效的。encoding 属性用于指明 XML 文档编码使用的字符集。如果没有指定该属性，则 XML 处理器以 Unicode 编码格式进行分析。standalone 属性用于指明 XML 文档有没有使用外部标记声明，属性值为"yes"或者"no"。如果 standalone 属性值为"yes"，表明这是一个独立的 XML 文档，这个文档不需要其他文档就可以单独使用，在其内部没有任何应用外部资源的命令；如果 standalone 属性值为"no"，则表明这不是一个独立的 XML 文档，在其内部应用了其他文档或资源，无法独立使用。

XML 文档必须包含根元素，这个元素是其他所有元素的父元素。文档中的所有元素形成了一棵文档树，这棵树的根部就是根元素，一直拓展到树的最底端。图 3-2 是 XML 描述的一本书的文档树结构，其实例 XML 文档见例 3.3。

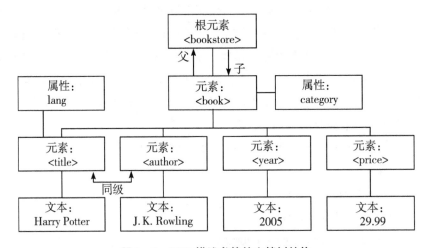

图 3-2 XML 描述书籍的文档树结构

【例 3.3】书籍的 XML 描述文档

　　< bookstore >

　　< book category = "COOKING" >

　　< title lang = "en" > Everyday Italian < /title >

　　< author > Giada De Laurentiis < /author >

　　< year > 2005 < /year >

　　< price > 30.00 < /price >

　　< /book >

　　< book category = "CHILDREN" >

　　< title lang = "en" > Harry Potter < /title >

```
< author > J. K. Rowling < /author >
< year > 2005 < /year >
< price > 29.99 < /price >
< /book >
< book category = "Web" >
< title lang = "en" > Learning XML < /title >
< author > Erik T. Ray < /author >
< year > 2003 < /year >
< price > 39.95 < /price >
< /book >
< /bookstore >
```

上述例子中的根元素是 < bookstore >。文档中的所有 < book > 元素都被包含在 < bookstore > 中。< book > 元素有 4 个子元素：< title >、< author >、< year >、< price >。

2. XML 语法规则

一个合乎规范的 XML 文档必须遵循一定的 XML 语法规则。XML 语法规则简单易学易用，并且具有一定的逻辑性。

规则一：所有的 XML 元素都必须有关闭标签。

在 HTML 中，经常会看到没有关闭标签的元素，如下面两行 HTML 标记语言：

　　< p > This is a paragraph.

　　< p > This is another paragraph.

上面的 HTML 标记语句中的两个 < p > 元素都没有关闭标签，这在 HTML 中是合法的，HTML 中并非所有元素的关闭标签都是必需的。但是在 XML 中，省略关闭标签是非法的，所有的元素都必须有关闭标签，如下所示：

　　< p > This is a paragraph. < /p >

　　< p > This is another paragraph. < /p >

需要注意的是，声明不属于 XML 本身的组成部分，它不是 XML 元素，也不需要关闭标签。

规则二：XML 标签对大小写敏感。

XML 元素使用 XML 标签进行定义，例 3.2 中的 < note > 就是一个 XML 的标签，它对大小写敏感。XML 必须使用相同的大小写来编写打开标签和关闭标签，否则会出错。

规则三：XML 元素可以嵌套，但不可以重叠。

在 HTML 中，常常会看到没有正确嵌套的元素，例如：

<b> <i> This text is bold and italic </b> </i>

而在 XML 中，所有元素都必须正确地嵌套，例如：

　　　<b> <i> This text is bold and italic </i> </b>

正确地嵌套是指：如果 <i> 元素是在 <b> 元素中打开的，那么，它必须在 <b> 元素内关闭。

规则四：XML 文档必须有根元素。

XML 文档必须包含在一个单一元素中，这个单一元素称为根元素。它包含文档中所有文本和所有其他元素。一个 XML 文档有且仅有一个根元素。XML 文档实例的基本结构如下，其中 <root> 为根元素：

　　　<root>
　　　<child>
　　　<subchild> …… </subchild>
　　　</child>
　　　</root>

规则五：XML 的属性值须加引号。

与 HTML 类似，XML 也可拥有属性（名称/值的对）。在 XML 中，XML 的属性值必须加引号（既可以是单引号，也可以是双引号）。以下两个 XML 文档，第一个是错误的，因为属性 date 的值没有加引号；第二个才是正确的合乎规则的 XML 文档。

XML 文档一：

　　　<! --NOT legal XML markup-->
　　　<note date = 08/08/2008>
　　　<to> George </to>
　　　<from> John </from>
　　　</note>

XML 文档二：

　　　<! --legal XML markup-->
　　　<note date = "08/08/2008">
　　　<to> George </to>
　　　<from> John </from>
　　　</note>

规则六：XML 的实体引用有如下规则。

在 XML 中，一些字符拥有特殊的意义。

如果把字符"<"放在 XML 元素中，就会发生错误，这是因为解析器会把它当作新元素的开始。

以下 XML 标记语言会产生错误：

< message > if salary < 1000 then < /message >

为了避免这个错误，XML 使用实体引用来代替"<"字符：

< message > if salary &lt; 1000 then < /message >

在 XML 中，有 5 个预定义的实体引用，见表 3-1。

表 3-1　XML 预定义的实体引用

实体引用	字符	字符含义
&lt;	<	小于号
&gt;	>	大于号
&amp;	&	和号
&apos;	'	单引号
&quot;	"	引号

实际上，在 XML 中，只有字符"<"和"&"确实是非法的；大于号是合法的，但是用实体引用来代替它是一个好习惯。

规则七：XML 中的注释有如下规则。

XML 文档注释可以出现在文档的任何位置，甚至是在根元素的前面或后面。

注释以"<!--"开始，以"-->"结束，但注释不能在结束部分以外包含双连字符（--）；除此之外，注释可以包含任何内容。最重要的是，注释内的任何标记都被 XML 编译器忽略。对于 XML 文档中的一些内容，如果暂时希望它不显示但是又不能删去，那么就可以将这部分内容代码加上注释号，使其成为注释而被忽略。

规则八：XML 的空格保留有如下规则。

HTML 会把多个连续的空格字符合并（裁剪）为一个，如：

HTML:Hello   my name is David.

输出：

Hello my name is David.

但是在 XML 中，文档中的空格不会被删除。

3. XML 元素及其属性

XML 元素指的是从（且包括）开始标签直到（且包括）结束标签的部分。

元素可包含其他元素、文本或者两者的混合物。元素也可以拥有属性。在例 3.3 中，< bookstore > 和 < book > 都拥有元素内容，因为它们包含了其他元素；< author > 只有文本内容，因为它仅包含文本；< book > 元素和 < title > 元素拥有属性（< book > 元素属性 category = "CHILDREN"，< title > 元素属性 lang = "en"）。

XML 元素可使用任何名称，没有保留的字词，但是，必须遵循如下的命名规则：

规则一：名称可以含字母、数字以及其他的字符。

规则二：名称不能以数字或者标点符号开始。

规则三：名称不能以字符"xml"（或者 XML、Xml）开始。

规则四：名称不能包含空格。

虽然 XML 元素命名规则简单，可以使用任何名称，但是良好的命名习惯应包括以下几点：①名称具有可读性，使用下划线也是一种较好的选择，应尽量避免 < bdedf > 这样易读性、可描述性差的名称。②名称应当比较简短，比如 < book_title > ，而不是： < the_title_of_the_book > 。③避免使用"-"""."":"三个字符。如果使用"-"字符，如"first-name"，一些软件会认为用户需要提取第一个单词；如果使用"."字符，如"first. name"，一些软件会认为"name"是对象"first"的属性；如果使用":"字符，冒号会被转换为命名空间来使用。④非英语的字母，如 é、ò、à 也是合法的 XML 元素名，不过，需要留意当软件开发商不支持这些字符时可能出现的问题。

XML 元素是可扩展的，以携带更多的信息。请看下面这个 XML：

  < note >

  < to > George < /to >

  < from > John < /from >

  < body > Don't forget the meeting! < /body >

  < /note >

设想一下，我们创建了一个应用程序，可将 < to > 、< from > 和 < body > 元素提取出来，并产生以下输出：

```
MESSAGE
    To: George
    From: John
```

Don't forget the meeting!

之后又向这个文档添加了一些额外的信息，如下所示：

  < note >

  < date > 2008-08-08 < /date >

  < to > George < /to >

  < from > John < /from >

  < heading > Reminder < /heading >

  < body > Don't forget the meeting! < /body >

< /note >

那么，这个应用程序会中断或崩溃吗？答案是不会，这个应用程序仍然可以找到 XML 文档中的 < to >、< from > 和 < body > 元素，并产生同样的输出。XML 的优势之一，就是可以在不中断应用程序的情况下进行扩展。

类似于 HTML，XML 元素可以在开始标签中包含属性（attribute），提供关于元素的额外（附加）信息。属性通常提供不属于数据组成部分的信息，在下式中，文件类型与数据无关，但是对需要处理这个元素的软件来说很重要：

< file type = "gif" > computer.gif < /file >

前面介绍 XML 的语法规则时，其中一条规则是 XML 的属性值必须加引号，单引号或者双引号均可，但是，如果属性值本身包含双引号，那么必须使用单引号，例如：

< gangster name = 'George "Shotgun" Ziegler' >

或者是使用实体引用：

< gangster name = "George "Shotgun" Ziegler" >

在绝大多数情况下，XML 元素和 XML 属性可以互相取代。例如，定义一个 < person > 元素，性别 < sex > 可以作为 < person > 元素的属性，也可以是一个元素，作为 < person > 元素的子元素，如例 3.4 和例 3.5 所示。

【例 3.4】 性别 < sex > 作为 < person > 元素的属性

< person sex = "female" >

< firstname > Anna < /firstname >

< lastname > Smith < /lastname >

< /person >

【例 3.5】 性别 < sex > 是 < person > 元素的子元素

< person >

< sex > female < /sex >

< firstname > Anna < /firstname >

< lastname > Smith < /lastname >

< /person >

以上两个例子均可提供相同的信息，没有规则规定什么时候该使用属性，而什么时候该使用子元素。但是，我们在 XML 中应该尽量避免使用属性。如果信息也可以作为数据，那么要考虑使用子元素，因为使用 XML 属性可能会引起一些问题，如属性无法包含多重的值（元素可以）、属性无法描述树结构（元素可以）、属性不易扩展（随着应用需求将来可能发生的变化）、属性难以阅读和维护等。因此，我们应当尽量使用元素来描述数据，而仅仅使用属性来提供与数据无关的信息。一个基本的理念是：元数据（有关数据的数据）应当存储为属性，

而数据本身应当存储为元素。例如，针对用于标识 XML 元素的 ID 索引，它属于元数据，与数据无关，一般应该作为属性，如例 3.6 所示。

【例 3.6】针对元数据的 XML 属性

< messages >
< note id = "501" >
< to > George < /to >
< from > John < /from >
< heading > Reminder < /heading >
< body > Don't forget the meeting！< /body >
< /note >
< note id = "502" >
< to > John < /to >
< from > George < /from >
< heading > Re: Reminder < /heading >
< body > I will not < /body >
< /note >
< /messages >

在例 3.6 中，ID 仅仅是一个标识符，用于标识不同的便签，并不是便签数据的组成部分，因此，ID 是作为 < note > 元素的一个属性而非子元素。

4. XML 命名空间

XML 命名空间提供避免元素命名冲突的方法。在 XML 中，元素名称是由开发者定义的，当两个不同的文档使用相同的元素名时，就会发生命名冲突。

下面这个根元素为 < table > 的 XML 文档携带着某个表格中的信息：

< table >
< tr >
< td > Apples < /td >
< td > Bananas < /td >
< /tr >
< /table >

下面这个根元素为 < table > 的 XML 文档携带着有关桌子（一件家具）的信息：

< table >
< name > African Coffee Table < /name >
< width > 80 < /width >
< length > 120 < /length >
< /table >

假如上面两个 XML 文档被一起使用，由于两个文档都包含带有不同内容和定义的 < table > 元素，就会发生命名冲突。XML 解析器无法确定如何处理这类冲突。这时，XML 需要一种避免命名冲突的机制，一般采取使用前缀来避免命名冲突或者使用命名空间来避免命名冲突的方式。

（1）使用前缀来避免命名冲突。上述两个均带有根元素名称为 < table > 的 XML 文件，可以分别添加前缀来避免命名冲突。

下面的 XML 文档携带着某个表格中的信息：

    < h:table >

    < h:tr >

    < h:td > Apples < /h:td >

    < h:td > Bananas < /h:td >

    < /h:tr >

    < /h:table >

下面的 XML 文档携带着有关一件家具的信息：

    < f:table >

    < f:name > African Coffee Table < /f:name >

    < f:width > 80 < /f:width >

    < f:length > 120 < /f:length >

    < /f:table >

现在，命名冲突不存在了，这是因为两个文档使用了不同的名称来命名它们的 < table > 元素（< h:table > 和 < f:table >）。

（2）使用命名空间来避免命名冲突。与仅仅使用前缀不同，使用命名空间来避免命名冲突采取的是为 < table > 标签添加一个 xmlns 属性的方法，这样就为前缀赋予了一个与某个命名空间相关联的限定名称。

下面的 XML 文档携带着某个表格中的信息：

    < h:table xmlns:h = "http://www.w3.org/TR/html4/" >

    < h:tr >

    < h:td > Apples < /h:td >

    < h:td > Bananas < /h:td >

    < /h:tr >

    < /h:table >

下面的 XML 文档携带着有关一件家具的信息：

    < f:table xmlns:f = "http://www.w3school.com.cn/furniture" >

    < f:name > African Coffee Table < /f:name >

    < f:width > 80 < /f:width >

< f:length > 120 < /f:length >

< /f:table >

从上面两个 XML 文档可以看出，XML 命名空间属性（XML namespace 属性，即 xmlns）被放置于元素的开始标签之中，并使用以下语法：

xmlns:namespace-prefix = "namespaceURI"

当命名空间被定义在元素的开始标签中时，所有带有相同前缀的子元素都会与同一个命名空间相关联。用于标示命名空间的地址不会被解析器用于查找信息，其唯一的作用是赋予命名空间一个唯一的名称。不过，很多公司常常会将命名空间作为指针来指向实际存在的网页，这个网页包含关于命名空间的信息。

XML 还可以使用默认的命名空间来避免命名冲突，为元素定义默认的命名空间可以省去在所有的子元素中使用前缀的工作。默认的命名空间使用下面的语法：

xmlns = "namespaceURI"

上述两个 XML 文档可使用默认的命名空间来避免冲突。

下面的 XML 文档携带着某个表格中的信息，根元素为 < table >，使用默认命名空间：

< table xmlns = "http://www.w3.org/TR/html4/" >

< tr >

< td > Apples < /td >

< td > Bananas < /td >

< /tr >

< /table >

下面的 XML 文档携带着有关一件家具的信息，根元素为 < table >，使用默认命名空间：

< table xmlns = "http://www.w3school.com.cn/furniture" >

< name > African Coffee Table < /name >

< width > 80 < /width >

< length > 120 < /length >

< /table >

3.1.4.3　XML DTD

1. **形式良好的 XML 文档与 XML DTD**

拥有正确语法的 XML 被称为"形式良好"的 XML。所谓拥有正确语法，即 XML 文档遵守 XML 语法规则。"形式良好"且遵守文档类型定义（DTD）语法规则的 XML 文档被称为"合法"的 XML 文档，如例 3.7 所示。

【例 3.7】"形式良好"的 XML 文档

< ? xml version = "1.0" encoding = "ISO-8859-1"? >
< ! DOCTYPE note SYSTEM "Note.dtd" >
< note >
< to > George < /to >
< from > John < /from >
< heading > Reminder < /heading >
< body > Don't forget the meeting! < /body >
< /note >

例 3.7 中的 XML 文档遵循了 XML 的规则，其中第二行的 DOCTYPE 声明是对外部 DTD 文件的引用，它的作用是定义 XML 文档的结构，这个文件的内容如例 3.8 所示。

【例 3.8】XML DTD 文件

< ! DOCTYPE note[
    < ! ELEMENT note (to,from,heading,body) >
    < ! ELEMENT to   (#PCDATA) >
    < ! ELEMENT from   (#PCDATA) >
    < ! ELEMENT heading   (#PCDATA) >
    < ! ELEMENT body   (#PCDATA) >
] >

以上 DTD 解释如下：

! DOCTYPE note：定义此文档是 note 类型的文档。

! ELEMENT note：定义 < note > 元素有四个元素：< to >、< from >、< heading >、< body >。

! ELEMENT to：定义 < to > 元素为 "#PCDATA" 类型。

! ELEMENT from：定义 < from > 元素为 "#PCDATA" 类型。

! ELEMENT heading：定义 < heading > 元素为 "#PCDATA" 类型。

! ELEMENT body：定义 < body > 元素为 "#PCDATA" 类型。

如例 3.8 所示，DTD 使用一系列合法的元素来定义文档的结构，使得每一个 XML 文档都可以携带一个有关自身格式的描述信息，并且独立的团体可以一致地使用某个标准的 DTD 来交换数据；同时，使用标准的 DTD 可以验证从外部接收的或者自身的数据文件。

2. XML DTD 声明

DTD 可以于 XML 文档中成行地声明，也可以作为一个外部引用。如例 3.7 所示，DTD 文件位于 XML 源文件的外部，它通过下面的语法被封装在一个

DOCTYPE 定义中：

<！DOCTYPE 根元素 SYSTEM "文件名">　　　----外部 DTD 文件声明

如果 DTD 直接包含于 XML 源文件中，那么，它应当将下面的语法包装在一个 DOCTYPE 声明中：

<！DOCTYPE 根元素［元素声明］>　　　----内部 DTD 文件声明

如果将例3.7这个带有外部 DTD 文件声明的 XML 文档改成带有内部 DTD 文件声明的 XML 文档，则结果如例3.9所示。

【例3.9】带有 DTD 的 XML 文档实例

<？xml version = "1.0"？>
<！DOCTYPE note［
　<！ELEMENT note (to,from,heading,body)>
　<！ELEMENT to　　　(#PCDATA)>
　<！ELEMENT from　　(#PCDATA)>
　<！ELEMENT heading (#PCDATA)>
　<！ELEMENT body　　(#PCDATA)>
］>
<note>
　<to>George</to>
　<from>John</from>
　<heading>Reminder</heading>
　<body>Don't forget the meeting!</body>
</note>

3. XML DTD 元素

在 DTD 中，XML 元素通过"元素声明"来进行声明。"元素声明"使用下面的语法：

<！ELEMENT 元素名称 类别>

或者

<！ELEMENT 元素名称 (元素内容)>

XML DTD 元素有以下十种声明情况：

（1）空元素。空元素通过类别关键词 EMPTY 进行声明：<！ELEMENT 元素名称 EMPTY>。例如，<！ELEMENT br EMPTY>。在 XML 中，该元素以
元素的形式出现，可以理解为开始标签和结束标签集合成一个标签形式。

（2）只有 PCDATA 的元素。PCDATA 即被解析的字符数据（parsed character data），可把字符数据想象为 XML 元素的开始标签与结束标签之间的文本。这些文本会被解析器解析，文本中的标签会被当作标记来处理。被解析的字符数据不应当包含任何"&""<"或者">"字符,需要使用"&""<"">"实体来分别替代它们。只有 PCDATA 的元素通过圆括号中的#PCDATA 进行声明:<!ELEMENT元素名称(#PCDATA)>。例如,<!ELEMENT from (#PCDATA)>声明了一个<from>元素,这个元素之间的内容是可以被解析的字符数据。

(3)带有任何内容的元素。通过类别关键词"ANY"进行声明的元素,可包含任何可解析数据的组合:<!ELEMENT 元素名称 ANY >。例如,<!ELEMENT note ANY >。

(4)带有子元素(序列)的元素。带有一个或多个子元素的元素通过圆括号中的子元素名称进行声明:<!ELEMENT 元素名称(子元素名称1)>,表明带有一个子元素;或者<!ELEMENT 元素名称(子元素名称1,子元素名称2,……)>,表明带有多个子元素。例如,<!ELEMENT note (to, from, heading, body)>。当子元素按照由逗号分隔开的序列进行声明时,这些子元素必须按照相同的顺序出现在文档中。在一个完整的声明中,子元素也必须被声明;同时,子元素也可拥有子元素。<note>元素的完整声明是:

<!ELEMENT note (to,from,heading,body) >
<!ELEMENT to   (#PCDATA) >
<!ELEMENT from   (#PCDATA) >
<!ELEMENT heading   (#PCDATA) >
<!ELEMENT body   (#PCDATA) >

(5)声明只出现一次的元素。在一些元素中,由于实际情况的需要,某些子元素必须出现并且只能出现一次,那么可以通过以下方式声明这种元素:<!ELEMENT 元素名称(子元素名称)>。例如,<!ELEMENT note (message)>。该例子声明:<message>子元素在<note>元素中必须出现并且只能出现一次。

(6)声明最少出现一次的元素。在一些实际情况下,一些元素可以出现一次甚至多次,DTD 提供了这种至少出现一次的元素的声明方式:<!ELEMENT 元素名称(子元素名称+)>。例如,<!ELEMENT note (message+)>。该例子中的加号声明:<message>子元素必须在<note>元素内出现至少一次。

(7)声明出现零次或多次的元素。在一些实际情况下,一些元素不出现或者出现多次,DTD 也提供了这种元素的声明方式:<!ELEMENT 元素名称(子元素名称*)>。例如,<!ELEMENT note (message*)>。该例子中的星号声明:子元素<message>可在<note>元素内出现零次或多次。

(8)声明出现零次或一次的元素。在一些实际情况下,一些元素不出现或者出现一次,DTD 提供了这种元素的声明方式:<!ELEMENT 元素名称(子元素名称?)>。

(9)声明"非……即……"类型的内容。在一些实际情况下,会出现一些

子元素随实际情况而变化的情形,在一些情况下需要使用子元素 <subchild_one>,在另外一些情况下可能需要使用子元素 <subchild_two>,这时就需要声明"非……即……"类型的内容。例如,<!ELEMENT note (to, from, header, (message | body))>。该例子声明:<note>元素必须包含<to>元素、<from>元素、<header>元素,以及非<message>元素即<body>元素。

(10)声明混合型的内容。以上介绍的各种元素声明根据实际需要还可以混合声明。例如,<!ELEMENT note (#PCDATA | to | from | header | message)*>。该例子声明:<note>元素可包含出现零次或多次的<PCDATA>、<to>、<from>、<header>或者<message>。

4. XML DTD 属性

在 DTD 中,XML 元素的属性通过"ATTLIST 声明"进行声明。声明属性一般使用如下的语法格式:<!ATTLIST 元素名称 属性名称 属性类型 默认值>。例如,在 DTD 文件中声明 XML 元素属性:<!ATTLIST payment type CDATA "check">。该声明语句的意义是:在 DTD 文件中声明一个<payment>元素的属性 type,这个属性的值为字符数据并且默认值为 check。在 XML 文档中,如果引用了具有这一声明的 DTD 文件,那么<payment>元素在声明时就可以指定 type 属性值。例如,<payment type="check"/>。表 3-2 列出了属性类型的选项。

表 3-2 DTD 声明 XML 元素属性类型的选项

类 型	描 述
CDATA	值为字符数据(character data)
(en1 | en2 | …)	此值是枚举列表中的一个值
ID	值为唯一的 ID
IDREF	值为另外一个元素的 ID
IDREFS	值为其他 ID 的列表
NMTOKEN	值为合法的 XML 名称
NMTOKENS	值为合法的 XML 名称的列表
ENTITY	值是一个实体
ENTITIES	值是一个实体列表
NOTATION	值是符号的名称
XML	值是一个预定义的 XML 值

DTD 声明 XML 元素属性的默认值参数可选择的值见表 3-3。

表 3-3　DTD 声明 XML 元素属性可用的默认值参数

值	解　释
值	属性的默认值
#REQUIRED	属性值是必需的
#IMPLIED	属性值不是必需的
#FIXED value	属性值是固定的

其中，如果规定了属性的默认值，而在 XML 文档中元素的属性没有被重新赋值，那么就使用默认值。在声明 XML 元素属性的默认值时，如果并没有具体的默认值选项，但是仍然希望强制作者提交属性，则可以使用关键词 #REQUIRED。例如，DTD 中声明如下：< ! ATTLIST person number CDATA #REQUIRED >。

< person > 元素的属性 number 是必需的，如果在 XML 文档中语句没有提交 number 属性的值，则测试不合法。例如，< person / >。只有提交了 number 属性的值，才是合法的。例如，< person number = "5677" / >。

在声明 XML 元素属性的默认值时，如果并没有具体的默认值选项，也不强制作者提交属性，则可以使用关键词"#IMPLIED"。例如，DTD 中声明如下：< ! ATTLIST contact fax CDATA #IMPLIED >，那么在 XML 中，作者可以根据实际情况确定是否提交 < contact > 元素的 fax 属性值。以下两种 XML 语句都是合法的：

　　< contact fax = "555-667788" / >　----提交了 fax 属性值的合法 XML
　　< contact / >　　　　　　　　　　----不提交 fax 属性值的合法 XML

在声明 XML 元素属性的默认值时，如果希望属性拥有固定的值，并且不允许作者改变这个值，则使用关键词"#FIXED"。如果作者使用了不同的值，XML 解析器会返回错误。

声明 XML 元素的属性值时，如果希望属性值为一系列固定的合法值之一，则可以使用列举属性值。其语法格式如下：

　　< ! ATTLIST 元素名称 属性名称 (en1 |en2 |...) 默认值 >

在 DTD 中声明一个 < payment > 元素的属性值为可选的值"check"或者"cash"的时候，可以声明如下：

　　< ! ATTLIST payment type (check |cash) "cash" >

在 XML 中，如下两种 XML 语句都是合法的：

　　< payment type = "check" / >　　　-----合法的 XML
或者
　　< payment type = "cash" / >　　　 ----合法的 XML

5. XML DTD 实体

实体是用于定义引用普通文本或特殊字符的快捷方式的变量。实体引用是对实体的引用。实体可在内部或外部进行声明。一个实体由三部分构成：一个和号（&）、一个实体名称和一个分号（;）。

（1）内部实体声明。声明一个内部实体的语法如下：<! ENTITY 实体名称 "实体的值" >。例如，在 DTD 文档中声明了一个实体 writer，它作为"Bill Gates"的一个引用：<! ENTITY writer "Bill Gates" >。在 XML 中，可以直接使用"&writer;"表示引用"Bill Gates"。例如，< author >&writer;</ author >。

（2）外部实体声明。声明一个外部实体的语法如下：<! ENTITY 实体名称 SYSTEM "URI/URL" >。例如，在 DTD 声明了一个实体，它作为一个外部文件的"author.xml"的引用：<! ENTITY writer SYSTEM "author.xml" >。在 XML 中，可以直接使用"&writer;"引用外部文件"author.xml"。例如，< author >&writer;</ author >。

3.1.4.4 XML Schema

XML Schema 的作用是定义 XML 文档的合法构建模块，与 DTD 的功能类似。使用 XML Schema 可以定义出现在 XML 文档中的元素、子元素、子元素次序、子元素数目，以及元素的属性和属性的数据类型、默认值、固定值等。XML Schema 是 DTD 的"继任者"，并且比 DTD 更完善，功能更强大。基于 XML 编写的 XML Schema 支持数据类型与命名空间，用户不必学习新的语言即可使用，它同样具备 XML 可以拓展的优势。XML Schema 在 2001 年 5 月 2 日成为万维网联盟标准（即 W3C 标准），逐渐在大部分网络应用中取代 DTD。

1. XML Schema 引用

XML Schema 是用来定义 XML 文档的合法构建模块。类似于 DTD 文件引用，在 XML 文档中应当有相应的 XML Schema 引用文件。例 3.10 是一个名为"note.xsd"的 XML Schema 文件，它定义了例 3.2 XML 文档的元素。

【例 3.10】定义 note.xml 的 XML Schema 文件

```
<? xml version = "1.0"? >
< xs:schema xmlns:xs = "http: //www.w3.org/2001/XMLSchema"
targetNamespace = "http: //www.w3chtml.com"
xmlns = "http: //www.w3chtml.com"
element FormDefault = "qualified" >
< xs:element name = "note" >
< xs:complexType >
< xs:sequence >
    < xs:element name = "to"type = "xs:string"/ >
< xs:element name = "from"type = "xs:string"/ >
< xs:element name = "heading"type = "xs:string"/ >
```

```
            < xs:element name = "body"type = "xs:string"/ >
              </xs:sequence >
           </xs:complexType >
         </xs:element >
       </xs:schema >
```

例 3.10 中定义了 <note> 元素是一个复合类型，因为它包含其他的子元素。其他元素（<to>、<from>、<heading>、<body>）是简易类型，因为它们没有包含其他元素。XML Schema 可以定义简单元素和复合元素。例 3.11 是引用了该 XML Schema 文件的 XML 文档。

【例 3.11】 包含对 XML Schema 引用的 note.xml 文档

```
         <? xml version = "1.0"? >
         < note
        xmlns = "http://www.w3chtml.com"
        xmlns:xsi = "http://www.w3.org/2001/XMLSchema-instance"
        xsi:schemaLocation = "http://www.w3chtml.com note.xsd" >
         < to > George < /to >
         < from > John < /from >
         < heading > Reminder < /heading >
         < body > Don't forget the meeting!  < /body >
         </note >
```

其中，片断 xmlns = "http://www.w3chtml.com" 规定了默认命名空间的声明。该声明会告知 Schema 验证器，在此 XML 文档中使用的所有元素都被声明于 "http://www.w3chtml.com" 这个命名空间。

片段 xmlns:xsi = "http://www.w3.org/2001/XMLSchema-instance" 规定了可用的 XML Schema 实例命名空间。随后就可以使用 schemaLocation 属性，该属性有两个值：第一个值是需要使用的命名空间（该命名空间为例 3.10 中 XML Schema 文档的 targetNamespace），第二个值是供命名空间使用的 XML Schema 的位置，如 xsi:schemaLocation = "http://www.w3chtml.com note.xsd"。

2. XML Schema 根元素

<schema> 元素是每一个 XML Schema 的根元素，可包含属性。一个 schema 声明往往如下所示：

```
         <? xml version = "1.0"? >
         < xs:schema xmlns:xs = "http://www.w3.org/2001/XMLSchema"
        targetNamespace = "http://www.w3chtml.com"
        xmlns = "http://www.w3chtml.com"
```

elementFormDefault = "qualified" >

　　…

　　…

　　< /xs:schema >

其中，片断 xmlns：xs = "http：//www. w3. org/2001/XMLSchema"显示 schema 中用到的元素和数据类型来自命名空间"http：//www. w3. org/2001/XMLSchema"。同时，它还规定了来自命名空间"http：//www. w3. org/2001/XMLSchema"的元素和数据类型应该使用前缀"xs："。

　　片断 targetNamespace = "http：//www. w3chtml. com"显示被此 schema 定义的元素（< note >、< to >、< from >、< heading >、< body >）来自命名空间"http：//www. w3chtml. com"。

　　片断 xmlns = "http：//www. w3chtml. com"指出默认的命名空间。

　　片断 elementFormDefault = "qualified"指出任何 XML 实例文档所使用的且在此 schema 中声明过的元素都必须被命名空间限定。

3. XML Schema 简单元素

简单元素指那些仅包含文本的元素，它不包含任何其他的元素或属性，但是包含的文本可以有很多类型，可以是 XML Schema 定义的类型中的一种（如布尔、字符串、数据等），也可以是自行定义的定制类型。定义简单元素的语法是：< xs：element name = "xxx"type = "yyy"/ >。此处 xxx 指元素的名称，yyy 指元素的数据类型。XML Schema 拥有很多内建的数据类型，最常用的类型是："xs：string""xs：decimal""xs：integer""xs：boolean""xs：date""xs：time"。以下是 XML 的三个元素，分别是< lastname >、< age >、< databorn >：

　　< lastname > Smith < /lastname >

　　< age > 28 < /age >

　　< dateborn > 1980-03-27 < /dateborn >

这三个简单元素在 XML Schema 中相应地定义为：

　　< xs:element name = "lastname" type = "xs:string"/ >

　　< xs:element name = "age" type = "xs:integer"/ >

　　< xs:element name = "dateborn" type = "xs:date"/ >

在定义简单元素时，也可以指定简单元素的默认值和固定值。如果指定了默认值，当没有其他的值被规定的时候，默认值就会分配给元素。例如，下面定义了一个简单元素 < color >，其缺省值为 < red >：

　　< xs:element name = "color" type = "xs:string" default = "red"/ >

如果指定了简单元素的固定值，固定值也会自动分配给元素，并且这个值不可改变，如：

< xs:element name = "color" type = "xs:string" fixed = "red"/ >

4. XML Schema 属性

简单元素只含有文本，无法拥有属性。假如某个元素拥有属性，它就会被当作某种复合类型元素；但是属性本身总是作为简单类型被声明的。定义属性的语法是：< xs：attribute name = "xxx" type = "yyy"/ >。此处 xxx 指属性的名称，yyy 指属性的数据类型。同样，数据类型可以是 XML Schema 拥有的很多内建的数据的类型，也可以是用户自定义的类型。例如，lastname 元素带有一个 lang 属性：< lastname lang = "EN" > Smith </lastname >，这个 lang 属性在 XML Schema 的声明与定义如下：< xs：attribute name = "lang" type = "xs：string"/ >。

与简单元素类型一样，属性可拥有指定的默认值或固定值。除此之外，可以规定元素的属性是可选的或是必选的。在缺省的情况下，属性是可选的；如需规定属性为必选，可以使用 use 属性：

< xs:attribute name = "lang" type = "xs:string" use = "required"/ >

5. XML Schema 复合元素

复合元素是指包含其他元素或者属性的 XML 元素。有四种类型的复合元素：空元素、包含其他元素的元素、仅包含文本的元素、包含元素和文本的元素。这四种元素都可以包含属性。定义一个复合元素一般有两种方式。下面通过定义一个仅包含其他元素的 XML 复合元素 < employee > 来了解这两种定义方式。< employee > 元素定义如下：

< employee >
< firstname > John < /firstname >
< lastname > Smith < /lastname >
< /employee >

第一种方式是直接命名此元素，对 < employee > 元素进行声明：

< xs:element name = "employee" >
< xs:complexType >
< xs:sequence >
< xs:element name = "firstname" type = "xs:string"/ >
< xs:element name = "lastname" type = "xs:string"/ >
< /xs:sequence >
< /xs:complexType >
< /xs:element >

如果使用上述方法，那么仅有 < employee > 元素可使用所规定的复合类型，其子元素 < firstname > 以及 < lastname > 被包围在指示器 < sequence > 中，这意味着子元素必须以它们被声明的次序出现。Order 指示器（用于定义元素的顺序）

以及 < choice > 意味着允许几个子元素中的任意一个出现；指示器 < all > 意味着允许所有子元素以任何顺序出现 0 次或者 1 次。值得注意的是，指示器是可选项。

第二种方式是 < employee > 元素可以使用 type 属性，这个属性的作用是引用要使用的复合类型的名称：

< xs:element name = "employee" type = "personinfo"/ >

< xs:complexType name = "personinfo" >

< xs:sequence >

< xs:element name = "firstname" type = "xs:string"/ >

< xs:element name = "lastname" type = "xs:string"/ >

< /xs:sequence >

< /xs:complexType >

如果使用第二种方法定义复合元素，那么，若干元素均可以使用相同的复合元素，比如：

< xs:element name = "employee" type = "personinfo"/ >

< xs:element name = "student" type = "personinfo"/ >

< xs:element name = "member" type = "personinfo"/ >

3.1.4.5　扩展样式表语言（XSL）

XSL 即扩展样式表语言。由于 XML 不使用预先定义的标签，用户可以使用任何喜欢的标签名，并且这些标签的意义可能并不明晰，如 < table > 元素可以表示 HTML 表格，也可以表示一件家具或者别的什么东西。浏览器也不清楚如何显示才能达到用户最初的期望，于是，就产生了对基于 XML 的样式表语言的需求。XSL 可描述如何显示 XML 文档，它是 XML 的样式表。

XSL 包含三个部分：XML 文档的转换语言 XSLT、引用 XML 文档的某部分内容的路径语言 XPath 以及 XML 的文档格式化对象 XSL – FO。

XSLT 是 XSL 中最重要的部分，它用于将一种 XML 文档转换为另外一种 XML 文档或者可被浏览器识别的其他类型的文档，如 HTML、XHTML 等。[6] 通常，XSLT 通过把每个 XML 元素转换为（X）HTML 元素来完成这项工作。描述这个转化过程的一种通常的说法是：XSLT 把 XML "原始树" 转换为 XML "结果树" ——XML 文档在展开后是一种树状结构，称为 "原始树"，XSL 处理器从这个树状结构读取信息，根据 XSL 样式的指示对这个 "原始树" 进行排序、复制、过滤、删除、选择、运算等操作后，产生另外一个 "结果树"，然后在 "结果树" 中加入一些新的显示控制信息，如表格、其他文字、图形以及其他一些有关显示格式的信息。XSL 处理器根据 XSL 样式表的指示读取 XML 文件中的信息，重新组合后转换产生一个（X）HTML 文件。

1. 声明样式表并在 XML 中引用

文档声明为 XSL 样式表的根元素是 <xsl:stylesheet> 或 <xsl:transform>。这两个根元素是完全同义的,均可被使用。根据 W3C 规定的 XSLT 标准,声明 XSL 样式表的正确方法是:

< xsl:stylesheet version = "1.0" xmlns:xsl = "http://www.w3.org/1999/XSL/Transform" >

或者

< xsl:transform version = "1.0" xmlns:xsl = "http://www.w3.org/1999/XSL/Transform" >

如需访问 XSLT 的元素、属性以及特性,必须在文档顶端声明 XSLT 命名空间:http://www.w3.org/1999/XSL/Transform,并且包含属性 version = "1.0"。例 3.12 是一个带有转换模板的 XSL 样式表。

【例 3.12】带有转换模板的 XSL 样式表

< ? xml version = "1.0" encoding = "ISO-8859-1"? >
< xsl:stylesheet version = "1.0" xmlns:xsl = "http://www.w3.org/1999/XSL/Transform" >
< xsl:template match = "/" >
< html >
< body >
< h2 > My CD Collection < /h2 >
< table border = "1" >
< tr bgcolor = "#9acd32" >
< th align = "left" > Title < /th >
< th align = "left" > Artist < /th >
< /tr >
< xsl:for-each select = "catalog/cd" >
< tr >
< td > < xsl:value-of select = "title"/ > < /td >
< td > < xsl:value-of select = "artist"/ > < /td >
< /tr >
< /xsl:for-each >
< /table >
< /body >
< /html >
< /xsl:template >

< /xsl:stylesheet >

该 XSL 样式表创建后，另存为 3_12.xsl 文件，随后在 XML 的文档中就可以引用该样式表。

例 3.13 是一个引用了该样式表的 XML 文档。

【例 3.13】引用 3_12.xsl 样式表的 XML 文档

< ?xml version = "1.0" encoding = "ISO-8859-1"? >
< ?xml-stylesheet type = "text/xsl" href = "3_12.xsl"? >
< catalog >
 < cd >
  < title > Empire Burlesque < /title >
  < artist > Bob Dylan < /artist >
  < country > USA < /country >
  < company > Columbia < /company >
  < price > 10.90 < /price >
  < year > 1985 < /year >
 < /cd >
 < cd >
  < title > Hide your heart < /title >
  < artist > Bonnie Tyler < /artist >
  < country > UK < /country >
  < company > CBS Records < /company >
  < price > 9.90 < /price >
  < year > 1988 < /year >
 < /cd >
 < cd >
  < title > Greatest Hits < /title >
  < artist > Dolly Parton < /artist >
  < country > USA < /country >
  < company > RCA < /company >
  < price > 9.90 < /price >
  < year > 1982 < /year >
 < /cd >
< /catalog >

该 XML 文档的根元素是 < catalog >，其中，片段 < ? xml-stylesheet type = "text/xsl" href = "3_12.xsl"? > 表明该 XML 文档引用了 3_12.xsl 文件。引用该文件后，XML 文档在浏览器中的显示效果如图 3-3 所示。

图 3-3　引用了 XSL 样式表后的 XML 文档显示效果

如果不使用样式表，那么 XML 文档将源标签以及内容直接显示，如图 3-4 所示。

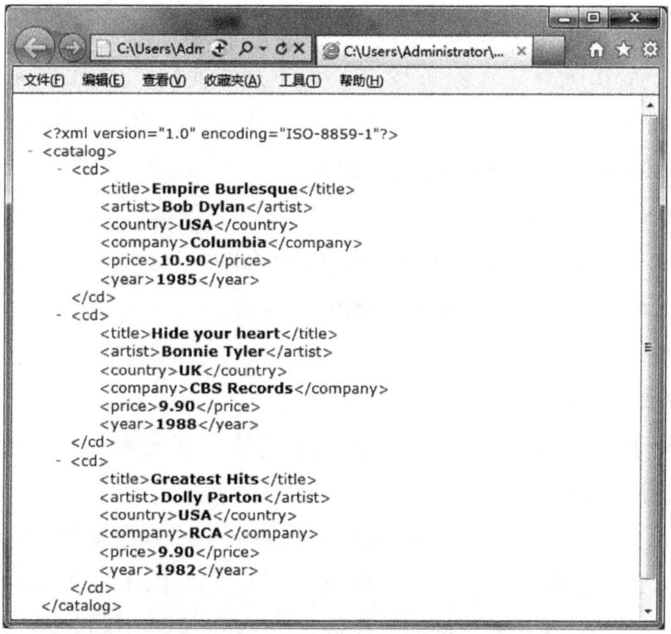

图 3-4　不引用 XSL 样式表的 XML 文件显示效果

XSL 样式表能够将 XML 文档在浏览器的如图 3-4 所示的显示效果转换成如图 3-3 所示的表格形式的显示效果，<xsl:template> 元素、<xsl:value-of> 元素、<xsl:for-each> 元素都功不可没。

2. XSL 元素

（1）<x:template> 元素。XSL 样式表由一个或多个被称为模板（template）的规则组成，每个模板含有当某个指定的节点被匹配时所应用的规则。<xsl:template> 元素用于构建模板；match 属性用于关联 XML 元素和模板，也可用来为整个文档定义模板。match 属性的值是 XPath 表达式（例如，match = "/" 定义整个文档）。

例3.12中，XSL文件第一行是一个XML声明，XSL样式表本身也是一个XML文档，因此，它总是由XML声明开始。接着，下一个元素是<xsl:stylesheet>，定义此文档的是一个XSLT样式表文档（同时说明了版本号和XSLT命名空间属性）。紧接着，<xsl:template>元素定义了一个模板，而match="/"属性则把此模板与XML源文档的根相联系。<xsl:template>元素内部的内容定义了写到输出结果的HTML代码。XSL文档最后两行定义了模板的结尾及样式表的结尾。

（2）<xsl:value-of>元素。<xsl:value-of>元素用于提取某个选定节点<node>的值，并把值添加到转换的输出流中。例3.12的XSL文件<xsl:value-of select="title"/>的片段就是提取XML文档中节点（元素）<title>的值，并把这个值写到输出流中。

（3）<xsl:for-each>元素。<xsl:for-each>元素允许在XSLT中循环遍历所有的XML元素，并显示所有的记录。<xsl:for-each>元素可用于选取指定的节点集中的每个XML元素。在例3.12中，以下片段使用了<xsl:for-each>元素来指定节点集catalog/cd中的元素，这里选择<title>元素和<artist>元素：

  < xsl:for-each select = "catalog/cd" >

  < tr >

  < td > < xsl:value-of select = "title"/ > < /td >

  < td > < xsl:value-of select = "artist"/ > < /td >

  < /tr >

  < /xsl:for-each >

（4）XSL其他常用元素。XSL还提供了其他许多元素，这些元素具有特定的功能，如排序、条件选择等。

<xsl:sort>元素：该元素用来对使用<xsl:for-each>元素转换后的结果进行排序，如需对结果进行排序，只要简单地在XSL文件中的<xsl:for-each>元素内部添加一个<xsl:sort>元素。例如，在例3.12 XSL文件中的<xsl:for-each select="catalog/cd">后面添加语句<xsl:sort select="artist"/>，显示结果即按照元素<artist>的内容来排序。

<xsl:if>元素：该元素通常位于<xsl:for-each>元素内部，用来对XML文件的内容做条件判断。该元素必选的test属性的值包含了需要求值判断的表达式。其语法如下：

  < xsl:if test = "expression" >

   ...

   ...如果条件成立则输出...

   ...

  < /xsl:if >

< xsl:choose > 元素：该元素用于结合 < xsl:when > 和 < xsl:otherwise > 对转换结果进行多重条件的判断。其语法结构为：

  < xsl:choose >
  < xsl:when test = "expression" >
    … 输出内容一 …
  < /xsl:when >
  < xsl:otherwise >
    … 输出内容二 ….
  < /xsl:otherwise >
  < /xsl:choose >

以上片段的意思是：当 XML 文件中的内容满足 test 的属性值 expression，就执行输出内容一；否则执行输出内容二。

3.1.4.6 XML 在档案管理中的应用

XML 被业界认为是最近数十年最成功的 IT 技术之一，广泛地应用于 IT 行业的各个领域，如面向音乐领域的 MML（music ML），面向电子商务领域的 ebXML，面向化学领域的 CML（chemical ML）等。XML 技术已经深入自然科学和社会科学的各个领域。

XML 技术在档案管理领域同样大有可为。数字化时代，XML 在档案管理中的应用可以概括为以下四个方面。[7]

1. XML 是档案行业信息标准化的工具

（1）使用 XML 规范档案行业专用语言。很多行业利用 XML 建立或者规范本行业领域内的词汇，这些词汇使用用户自己的语言并且具有用户所需要的特殊属性，如前面提及的化学领域的 CML、数学领域的 MathXL 等。

定义和规范档案行业专用语言的过程，实际上就是编写 XML 的底层结构 DTD 或者 XML Schema 的过程。在这个过程中，档案领域所使用的词汇及其结构都会被描述出来。这样，可以通过 XML 实现档案管理置标标准化。一个现实的例子就是《基于 XML 的电子公文格式规范 第 1 部分：总则》（GB/T 19667.1—2005），它基于 XML 定义了电子公文的公文体以及显现、办理、交换、归档和安全规范，同意了电子公文的结构和命名。该规范应用于办公自动化系统、电子印章系统、电子公文交换系统和档案管理系统，在全国范围内建立起统一的电子公文格式。从这个例子中可以看出，可以使用 XML 来对档案、电子文件、电子档案检索工具管理对象及其管理过程进行结构化描述。XML 是模式化表达的一种规范形式，它通过描述档案、电子文件、档案检索工具等对象的元素名称、数据类型、文档组成结构、处理方法等要素，揭示它们的内容、形式及部分结构，完整地描述信息的层次关系，并表达这些层次间的相互联系。

（2）使用 XML 描述档案行业元数据。数字化时代，元数据在档案管理领域开发应用的目的主要有两个：一是对文件与档案进行著录描述，即对档案信息的内容、载体、位置、获取方式、制作过程、处理过程、利用方法等进行详细、全面的描述。这个应用的主要目的是支持电子文件的管理，从而支撑和维护电子文件的原始记录。二是支持档案资源的保护与长期存取，即对档案资源详细的格式信息、制作信息、保护条件、迁移方式、保存责任等进行描述，从而支撑和维护电子文件的长期可读性。

档案工作者一直在获取和利用元数据进行档案管理，数字化时代对元数据的制定和使用提出了新的要求——计算机可以识别和理解——XML 正是目前主流的描述元数据的最基本和最广泛的应用技术。在基于 XML 的元数据标准中，最著名的是都柏林核心集（DC）元数据。可有效应用于档案管理领域的一个实例是编码档案著录（encoded archival description，EAD）。关于元数据的内容，将在后续章节进一步介绍。

2. XML 是档案信息存储的工具

（1）电子文件保值。XML 具有良好的保值特性。所谓保值，是指过了较长的一段时间之后，XML 文件仍能有相应的工具打开和被阅读，并且易于转换成未来所需要的其他格式。XML 的保值性和其保存数据的自我描述性使它成为保存历史档案，如政府文件、科学研究报告等的最佳选择。XML 的出现，为档案管理领域解决电子文件的保存问题及其长期可读性问题提供了思路与工具。

（2）保存档案网站数据。设计档案网站，可以将网站数据从 HTML 文件中分离出来。这种分离有两种情况：一是网站设计使用 HTML 格式，网站数据存放在 XML 文件中；二是网站设计使用 HTML 格式，网站数据存放在数据库中，以 XML 作为数据库到网页的中间格式。

（3）将 XML 作为数据库保存档案信息。在档案信息管理过程中，可以针对具体情况，将 XML 作为包含若干信息的微型数据库保存档案信息。以往档案信息管理过程中使用的是传统的关系型数据库，现在人们将这种允许以 XML 方式提取的数据库称为混合数据库。不同于以往必须配备相应的管理系统或软件才能读取的数据库，XML 作为数据库，其表现形式是特殊的，它以文本文件的形式存在，包含大量的配置信息，内容非常直观，人们称之为原生数据库。

XML 文档可以看成数据区，DTD 或 XML Schema 可以看成数据库模式设计，XSL 或 CSS 以多种不同的方式显示数据，XML DOM、JAVA DOM、SAX 等可以看成数据库处理工具，对 XML 数据库进行存取、查询、排序、过滤等处理。由于 XML 是统一的标准，因此不会像其他数据库系统那样因为数据库的不同而造成数据传递困难。XML 作为数据库在存储信息量少，特别是结构特殊的数据格式时具有一定的优势,但它不便于存储大量信息,相对于传统数据库系统来说不安全。

3. XML 是档案数据交换与共享的工具

数据交换是 XML 的主要应用之一。由于 XML 是结构化的数据,因此,它成为实现数据规范化的最佳的语言和电子交换的标准平台。分析当前主流的 XML 应用可以发现,使用 XML 最初和最终的目的正是信息交换的标准化。在档案管理领域,同样可以使用 XML 作为数据交换的工具。

(1) XML 在不同的档案信息管理系统之间交换数据。目前,国内大多数档案信息管理系统的关键数据是置于数据库中进行管理的,一是数据库技术已经相当成熟,二是其管理功能非常强大。但由于缺乏标准,档案系统之间交换和共享数据十分不便。使用 XML,将使档案系统之间的交换数据变得十分容易。例如,有 A、B 两种标准不同的数据库,二者之间不能直接传递数据,但只要把数据放在 XML 中,就可以让支持 XML 数据交换的 A、B 之间相互传输数据了。XML 今后将会是数据在数据库之间交换的标准方式,已经有许多数据库厂商支持 XML 数据交换。

(2) 在文件生命周期的不同机构与过程之间交换档案数据。在当前数字化时代和电子政务环境中,档案管理过程,尤其是电子文件的全程管理过程涉及整个文件生命周期。这个周期会牵涉不同的处理机构、处理过程和处理步骤。文件须转呈和分发到多个单位,而文件之中的数据内容和结构不尽相同,各单位的文件管理系统所基于的平台、构建方式、系统结构、应用范围、数据资源等方面也存在一定差异。这些系统多是根据本部门的实际需求设计开发的,没有考虑其他部门及档案机构的互联,缺少统一的规划和标准,彼此之间很难实现信息共享。前端公文格式的繁多和不断变化,使后端档案工作应接不暇,同样的文件管理数据需要在公文系统、办公自动化系统、档案管理系统等各个应用系统反复、重复录入,影响工作效率。

因此,要实现电子文件管理系统或电子政务中的公文管理系统之间的数据交换,就需要建立统一的数据交换平台,实现部门之间业务的统一信息交换,为文件联合审批与协同办公、电子文件全程管理提供支撑平台。XML 能够提供各种完整的解决方案,包括数据采集、数据传递、数据结构与数据呈现等,简化了文件生命周期设计流程;能够提供一个通行的方法来传送自我描述的数据,是将文件和结构化数据一起传输和沟通的最佳机制。XML 运行的关键是将数据内容与显示处理分开从而提高效率。可将需要交换的数据转换为 XML 文档在各个应用程序之间传递。只要数据交换中各参与方采用统一的词汇表和格式生成 XML 文档,不同系统中不同语言编写的应用程序就可以正确识别和解析文档中的数据,实现数据的动态交换。XML 可以紧密联系文件的整个生命周期,让文件发出部门与档案部门之间维持更密切、更有效的关系。

4. XML 是方便档案信息检索的工具

在 XML 文档中检索档案信息可以简单高效地进行。XML 标签可以明确提示所标注的内容，有利于缩小检索范围；检索程序不需要遍历整个 XML 文档，可以通过标签准确定位，达成检索任务。XML 可以区分档案信息和元数据，支持信息嵌套体系结构，增强全文检索功能。与纯文本或 HTML 等半结构化文本相比，XML 强化了信息的检索效能。

XML 方便检索的特性主要体现在网络档案信息检索方面。目前的网络档案信息散见于各类档案机构的网站。我国目前有许多档案网站提供了检索系统，但这些检索系统存储方法不同，检索途径各异。当利用者需要某方面的档案信息时，必须去访问一个又一个的档案网站，利用不同的系统进行检索。假如这些档案网站使用 XML 存储信息，并使用规范的档案行业专用语来标记档案形式与内容，就可以保证网络档案信息处理与交换的一致性。在此基础上可以建立起广义的数字档案馆，为网络利用者提供统一的检索方法或途径，或利用网络搜索引擎进行检索。那些使用了档案行业专用语言（如题名、责任者、稿本、文种、密级、保管期限等）标记 XML 标签的信息，只要与检索条件相匹配，就会被检索出来。这种检索与 XML 标记有关，与信息源无关，即利用者检索的信息既可以是档案网站上的，也可能是其他网站上的。这样，对于档案机构来说，用 XML 表达的档案信息可以以不同的形式分布，既可以在浏览器中浏览，也可以加到搜索引擎或广义数字档案馆中。对于利用者来说，一个检索针对的是若干档案机构，极大地提高了网络档案信息的检全率和检索的便利性。

3.2 元数据

3.2.1 元数据概述

3.2.1.1 元数据的由来及内涵

随着信息技术的快速发展，信息资源已经逐步从传统的纸质信息资源类型转变为数字型信息资源；与此同时，随着 Web 2.0 的发展，人人都成为信息的创建者与发布者。数字信息资源易于复制与传播，信息资源数量呈现出爆炸式增长。由于信息资源类型的转变和信息资源数量的增长，人们的"信息视野"变得更加宽广，随之而来的问题是：如何标识这些数字信息资源，用户才能方便地在浩瀚的网络信息资源的"海洋"中获取自己所需的资料？解决这一数字信息资源利用问题的传统方式主要有两种：[8]一是由传统的目录形式发展而来的机读目录（MARC），它是"用计算机识别与阅读的目录"，由图书馆专业人员及其他专业人员使用图书馆的著录标准著录而成。MARC结构严密，保证了一定的查准率；但这是一种复杂、昂贵且需要专业馆员才能完成的方法。二是搜索引擎（search engine），它是一类自动搜索、组织网络的信息资源，并提供检索服务的信息服务系统。其数据制定简单、方便，特别是更新快，能帮助人们及时找到最新信息；但不够精确，常常给出太多的结果，查准率低。

传统数字信息资源组织方式的复杂性、低准确性与人们对网络信息资源利用需求的迫切性之间的矛盾，促使人们寻找一种更高效地描述数字信息资源的简单方式，在此情况下，元数据应运而生。对于元数据的定义，学界的说法各异，但是在以下方面基本上达成共识：元数据是关于数据的数据，关于信息的信息，是用来描述数据的数据。为了便于信息资源的开发与利用，对信息资源的表面特征与内容特征进行揭示与描述，是元数据的本质特征。传统的著录方式，如图书馆书目卡片、磁盘的标签等都是对信息资源内容的揭示与描述，与元数据的本质如出一辙。因此，即使从数字信息资源描述的角度来看，传统的书目数据与数字信息资源描述数据的本质并无区别，"元数据"这一术语适用于各种类型信息资源的描述记录。

3.2.1.2 元数据的级别及分类

英国图书馆与信息网络办公室（The UK Office for Library and Information Networking，UKOLN）的面向研究与教育的欧洲信息服务发展（Development of a European Service for Information on Research and Education，DESIRE）项目的研究成果把元数据划分为三个级别，见表3-4。

表3-4 元数据的级别[3]

描述	一级	二级	三级
记录	简单格式	结构化格式	复杂格式
特征	只描述信息的位置特征，自动抽取标引	结构化，是描述信息资源的必需数据	严格语义规则，是完整信息描述的手段
实例	Yahoo Lycos Sohu 等	Dublin Core RFC 1807 LDIF 等	MARC EAD TEI 等

根据不同的标准，可以从不同的角度对元数据进行分类。表3-4实际上是

一种根据元数据的复杂程度划分元数据类别的方法。同样，根据元数据的复杂程度也可以划分为专家层次和搜索引擎层次，前者包括 MARC 等较为复杂的资源描述框架；后者则包括在 HTML 文件中隐藏 < META > 语法，使之可以被搜索引擎用于检索。另外，根据元数据的结构化程度可将元数据划分为三种：非结构化元数据，如 Yahoo 等搜索引擎；较少字段的结构化元数据，如都柏林核心数据等；高度结构化元数据，如 MARC 等。元数据最常见的分类方法是按照其功能划分，可以分为以下四种类型：[9]

（1）知识描述型元数据（intellectual metadata）。用来描述、发现和鉴别数字化信息对象，如 MARC、DC。它们主要描述信息资源的主题、内容特征。

（2）结构型元数据（structural metadata）。用来描述数字化信息资源的内部结构。相对于知识描述型元数据而言，结构型元数据更侧重于数字化信息资源的内在特征，如目录、章节、段落的特征。

（3）存储控制型元数据（access control metadata）。用来描述数字化信息资源能够被利用的基本条件和期限，指示这些资源的知识产权特征和使用权限。

（4）评价型元数据（critical metadata）。用来描述和管理数据在评价体系中的位置。

3.2.1.3 元数据的作用

随着对元数据研究的不断深入，它的应用也越来越广泛。作为一种揭示信息资源特征的数据，它突破了传统网络信息资源组织的局限性。信息组织是为了更好地利用信息，元数据在信息检索方便也起到不可或缺的作用。总体而言，元数据的作用主要体现在以下几个方面：[10]

（1）描述。元数据是关于数据的数据，它最初的产生就是为了描述网络信息资源，从而提高利用网络信息资源的有效性。元数据的复杂程度不同，其描述的网络信息资源的复杂程度也不同。例如，网络搜索引擎的元数据往往只描述信息资源的位置信息，而专业性较强的 MARC 则对信息资源提供专业性较强的描述。

（2）定位。元数据定位有两个层次的内涵：一是元数据描述信息资源的位置，可以根据其位置信息确定信息资源的位置；二是元数据本身作为一种位置信息，元数据确定以后，信息对象在数据库或者其他集合中的位置也确定了。

（3）搜寻。信息组织是信息检索的基础。在著录过程中，将信息对象中的重要信息抽出并加以组织，赋予语意，建立关系，将使检索结果更加准确，从而有利于用户识别资源的价值，发现自己真正需要的资源。

（4）评估。元数据揭示信息资源的表现与内容特征，提供有关信息对象的名称、内容、年代、格式、制作者等基本情况，用户可以在不浏览信息对象具体内容的情况下，参照相关标准对其价值进行必要的评估，作为对信息对象的存取与利用的参考。

（5）选择。选择建立在评估的基础上。用户通过元数据描述的信息对信息对象进行基本评估后，结合具体的环境，可以选择合适的信息资源加以利用。

3.2.2 都柏林核心集（DC）元数据

3.2.2.1 DC 概述

1995 年 3 月，由联机计算机图书馆中心（Online Computer Library Center Office of Research，OCLC）和美国国家超级计算机应用中心（National Center for Supercomputing Applications，NCSA）共同发起的第一届元数据研讨会在美国俄亥俄州都柏林召开，在这次会议上，52 位来自图书馆界和计算机网络界的专家学者经过共同研讨，提出都柏林核心集（Dublin core，DC）标准，其目的在于建立一套描述网络电子文献的方法，以实现网络信息资源的定义和检索的交换。大会最后确定了一个包含 13 个元素的元素集。在随后多次召开的研讨会上，DC 不断被修订与完善。在第三次元数据研讨会上，在原来的 DC 的基础上增加了 2 个元素，使 DC 由原来的 13 个元素增加到 15 个元素。

自 1995 年召开第一次元数据研讨会，之后平均每年召开 1~2 次 DC 正式研讨会。这些会议对 DC 的发展起到了不可或缺的作用。

3.2.2.2 DC 的元素

目前使用的最新 DC 数据集版本是 1.1，其最新一次修订时间是 2012 年 6 月 14 日。整个 DC 包括题名（title）、主题（subject）等 15 个核心元素。第五届元数据研讨会上，将这 15 个元素依据其所描述的内容的类别和范围分为三组，即主要与资源内容有关的元素、与知识产权有关的元素以及与资源的外部属性有关的元素[11]，见表 3-5。

表 3-5 DC 元素类别划分

内容描述	知识产权	外部属性
题名（title） 主题（subject） 描述（description） 来源（source） 语种（language） 关联（relation） 覆盖范围（coverage）	创建者（creator） 出版者（publisher） 其他责任者（contributor） 权限（right）	日期（date） 类型（type） 格式（format） 标识符（identifier）

这 15 个 DC 元素具体描述见表 3-6。

表 3-6 DC 元素定义

序号	元素	名字	含义	实例
1	title	题名	由创建者或者出版者赋予资源的名称	< META NAME = "DC.Title" CONTENT = "小王子" >
2	creator	创建者	创建资源内容的主要责任者,可以是个人,也可以是一个组织	< META NAME = "DC.Creator" CONTENT = "圣埃克苏佩里" >
3	subject	主题	有关资源内容的描述,包括关键词、分类号等	< META NAME = "DC.Subject" CONTENT = "童话" >
4	description	描述	资源内容的文本描述,包括文献对象中的文摘、目录和注释等	< META NAME = "DC.Description" CONTENT = "一个触动成年人深藏的童心的童话故事" >
5	publisher	出版者	使资源成为可以以现有形式被取得和利用的个人、团体或者系统	< META NAME = "DC.Publisher" CONTENT = "凤凰出版传媒集团译林出版社" >
6	contributor	其他责任者	对资源内容创建做出了重要贡献但是没有在创建者中指明的个人或者组织,如编者、转录者	< META NAME = "DC.Contributor" CONTENT = "冯一宾" >
7	data	日期	与资源本身生命周期中的一个时间相关的日期,如创建日期、出版日期	< META NAME = "DC.Date" CONTENT = "2010-06" >
8	type	类型	有关资源内容的特征和类型,分为 Text、Image、Sound、Software、Data、Interactive	< META NAME = "DC.Type" CONTENT = "Text" >
9	format	格式	资源的数据形式和尺寸,可以用来决定对资源进行操作或显示所需的软件和硬件	< META NAME = "DC.Type" CONTENT = "text" >
10	identifier	标识符	用来唯一标识资源的数字或者字符串,如 ISBN、URI	< META NAME = "DC.Indentifier" CONTENT = "978-7-×××× -×××× -×" >
11	source	来源	有关另一资源的信息,而当前资源来源于该资源	< META NAME = "DC.Source" CONTENT = "Editions Gallimard" >

（续上表）

序号	元素	名字	含义	实例
12	language	语种	资源内容中的语种，推荐遵循 RFC1766 中所定义的语种代码规范，此标准定义了一个由两个英文字母组成的语言代码	< META NAME = "DC. Language" CONTENT = "zh-ch" >
13	relation	关联	该资源和其他资源之间的关系，可以是另一资源的标识符	< META NAME = "DC. Relation" CONTENT = "凤凰出版传媒网" >
14	coverage	覆盖范围	资源内容的时空特征（一个是地名或者地理坐标，一个是时间标识、日期或者时间范围）	< META NAME = "DC. Converage" CONTENT = "China" >
15	right	权限	资源本身所有的或被赋予的权限信息，一般是作品版权声明和使用方法方面的规范，涵盖了知识产权、著作权等所有权	< META NAME = "DC. Right" CONTENT = "…." >

3.2.2.3　DC 的限定词

在 DC 应用中，15 个核心元素基本上已经满足了用户的需求。为了丰富 DC 的内涵并且进一步扩大它的应用范围，1997 年 3 月，在澳大利亚堪培拉召开的第四届都柏林核心研讨会推出了"堪培拉限定词"（Canberra qualifier），即语种描述（lang）、模式体系（scheme）和属性类型（type）三种限定词。[11]

（1）语种描述（lang）。该限定词指定元素值描述元素的语言，而不是资源本身的语言。在网络全球化的今天，不可避免地出现用不同的语言作为元素值的描述语言。为了解决网络上的多语种问题，语种描述这一限定词的重要性日益增加。

（2）模式体系（scheme）。该限定词用来确定给定元素所遵从的已有的或者正在讨论的体系架构中的合法值，如分类表、主题词或各类代码表。如主题词元素可以是模式限定为美国国会图书馆主题词表（Library of Congress subject heading, LCSH）的数据。此限定词能够为应用软件或应用人员提供线索，使被限定元素能够被更好地使用。在其他情况下，该限定词对字段的使用、日期的翻译等都是十分重要的，可以避免产生歧义。例如，SCHEME = "LCSH" 指出了这个主题来自 LCSH。

（3）属性类型（type）或者子元素名（subelement）。该限定词确定了给定字段的一个方面，其用途是缩小字段的语义范围。它同样可以被看作一个子元素名。属性类型限定词所限定的是元素的名称，而不是元素的内容，在某种意义上，它不是一个限定词，而是元素名本身的一个子集。例如，Creator：PersonName＝"张三"明确地限定了此元素的值是个人名称。

综上，DC 限定词就是对 DC 未修饰的词（即 15 个 DC 基本元素）的语义进行限定和修饰的词。DC 限定词一般可以分为两类，即元素限定词和编码体系限定词。元素限定词的主要作用是缩小元素的定义范围，使其更具有专指性，如属性类型限定词；编码体系限定词主要用于加强对元素限定词的值的理解，如模式体系限定词。

3.2.2.4 DC 的特点及其应用

DC 经过 10 多年的发展，不断得到完善，并因其方便易用、通俗易懂的特点得到了广泛的应用。其特点主要体现在以下四个方面：[12]

（1）简单性。DC 具有"文意自现"的特点，元素的名称基本上可以直接被普通用户所理解。它不像复杂的元数据方案 MARC，需要专业的图书馆编目人员经过长期学习后才能掌握使用。

（2）灵活性。DC 所有的元素都是可选的、可重复的，元素的排列次序也没有限定。其灵活性使得它既能用于专业的、正规的资源描述领域，也可以用于非专业的领域。

（3）拓展性。DC 的限定词使得 DC 的语义与内涵更加丰富，更加易于使用。除此之外，用户可以根据特定资源描述环境的需求，增加必要的专用元素。

（4）通用性。一方面，都柏林核心集本身就是通过国际合作产生的，在发展过程中，各国各个专业领域人士都参与其修订与完善的过程中，是"国际产物"，具有全球性；另一方面，它描述与解释了信息资源的表面与内部特征，有助于人们了解信息资源的内涵，提高了跨学科、跨领域进行检索和数据交换的可能性。

正是因为 DC 作为一种元数据，具备元数据的特点和功能，又因其上述简单灵活、可以拓展、全球通用等特点，已经被翻译成 20 多种语言，并且在世界各国得到了广泛的应用。如在英国的联邦机构艺术与人文科学数据服务中心、澳大利亚政府资源定位服务（ALGS）等均得到应用。

3.2.2.5 XML 下 DC 元数据的描述方法

DC 作为语义网上最重要的元数据标准，如何对它进行编码和描述是一个受到国际广泛关注的问题。本部分介绍基于 XML 的 DC 元数据描述方法。[13]

为实现让计算机能够自动识别和处理网上信息，语义网需要在文档内容中加入计算机可读的"标记"，这就需要采用所谓的"置标语言"。语义网上常用的元数据通常以 XML 作为编码语言，使用 XML 的属性/值对（property/value pairs）的概念来表达语义信息。XML 已经成为 Web 上数据表示和交换的事实标准，是各种应用之间共享数据的一种有效方式。XML 的可拓展性是 XML 区别于其他标记语言的最根本特征。XML 的核心在于以一种标准化的方式建立数据表示的结构，而将具体标记的定义留给了用户。XML 的可拓展性使 XML 可以满足不同领域数据描述的需要，并且可以对计算机之间交换的任何数据进行编码。可以这样说，XML 是语义网的基石。例 3.14 是一个基于 XML 描述 DC 元数据的情况。

【例 3.14】基于 XML 描述 DC 元数据

```
<? xml version = "1.0" encoding = "GB2312" ? >
< record >
< dc:title > 基度山伯爵 < /dc:title >
< dc:creator > 亚历山大.大仲马 < /dc:creator >
< dc:subject > 报恩复仇 < /dc:subject >
< dc:publisher > 中国出版集团 < /dc:publisher >
< dc:publisher > 中国对外翻译出版公司 < /dc:publisher >
< dc:date > 2009-06-01 < /dc:date >
< dc:language > chi < /dc:language >
< dc:description > 世界文学名著 < /dc:description >
< dc:coverage > 法国 < /dc:coverage >
< dc:source > 中译经典文库.世界文学名著 < /dc:source >
< dc:type > 文字 < /dc:type >
< dc:right > 中国出版集团所有 < /dc:right >
< dc:contributor > 中国对外翻译出版公司 < /dc:contributor >
< /record >
```

需要说明的是，XML 对 DC 元数据的标记信息完全可以通过各项数据录入格式自动置标。通过上例，我们可以得出使用 XML 对 DC 进行置标的规则，具体如下：

（1）置标时，DC 属性（properties）是 XML 的元素，而字符串值（value strings）就是元素的内容。此属性的 XML 元素名称必须是一个 XML 限定名。

（2）DC 中 15 个元素的属性名称应该全部小写。如：

    < dc:title > Dublin Core in XML < /dc:title >

（3）多个字符串值可以重复作为属性的 XML 元素来进行置标。

（4）在说明值（value）语种的地方，应该用"xml：lang"属性。如：

< dc:subject xml:lang = "en" >

　　seafood

< /dc:subject >

< dc:subject xml:lang = "fr" >

　　fruits de mer

< /dc:subject >

（5）DC 可作为容器的元素。记录（records）应该在一个或多个某种类型的 XML 容器元素中置标，如下的容器元素名作为候选：< dc >、< DublinCore >、< resource >、< record >、< metadata >、< data >。

3.3 电子文件管理系统

3.3.1 电子文件的概念和技术特点

3.3.1.1 电子文件的概念

电子文件，又称为数字文件，是在数字设备及环境中生成，以数码形式存储于磁带、磁盘、光盘等载体，依赖于计算机等数字设备阅读、处理，并可在通信网络上传送的文件［定义出自国家标准《电子文件归档与管理规范》（GB/T 18894—2002）］。[14]

电子文件作为传统文件的数字化，与其他类型文件的区别在于记录方式和载体形式不同，它和传统文件在支撑业务活动和传递社会记忆方面的功能则一样。[15]电子文件是内容、结构和背景这三个要素的统一体。①内容是指文件信息的组织表达方式。②结构分为物理结构和逻辑结构。物理结构是指文件信息存储于载体上的位置及分布情况，如文件的正文、批示、附件等部分信息在载体上的存储位置。电子文件所使用的载体、编码方案、存储格式即反映了其物理结构方面的信息。逻辑结构是指文件信息的内在关系，如文件中的文字排列、章节构成、页码顺序、插图位置、附件等方面的信息。③背景亦称为形成背景，是指能够证明文件形成环境、形成过程、存在状态以及文件之间相互关系的信息，如作者、签发人、成文日期、收文者、形成文件的活动名称及其关系说明等。背景在文件形成过程中生成，是说明文件来源、证明其原始性的关键要素。

电子档案是具有保存价值的电子文件。从全球范围来看，档案界同行较多采用"电子文件"而较少使用"电子档案"的概念。其原因大致有两个：其一，在电子文件形成初期，尚不能确定这种新型载体的文件能否作为档案永久保存，即便将其接收进馆，仍将之称为文件而非档案。时至今日，虽然电子文件作为档案保存的可能性已经得到论证，但称谓并没有随之改变。其二，网络环境中，现行文件与档案之间的界限已经不明显，文件生命阶段的各项管理活动要重新整合，某些档案管理活动需要提前至文件形成阶段。采用大文件观，将电子文件和电子档案统一称为电子文件，有助于实现科学管理。因此，这种名称上的不同有其深刻的管理背景。目前，我国也多以电子文件的称谓为主。

电子文件的种类多样，按照信息存在的形式，可分为文本文件、数据文件、图像文件、影像文件、声音文件、程序文件、多媒体文件、超文本文件、超媒体文件等。

3.3.1.2 电子文件的技术特点

从泥板、石刻、甲骨、竹简到纸张，文件记录在这些传统载体上，人们形成、管理和利用文件时无须他物，人与文件之间的关系是直接的，如图3-5所示。

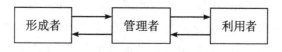

图3-5 传统环境中人与文件的关系

电子文件的出现，打破了这种直接的关系。计算机系统是文件无法离开的"生存"环境，人对文件的一切操作都需要借助于计算机系统才能实现，只有通过特定的程序才能记录、修改、办理和阅读文件内容，如图3-6所示。相比传统载体的文件，电子文件具有许多新的特点，这些特点皆因系统而生，因而称之为技术特点。[15]这些技术特点对电子文件管理提出了新的要求，产生了深远的影响。在一定程度上，可以说电子文件管理方法和理念的变革均源自于此。

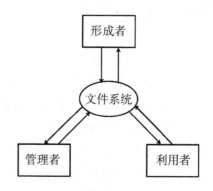

图3-6 网络环境中人与文件的关系

1. 信息的非人工识读性

在计算机系统中,信息以 0、1 的数字代码表示,和人的肉眼所见完全不同;不同类型的信息有各自的编码方案。只有通过特定的程序对这些代码进行解释、还原,人们才可以识读和理解信息。电子文件信息的非人工识读性对管理工作提出了一个基本要求:为了能够使用电子文件,先要保证它可以识读。

2. 对系统的依赖性

电子文件信息的系统依赖性有两层含义:其一,在一般意义上,电子文件的形成、处理,以致归档后的全部管理活动都必须借助于计算机系统才能实现;其二,电子文件信息在显示输出时依赖于特定的计算机系统,也就是形成系统,与形成系统不兼容的计算机和应用软件无法打开文件。20 世纪七八十年代开始保存电子文件的档案馆,大多遭遇了因无法提供相应软件导致文件不可用的问题。例如,2001 年,美国航天总署发现其 20 世纪 70 年代中期取得的有关火星资料的计算机档案已经无法读取,当初撰写该档案格式的软件工程师,或者已经去世,或者无法回忆起当年的工作,其他人也无法解读当年的程序原始码。可见,若要文件可以识读,必须借助其形成系统或与之兼容的系统。

3. 载体的可转换性

载体的可转换性也称为信息与特定载体之间的可分离性。传统载体的文件一旦生成,即被固定在某一载体上,与载体结合为"原件"。虽然也可以通过静电复印等方法传播、利用信息,但可以容易地分辨出原件和复印件。人们可通过判断载体及记录在载体上的笔迹、签名、印章等相关标记的原始性来判断文件的原始性,通过保护载体的原始性来维护内容的原始性。电子文件中不存在实体意义上的原件,它可以根据需要在不同的载体上同时存在或者相互转换,不同载体上的信息,包括字体、签名、印章等在内,可完全一致,载体的转换并不会影响电子文件的原始性。此外,由于磁性载体和光学载体寿命短,对于电子文件而言,转换载体是必需的。没有一份电子文件拥有恒久不变的载体,电子文件不可能有固定不变的实体形态和物理位置。正因为如此,对电子文件,人们往往用"真实性"而非"原始性"的概念来描述其信息的原生特性。

4. 信息的易变性

电子文件信息容易改变,其主要原因有:其一,人为有意改动。计算机系统中,人们对信息的增删等更改十分方便,除非有特定设计,否则并不会留下痕迹。其二,系统无意之间改动。计算机技术发展速度很快,编码方案、存储格式、系统软件、存储介质不断推陈出新,而转换过程中,操作及其他方面的因素可能导致信息的改变、损失甚至丢失。如果说可以通过制度和技术措施来有限规避人为有意的改动,那么,系统无意之间的改动则防不胜防。电子文件载体的可转换性、信息的易变性导致手工环境中依靠保护载体原始性来保护档案信息原始性的方法在网络环境失效。

5. 信息存储的分散性

电子文件信息存储的分散性表现在两个方面：其一，一份电子文件的内容、结构和背景信息分散保存。以行政公文为例，其内容和结构信息由文字处理软件生成，而包括起草者、审批者、审批流程、办理意见、签发时间等许多背景信息，则由办公自动化系统生成，两者可能分别存放在文件系统和数据库中。其二，一份电子文件的信息可能来自多个文件。比如，一份关于某城市人口情况的报告，其数据来源于常住人口和流动人口的数据库，生成该报告的应用程序只保存这些数据的地址和其他内容信息，而有关数据仍然保存在人口数据库中，因此，关于该报告的内容、结构和背景信息，可能分布在不同的系统、设备、地点。电子文件信息分散存储，在归档保存时容易出现部分信息缺失的情况，影响文件质量及功能的发挥。

6. 信息的高密度性

电子文件的信息存储密度大大高于以往各种人工可识读的信息介质容量。一张 5 英寸 CD-R 光盘（650 MB～1 GB）可存储 3 亿～5 亿个汉字或者数千页 A4 幅面的文稿图像，一张容量为 4.7 GB 的 DVD 光盘可存储 20 多亿个汉字和数万页文稿图像。过去一个几十平方米的库房中的档案信息量，现在则可能十几张光盘就可以承载，极大地节约了存储空间。随着科学技术的进步，电子文件介质的存储密度还将继续加大。然而，存储的集中也意味着风险的集中，一旦载体受到损害，损失就可能很大。

7. 信息的可操作性

相比被固化在传统载体上的信息，电子文件中的数字信息是灵活可变的，人们可以利用各种技术工具和手段对之进行多种操作，如剪切、复制、粘贴、着色、压缩等，这为文件信息的利用带来了极大的方便。经过相应的操作，人们可以使电子文件处于操作者希望的状态之下。该特点要求电子文件管理者更多地考虑用户的需求，为其提供便利；同时，也要注重保护归档电子文件不被人为有意改动。

8. 信息的可共享性

共享性是指一份文件可实现多人、同时、异地利用。电子文件的出现，打破了必须在固定场所、固定时间内、查阅固定份数的文件的限制。在网络环境中，同一文件可以同时处于不同地点的多台计算机屏幕上显现，利用者不必亲临文件保存地，也不必受限于档案馆（室）的作息时间，数字时代全天候、跨地域的信息服务已经非常普遍。电子文件因此被誉为"流动的资源"。不过，电子文件信息的可共享性也给其安全性造成了一定的威胁，向合法用户开放的同时也给偷窥相关机构、档案馆信息秘密的行为提供了机会，给蠕虫、木马等病毒恶意程序的入侵提供了渠道。

3.3.2 电子文件管理系统

3.3.2.1 电子文件管理系统的概念及其内涵

电子文件管理系统（electronic records management system，ERMS）是电子文件生成、管理、处置和利用的平台和载体。[16]目前一般认为，在电子文件整个生命周期运转过程中，需要历经三类系统：产生电子文件的电子文件形成系统（也称为业务系统或业务信息系统，BS），用于识别、捕获、维护、提供利用和处置电子文件（也可以是辅助管理非电子的实体文件）的电子文件管理系统（ERMS），以及用来长期保存电子文件的数字档案馆系统（又称为可信任数字仓储系统，TRD）。在这里我们主要介绍第二类系统。

纵向来看，电子文件管理系统在电子文件生命周期中处于承前启后的阶段。它与电子文件形成系统和电子文件长期保存系统在系统定位、基本功能、管理对象、独立性、使用者以及系统和目标方面存在显著区别；同时，这三种系统又不是独立的，尤其在现实中，它们往往相互嵌套、相互集成。

横向来看，电子文件管理系统与一般的信息系统、档案计算机辅助系统和办公自动化系统在诸多方面也存在显著差别。同时，由于对"系统"这一概念的内涵和外延的解释有广义和狭义之分，因此对电子文件管理系统的定义也存在差别。狭义的电子文件管理系统是指具备文件管理各种要求的信息系统（软件）；广义的电子文件管理系统是指以电子文件管理软件为核心，包括所有与文件管理有关的技术、管理、法律、标准、人员等因素在内的文件管理体系。将广义的电子文件管理体系中的因素技术化，使之成为狭义的电子文件管理软件成为越来越重要的发展趋势。

3.3.2.2 电子文件管理系统的重要性

随着电子文件管理由实体控制转向系统控制，电子文件管理系统的重要性已经得到广泛认可。电子文件管理的法律法规、标准、设计思路和具体措施最终都要落实到软件系统的设计中，因此，电子文件的管理最终要依赖以软件系统为中心的综合性管理。设计合理的电子文件管理系统既是电子文件管理实践发展与成熟的标志，也是满足电子文件管理需求的终极手段。在这种情况下，电子文件管理系统的不可靠将导致国家对电子文件控制的严重缺失。在2006年的国家社会科学基金重点项目"电子政务系统中文件管理风险分析与对策研究"课题组开展的"引发电子文件风险的因素的危害程序"调查中，"电子文件管理系统没有完整捕获文件内容、结构或者背景信息的功能"被列为严重风险因素。由此可以看出，电子文件管理系统作为文件管理与控制的平台，其重要性日益显现。

3.3.2.3 电子文件管理系统功能需求概述

功能需求即用户解决某一问题或者达到某一目标对软件功能的需求。功能需求说明了系统基于用户需要必须具有的特点、功能及属性等，是在开发过程中对系统的约束。

电子文件管理系统功能需求的标准和规范指导对电子文件管理系统的开发有着不可或缺的作用。20 世纪 70 年代，软件界出现了传统的生命周期模型，到 80 年代早期，它一直是唯一被广泛采用的软件开发模型，直到今天仍然被广泛应用。该模型将软件生命周期划分为制订计划、需求分析、设计、编程、测试和维护六个基本活动，并且规定了它们自上而下、相互衔接的固定次序，如同瀑布般逐级下落，该模型也因此得名"瀑布模型"，如图 3-7 所示。

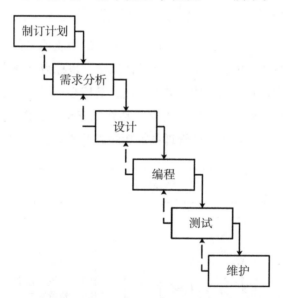

图 3-7 电子文件管理系统生命周期模型（"瀑布模型"）

简单来说，生命周期模型六个阶段中，需求分析的主要任务是与用户沟通，搜集、理解和记录业务需求，希望通过详细的需求分析准确把握用户需求，避免在后续阶段发现新需求或出现需求变更，以便高效率地开展系统开发。[17]

电子文件管理系统功能的完备性和可靠性直接决定了电子文件管理的质量。因此，为了确保系统所保存的电子文件的质量，保障其真实性、完整性及证据价值，就必须规范电子文件管理系统的开发，对系统进行严格的控制和审查，将重要的管理元素技术化，使之体现在系统功能中，将对电子文件管理的规范性要求融入系统软件设计中，以保证其质量，达到对保存的电子文件质量控制的目的，确保电子文件在整个生命周期内具有可信赖性和完整性，为此，许多国家和地区开展了对电子文件管理系统功能需求标准和规范的研究制定。目前，国际上比较有影响的功能需求规范见表3-7。[18]

表3-7 国际上部分电子文件管理系统（ERMS）功能需求规范制定情况

地区/组织	制定者	ERMS 功能需求规范	制定与修订时间/年
国际组织	联合国文件与档案部	《文件保存系统功能需求》	2003
欧洲	欧盟	《电子文件管理通用需求》（MoReq1/MoReq2/MoReq2010）	2001，2008，2010
美洲	美国	《电子文件管理软件设计评价标准》（DoD5015.2-STD）	1997，2002，2007
欧洲	英国	《电子文件管理系统功能需求》	1999，2002，2007
澳洲	澳大利亚	《电子文件管理系统软件功能规范》	2006

根据用户需求程度不同，电子文件管理系统的功能需求类别可以划分为两大类：一类是核心功能需求；一类是附加功能需求，也称为可选功能。以澳大利亚国家档案馆电子文件管理系统功能需求为例，其核心功能需求分为文件管理以及系统管理与设计两大块，附加功能需求包括在线安全、工作流等模块。图3-8为澳大利亚国家档案馆电子文件管理系统功能需求模型。

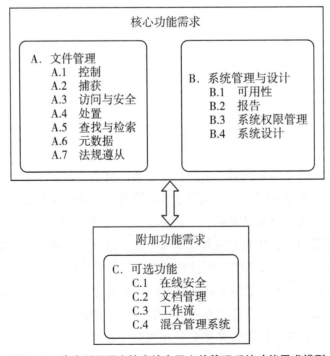

图3-8 澳大利亚国家档案馆电子文件管理系统功能需求模型

3.3.2.4 电子文件管理系统功能要素的基本要求

根据 ISO 15489 及其他国际标准对电子文件属性的分析和要求，可以推断出可靠性、完整性、一致性、全面性和系统性是国际标准对电子文件管理系统功能要素的基本要求。[19]进行电子文件管理系统设计时，遵循国际标准能够更好地提高系统的性能和效益。

1. 可靠性

可靠性是指任何用于管理电子文件的系统都必须按照一定的运行程序持续、正常地运行。它包括以下七种功能：

（1）自动捕获功能。指系统能够常规性地捕获业务范围内的所有文件。

（2）组织功能。指系统能够对文件进行组织，并且组织方式能够反映系统的业务流程。

（3）权限管理功能。指系统能够防止未经授权对文件进行改动或处置的行为。

（4）自动跟踪记录功能。指系统能够从电子文件形成开始就不间断地对有关处理和操作进行管理登记，保证电子文件的产生、处理过程符合规范。

（5）即时利用功能。指系统能够实现对所有相关文件和相关元数据的即时利用。

（6）系统自动记录功能。指系统能够形成并保留系统运行的文件记录以确保系统的可靠性，同时保留符合安全要求的操作日志，随时自动记录实施操作的人员、时间、设备、项目、内容等。

（7）独立转化功能。指系统能够响应业务需求的不断变化，并且系统的任何变化都不影响系统中文件的属性；同样，如果将文件从一个系统转移到另一个系统，转移过程不应该对文件的属性产生负面影响。

2. 完整性

完整性是指系统可以防止在未经授权的情况下对文件进行利用、销毁、改动和移动。完整性主要表现为安全控制功能，包括三个方面：一是系统能够使用诸如监控、用户身份验证、授权销毁等安全控制手段，这些控制手段可以嵌在文件系统内，也可以是独立于文件系统之外的专门系统；二是系统能够对电子文件设置防错漏和防调换的标记；三是系统能够对电子印章、数字签名等采取防止非法使用的措施。

3. 一致性

一致性包括两个方面：一方面，系统的管理必须满足现行业务的各种要求，遵守机构的规章制度，并符合社会对机构的期望；另一方面，系统应该具有自评估功能，能够定期对文件系统是否符合上述要求进行评估，并且在评估过程中形成的文件能够作为证据保存。

4. 全面性

全面性是指系统的管理对象是机构或机构的部门在其全部业务活动范围内开展工作所形成的文件。

5. 系统性

系统性是指在电子文件系统中的文件能够系统地形成、保管和管理。该功能要求包括两个要素：一是保管和处置功能要素。也就是说，对电子文件的保管和处置应符合国家的安全保密规定，针对自然灾害、非法访问、非法操作、病毒侵害等情况采用与系统安全和保密等级要求相符的防范措施，如网络设备的安全保证、数据安全保证、操作的安全保证、身份识别方法等。二是系统设计功能要素。也就是说，能够通过设计和运行来实现文件形成工作和保管工作的有序化或系统化，最关键的就是系统必须准确地落实文件管理的方针、管理职责的分工以及管理所采用的方法。

电子文件管理系统的设计和运行是确保电子文件证据价值的关键所在，电子文件的真实可靠、可用可存是电子文件管理系统追求的目标。因此，电子文件管理系统的设计应该从上述基本功能要求入手，做好文件分类方案、安全控制方案、元数据方案等通用方案，从文件的捕获、登记、分类、利用、存储、检索、跟踪以及实施处置等全流程对电子文件进行统一控制，确保电子文件管理功能的有效实现。

3.3.3　文件管理系统实例——清华紫光综合档案管理软件

3.3.3.1　档案管理系统功能模块划分

以清华紫光综合档案管理软件为例，档案管理系统功能模块划分如图3-9所示。

1. 针对普通用户的部分

针对普通用户的部分为图3-9模块中的网站，主要提供档案的信息服务，如检索查询、浏览、下载等功能。为方便用户使用和管理员维护，本部分以B/S（browser/server）方式实现。

2. 针对档案管理员的部分

针对档案管理员的部分主要包括图3-9模块中的文件管理、收集整编、档案管理、开发利用四个模块，主要提供给档案管理员和部门的兼职档案员对归档文件进行录入、收集和整理，同时提供给档案管理人员对电子档案进行管理、对档案实体进行辅助管理和对档案信息进行开发利用。本部分以C/S（client/server）方式实现，功能方便快捷、简单实用。

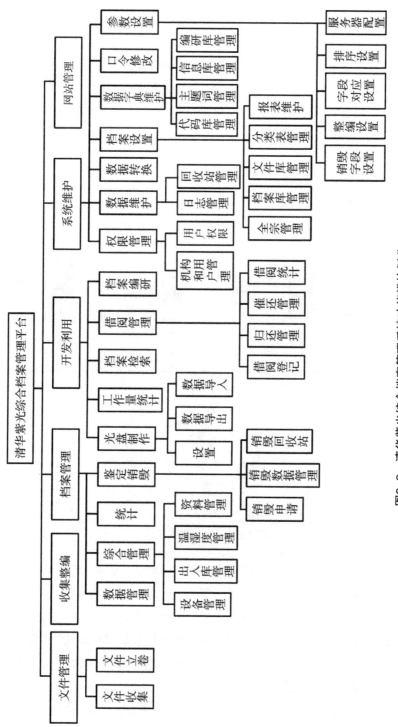

图3-9 清华紫光综合档案管理系统功能模块划分

3. 针对系统维护人员的部分

针对系统维护人员的部分主要指图 3-9 模块中的系统维护，是提供给系统维护人员（信息人员或档案人员）对整个系统进行定制和维护的工具包。系统维护主要提供了以下工具：系统权限的定制、档案管理架构的定制、档案整理规则的定制以及数据和用户的维护设置工具。本部分提供给对系统和档案业务熟悉的管理员，用于针对本单位的情况建立档案管理系统的架构、对系统进行日常的维护和备份以及针对今后的发展和变化进行适应性修改。本部分以 C/S 方式实现，功能强大，并可扩充。

3.3.3.2 系统运行环境

1. 系统硬件及网络环境

档案管理系统为集中式系统，配置如图 3-10 所示。

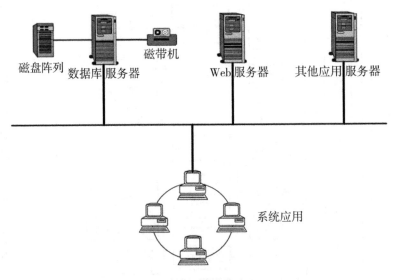

图 3-10 系统配置结构

（1）数据库服务器。主要运行数据库系统 Oracle 或 MS SQL Server，集中存储电子档案数据，为网上用户提供数据库服务。根据用户档案信息的具体情况和服务器的配置，档案数据可以存储在服务器的硬盘上，也可以存储在服务器所连接的磁盘阵列上；用户也可以在数据库服务器上选装磁带机，进行数据备份。

（2）Web 服务器。系统 B/S 档案信息服务网站需要一台 Web 服务器的支持，用于提供系统 Web 应用。

（3）其他应用服务器。其他应用服务器可根据用户的需要进行选配，如可以运行流媒体播放服务、流技术浏览器服务、全文检索索引服务和在线 OCR 服务等应用服务的服务器。

上述所有服务可以集中于一台服务器上，因此，最小配置为一台服务器。

系统最佳配置如图3-10所示，备份服务器、数据库服务器和Web服务器还可以采用双机热备、负载均衡的部署。

2. 系统软件运行环境

系统运行所需的软件环境如下：系统分为C/S和B/S两部分，C/S部分需要安装数据库系统（Oracle或SQL Server）；B/S部分需要安装JDK和TOMCAT。

3.3.3.3 业务流程

1. 业务流程概述

各单位对档案管理都有着自己的业务流程，综合起来主要分为档案的收集整理、日常管理和信息服务三部分。清华紫光电子档案管理平台结合了上述档案管理的业务特点，开发了文件管理、收集整编、档案管理和开发利用等功能模块来实现用户的档案工作流程。

归档文件的鉴定、分类、排序、组卷、编号、编目等业务流程，可以通过软件系统进行自动控制。对分类、排序、组卷、编号等规则进行设定，系统就可以自动地按照规则完成归档文件的整理工作，而档案人员所要做的就是完成程序难以实现的鉴定、规则的设定、文件的录入和对系统流程的控制。档案业务流程如图3-11所示。

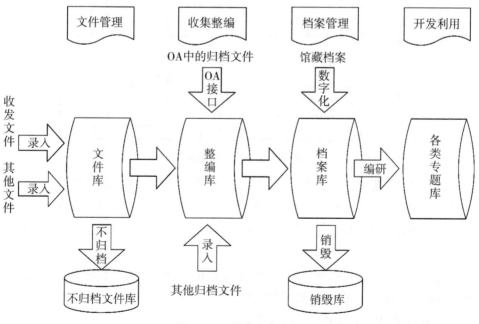

图3-11 档案业务流程

针对不同用户对文件管理、档案的收集整编、档案管理和信息服务等方面的不同需求，功能模块提供系统设置的定制工具，根据需要对系统进行定制，使系统能够很好地适应各类档案管理业务的需要，不仅可以实现数字档案管理业务流程自动化，而且可以作为纸介质档案的辅助管理工具。随着档案管理工作的开展，档案业务的流程主要以归档文件的收集整理和信息的开发利用服务两方面为主，而日常的管理工作只需要对数据进行维护，不再存在太多的流程化工作。如图3-11所示，系统通过文件管理（文件库）、收集整编（整编库）、档案管理（档案库）三个数据库来完成档案的业务流程，并开发利用。

2. 档案利用流程

对档案的利用包括对电子档案的网上利用和对档案实体的借阅两种方式。如图3-12所示，用户对电子档案的利用是通过Web档案网站实现的。用户可以根据系统赋予的权限对电子档案目录进行检索，找到所需的档案目录，同时对电子原文进行浏览、下载。对电子档案进行查询和利用不需要档案管理人员介入，档案管理人员只需事先设定每个用户的权限即可。系统会自动记录网上对电子档案查询和利用的情况，随时可以进行利用统计。

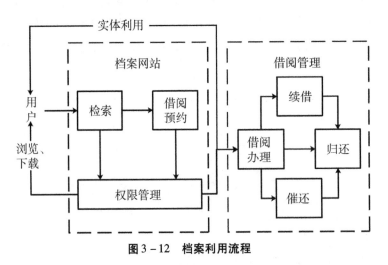

图3-12 档案利用流程

如果用户需要借阅档案实体，可以直接到档案部门办理借阅手续，也可以通过网站先进行检索，查到所需借阅档案的目录，并提出借阅申请。借阅申请会自动显示在档案管理员的借阅预约信息中，由档案管理员准备好档案实体，并打印借阅单，等待用户签字取走。

借阅管理可以进行借阅登记、归还和催还的办理，并可由档案管理员制定借阅的规则和政策，由系统自动进行控制。

3. 档案鉴定销毁流程

过期档案的鉴定销毁流程如图3-13所示。档案管理员可以定期进入系统的鉴定销毁子系统，通过销毁申请自动得到过期档案的目录，并打印销毁申请。

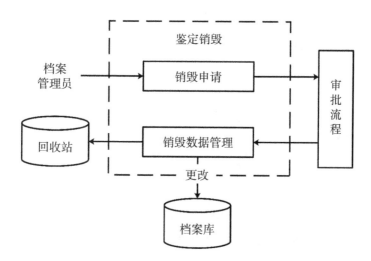

图 3-13　档案鉴定销毁流程

打印出的销毁申请由档案人员送交上级领导审批，审批结束后，销毁申请和处理意见返回档案部门。目前系统的这部分工作是由档案人员手工传送销毁申请单实现的，也可在系统中实现网上鉴定销毁审批流程。

3.3.3.4　档案管理设置

档案管理的设置主要是针对档案系统的管理人员，用于对本单位档案管理的组织结构进行搭建和定制，对归档文件整理的规范进行定义，对系统常用的一些数据建立数据字典以方便使用。档案管理的设置属于软件中的"系统维护"部分，因为不会经常使用，一经定好，就不会轻易改动了（否则会影响数据），所以，一般只提供给系统管理员和项目实施的技术人员使用，其中包括档案设置、参数设置和数据字典维护三个模块。

如图3-14所示，档案设置模块主要用于全宗管理、档案库管理、文件库管理、分类表管理和报表维护五部分内容，管理员通过对上述五部分的设置，可以定制出符合自己单位实际的档案管理架构。

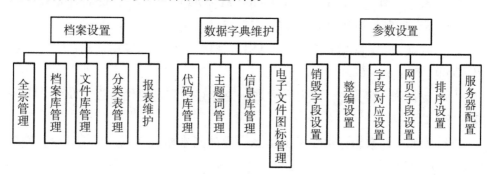

图 3-14　档案管理模块

数据字典维护主要是对系统中经常要用到的一些数据进行定制和管理，以便在系统的使用过程中直接方便地选取，包括代码库管理、主题词管理、信息库管理和电子文件图标管理等。

参数设置主要用来定制归档文件归入档案系统的整理规则和系统其他方面的设置，包括销毁字段设置、整编设置、字段对应设置、网页字段设置、排序设置和服务器配置等。

实验设计

请编写一个 XML 文档，使用 DC 元数据描述一本自己喜欢的书或一段网络视频。具体要求：①尽量用到所有 15 个 DC 元素；②编写的文档符合 XML 基本规范。

思考题

1. 查找国家标准《基于 XML 的电子公文格式规范》，使用本章所学知识对其中的 XML 文档示例进行解读。
2. 与数据库相比，XML 具有哪些优缺点？

【参考文献】

[1] 王汉元. 置标语言以及 SGML、HTML 和 XML 的关系 [J]. 情报杂志, 2005 (3): 67-68.

[2] HTML 简介 [EB/OL]. [2020-10-31]. http://www.w3chtml.com/html/intro.html.

[3] 周宁, 吴佳鑫. 信息组织 [M]. 3 版. 武汉: 武汉大学出版社, 2010.

[4] 王新. XML：新一代置标语言 [J]. 情报理论与实践, 2000 (6): 441-444.

[5] XML 教程 [EB/OL]. [2020-10-31]. http://www.w3chtml.com/xml.

[6] XSLT 教程 [EB/OL]. [2020-10-31]. http://www.w3chtml.com/xslt.

[7] 赵屹, 陈晓晖. 数字化时代 XML 在档案管理中的应用 [J]. 档案学通讯, 2009 (5): 59-62.

[8] 赵庆峰, 鞠英杰. 国内元数据研究综述 [J]. 现代情报, 2003 (11): 42-45.

[9] 马珉. 元数据：组织网上信息资源的基本格式 [J]. 情报科学, 2002 (4): 377-379.

［10］刘嘉. 元数据：理念与应用［J］. 中国图书馆学报, 2001（5）：32-36, 45.

［11］盛昌银. 都柏林核心元数据：网络信息资源组织的新标准［J］. 现代图书情报技术, 2003（1）：44-47.

［12］都柏林元数据技术平台［EB/OL］.［2020-10-31］. http://dublincore.org.

［13］郭瑞华, 张玉莉. 语义 Web 上 DC 元数据的描述及抽取技术［J］. 现代情报, 2005（6）：212-214.

［14］国家档案局. 电子文件归档与管理规范：GB/T 18894—2002［S/OL］.［2020-10-31］. http://www.gb688.cn/bzgk/gb/newGbInfo? hcno=EB1CC0500D91490B5D219 823AC1F3D16.

［15］陈智为, 邓绍兴, 刘越男. 档案管理学［M］. 3 版. 北京：中国人民大学出版社, 2008.

［16］赵丽. 我国电子文件管理系统研究进展与方向［J］. 档案学研究, 2013（6）：50-56.

［17］毛基业, 郭迅华, 朱岩. 管理信息系统：基础、应用与方法［M］. 北京：清华大学出版社, 2011.

［18］张晓娟, 陈诚, 胡文佳. 电子文件管理系统功能需求标准的建设与发展［J］. 电子政务, 2014（5）：93-98.

［19］钟瑛. 浅议电子文件管理系统的功能要素［J］. 档案学通讯, 2006（6）：65-68.

第4章　数字档案信息发布技术

本章主要基于两种主流网络发布渠道对数字档案信息发布技术进行阐述：一是对数字档案网站发布技术进行分析，包括基本原理、国内外典型数字档案网站介绍及异同点分析，总结当前档案网站的特点，并给出相应的建议；二是对移动数字档案馆发布技术进行分析，包括基本原理、典型案例、特征等，并对当前移动数字档案平台的发展趋势进行展望。

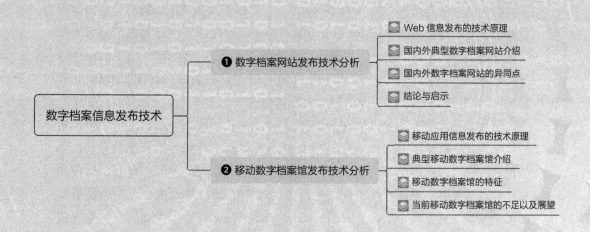

4.1 数字档案网站发布技术分析

运用网络技术创建数字档案信息发布平台，是当前档案管理模式革新的内在要求，也是档案管理信息化、迈向现代化的必经之路。本部分将介绍网站设计与发布的基本技术原理、国内外典型的数字档案网站，总结当前网站具备的功能及特点，分析其不足，给出相应的建议并进行展望。

4.1.1 Web 信息发布的技术原理

本小节通过阐述 Web 要素、Web 页面以及 Web 页面与数据库连接的实现，简要介绍将数据库中的数据发布到 Web 网页中的实现过程与相关技术。

4.1.1.1 Web 要素

Web 通常指万维网（world wide web）。它起源于欧洲粒子物理实验室，是一种基于超文本传输协议（hypertext transfer protocol，HTTP）向计算机传输多媒体信息（如文本、图像、音频、视频等）的因特网服务，其在 C/S（client/server）结构的基础上发展而来，主要由 URL（统一资源定位符）、HTTP、HTML（和XML）、Web 服务器与 Web 浏览器五大要素构成。

（1）URL。URL 即统一资源定位符（uniform resource locator），是一种通用的地址格式，描述了 Web 浏览器请求与显示某特定资源所需的全部信息，包括使用的传输协议、提供 Web 服务的主机名、HTML 文档在远程主机上的路径和文件名，以及客户与远程主机连接过程中所使用的端口号四部分。一个完整的URL 地址如 http://www.saac.gov.cn/daj/jggk/jggk.shtml 中，"http://"是通信协议名，"www.saac.gov.cn"是 Web 服务器地址（主机域名地址），"/daj/jggk/"是文件在服务器中的路径，"jggk.shtml"是网页文档名称。[1]

（2）HTTP。HTTP 是 Web 中的一个协议，它定义了浏览器（客户端）如何向 Web 服务器发送请求网页，而 Web 服务器又是如何将网页传送给浏览器的规则。因此，HTTP 是面向事务的应用层协议，是 Web 上能可靠地交换文件的重要基础。[2]

（3）HTML。HTML 是一种浏览器端的超文本标记语言，通过使用一系列标记符号来标记要显示的网页中的各部分，使分散的因特网资源连接为一个逻辑性的整体，从而制作超文本文档。HTML 同时是一种规范和标准，通过标签使网络文档格式规范和统一。

（4）Web 服务器与 Web 浏览器。Web 服务器即 WWW 服务器，主要功能是提供网上信息浏览服务，常见的服务器有 Tomcat、Apache 等。Web 浏览器是上网浏览网页获取信息必不可少的工具，常见的有 Internet Explorer 等。当用户启动浏览器程序，并在浏览器中指定一个系统的资源定位地址（URL）时，浏览器向该 URL 所指定的 Web 服务器发出请求。Web 服务器接收到客户端浏览器发出的 HTTP 请求（request）后，会返回一个 HTTP 响应（response）。当 URL 指向的是普通的 HTML 文档时，Web 服务器将其传送给浏览器；当 URL 指向的是需要服务器端运行的程序时，Web 服务器则运行这些程序，并将结果传送给浏览器。[3]Web 系统工作流程如图 4-1 所示。

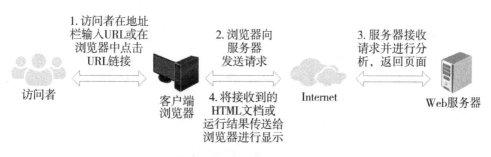

图 4-1　Web 系统工作流程

4.1.1.2　Web 页面

Web 页面是 Web 系统实现信息发布和管理的主要对象，它将要发布的文字、图片、音频、视频等多媒体信息封装到一起，使用 HTML 进行编写实现，以网页的形式发布。其中，被称为 Web 主页的页面往往是访问者浏览 Web 页面的起点。[4]目前，Web 页面可分为静态 Web 页面、动态 Web 页面两种类型。

（1）静态 Web 页面。用户在浏览器中输入特定 URL 后，URL 被发送到 Web 服务器，Web 服务器根据用户需求返回相应的文件内容，经过浏览器渲染解析之后呈现给用户。该过程中服务器并不采取其他特殊处理，返回的即为静态 Web 页面。静态 Web 页面涉及的资源开发技术主要为 HTML 和 Javascript 等浏览器端所使用的技术。

（2）动态 Web 页面。与静态 Web 页面不同的是，当用户请求的是动态资源，该类型的页面返回某运行结果时，先将请求转发给一个叫作 Web Container 的服务程序进行处理，Web Container 进行从数据库中取出数据等操作后动态集成页面的展示内容，并返回给 Web 服务器，再由 Web 服务器传送给 Web 浏览器进行解析执行，呈现给用户。

4.1.1.3 Web 页面数据库连接技术

动态网页是目前的常用网页形式。在动态网页中,为了解决对数据库中远程数据的访问问题,需要用到 Web 页面数据库连接技术。目前连接数据库的常用方法有 ODBC、JDBC、DAO、RDO、ADO 等,其中,后三种本质上是对 ODBC 的拓展。下面主要对 ODBC 和 JDBC 进行介绍。

(1) ODBC。ODBC(open database connectivity,开放式数据库连接)是面向 C 语言(一种通用的面向结构的程序设计语言)的连接数据库的通用驱动程序,是 Microsoft 开发的一种开放且独立于厂商的数据库应用程序编程接口(API),用于访问关系数据库。[5] ODBC 基于 SQL 语言实现,相当于一个数据库访问函数库。目前,大多数应用软件厂商为自己的产品提供了 ODBC 接口,包括常用的 Access、SQL Server、Oracle 等。一个完整的 ODBC 由应用程序(application)、ODBC 驱动程序管理器(ODBC driver manager)、ODBC 驱动程序(ODBC driver)、数据源(data source)组成。其结构模型如图 4-2 所示。

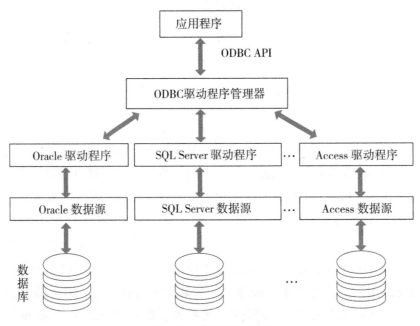

图 4-2 ODBC 结构模型

(2) JDBC。JDBC(Java database connectivity,Java 数据库连接)是由 Sun 公司为简化 Java 程序访问数据库而制定的面向对象的应用程序接口。它描述了一套访问关系数据库的标准 Java 类库,为数据库厂商提供了一个标准的体系结构,让厂商可以为自己的数据库产品提供 JDBC 驱动程序。这些驱动程序可以支持 Java 应用程序直接访问厂商的数据产品,从而提高访问数据库的效率。Java

程序基本设计逻辑与 ODBC 类似，可分为四种类型，分别为 JDBC-ODBC 桥、JDBC 本地代码驱动、JDBC 网络驱动器、纯 JDBC 驱动器。[6] 其体系结构如图 4-3 所示。

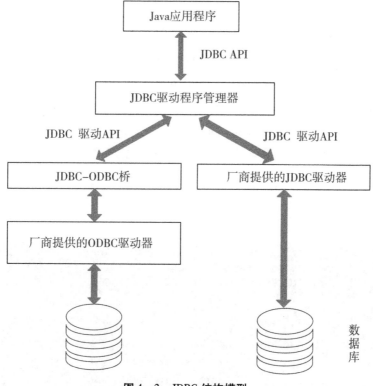

图 4-3 JDBC 结构模型

4.1.2 国内外典型数字档案网站介绍

4.1.2.1 国外典型数字档案网站

本小节对国外典型的数字档案网站，包括美国国家档案馆网站、英国国家档案馆网站和澳大利亚国家档案馆网站进行介绍。

1. 美国国家档案馆网站

（1）网站简介。美国国家档案馆（National Archives of the United States）于 1935 年启用，位于华盛顿，是美国国家级综合性档案馆，负责保管美国历史上的重要档案，包括联邦政府的重要档案，由美国国家档案与文件管理署（National Archives and Records Administration，NARA）管理。

20 世纪 80 年代，美国国家档案馆率先建立了档案网站（https://www.archives.gov/），每年保存被认为有价值的 2%～5% 的联邦文件，其档案信息可追溯到 1775 年。截至 2020 年，已保存了 100 亿页文本记录，1200 万张地图、表格、建筑和工程图，2500万张静态照片和图形，2400万张航空照片，30万卷电影胶片，40万个视频和音频档案，以及133 TB的电子数据。

其网站经多次改版，目前一级类目包括"档案研究"（Research Our Records）、"退伍军人档案服务"（Veterans' Service Records）、"教育者资源"（Educator Resources）、"参观我们"（Visit Us）、"美国建国文献"（America's Founding Documents）5个主要类目，网页下方还包括"相关信息"（Information for…）、"出版物"（Publications）、"组织机构"（Org. & Offices）、"关于我们"（About Us）、"我想要"（I Want to …）、"参与"（Participate）、"资源"（Resources）、"网上购物"（Shop Online）8个次要类目，共13个一级类目。此外，还包括众多二级、三级类目。其内容涵盖了档案利用的各个方面。其网站首页如图4-4所示。

图4-4 美国国家档案馆网站首页

（图片来源：https://www.archives.gov/）

（2）网站功能。美国国家档案馆网站主要包括网站检索功能、文化教育功能、网站辅助功能、用户参与功能、在线销售功能等。[7]

网站检索功能

美国国家档案馆网站将检索功能设置于首页右上方。此外，在"档案研究"类目中，其检索功能经过多次调整，目前设置有目录检索和高级检索两个主要检索功能。其目录目前包含95%的国家档案馆档案、权威文件和超过9000万份数字化记录的档案描述，并接受公众通过打标签和转录①的方式对档案进行分类。

---

① 此处指由编者通过手工抄录、打字或复印等方式，将档案原件或复印件的信息内容如实转移到其他载体上，如将档案原件的文字信息转移到档案文献出版物，或将音、视频文件的内容转化为文本信息内容等。

目录检索可搜索在线目录中的所有目录记录和授权文件、电子记录档案以及美国国家档案馆网站和总统图书馆网站的所有网页。可通过键入关键词或关键词表达式进行检索，检索结果包括在线资源、网站、数字化文本、图像和视频。在高级检索中，用户可通过输入关键词、资源 ID、个人或组织名称、标签、日期、档案类型、描述级别、文件格式、档案材料位置、标题、创建者、描述标识符等进行检索。

除了目录检索和高级检索两个主要检索功能之外，网站还设有特色档案检索服务，如"索取医疗记录"（Request Medical and Health Records）等。

文化教育功能

美国国家档案馆网站通过档案展览和数字教室来实现档案网站的文化教育功能。网站的档案展览集中在"美国建国文献"一级栏目和"浏览在线展览"（View Online Exhibits）二级栏目中。"美国建国文献"是美国国家档案馆网站最具特色的网上展览大厅，包括《独立宣言》《美利坚合众国宪法》《权利法案》等文件的在线阅览，帮助人们认识和了解美国的真实历史与文化。而"浏览在线展览"中的展览资源按专题划分，各专题展览内部各具特色，没有较为统一的分布形式，往往是以文字说明为主，结合图片、视频、音频等。这些展览资源包含大量珍贵的历史档案、科技档案和反映美国人民日常生活与活动的档案，能让用户了解美国经济建设、科学技术、人民生活、节日来源等方面的知识。

此外，"教育者资源"下设 DocsTeach 数字教室供在线教学使用，其内容主要包括"探索"（Explore）、"发现"（Discover）和"创造"（Create）三个栏目。通过"探索"模块，用户可以按历史时代和文件类型进行检索，也可以选择任意专题事件进入教学界面查看档案原件。在"发现"模块，用户可以根据历史时代或年代、思维技巧、活动类型加以提炼，选择感兴趣的主题，根据网站所提供的活动目标和指令开展相关活动，以加深对档案的理解。在"创造"模块，学生用户可以档案为依托，根据相关提示创建一个主题活动，并通过申请个人账户向教师进行反馈，建立师生间的互动机制。同时，DocsTeach 模块为教师提供了丰富的教学工具，如创建讨论专题、将历史标注在地图中、衡量证据、数据解读、缩放、比较、排序、建立档案间的联系等。

网站辅助功能

网站辅助功能包括网站导航的设置、检索指引、"关于我们"、网站各官方社交账号的建立等。网站导航功能为网站的基本功能，能够帮助用户整体了解和把握网站所含资源，提高用户查找信息的效率。"档案研究"栏目中设置了"检索指引"（Search Tips），帮助用户了解网站检索逻辑与规则，提高检索效率。网站首页下方的"资源"（Resources）栏目提供了"A~Z 索引"（A~Z Index）"，能够让人们按英文字母顺序找到所需信息。针对研究人员还提供了"研究指引"

（New to Archival Research），包括确定主题、收集主题信息、查找档案信息和计划参观四步，为研究人员研究工作的展开提供参考。而"关于我们"和"联系我们"（Contact Us）能够让用户了解国家档案馆的由来与发展，并有机会提出问题与建议，或开展合作等，起到互动的功能。同时，网站首页下方提供了网站所开设的官方社交账号，包括 Facebook、Twitter、Instagram、YouTube 等主流社交平台的账号，能够引导用户更好地与该组织进行日常互动。

用户参与功能

美国国家档案馆网站设置了多样化的用户参与形式，除了常规的线上浏览以外，还包括在线咨询、辅助教学资料提供、档案编研成果实体订阅、网上购物、活动报名、志愿者参与、捐赠等多种用户参与式互动模式。其中，"文件教学"模块提供了不同阶段的在线学习和教学资源、DocsTeach 数字课堂的建设，同时提供了教学资源订阅服务，使档案馆丰富的馆藏资源在得到有效利用的同时，能够激发用户的档案资源利用与参与建设的热情。[8] 网站的订阅服务基于 RSS 技术主动向使用该服务的用户及时发布最新资源与信息，包括新闻订阅、教学资源订阅、杂志订阅、今日档案订阅等，如图 4-5 所示。

图 4-5 美国国家档案馆 RSS 订阅

（图片来源：https://www.archives.gov/social-media/rss-feeds.html）

RSS（really simple syndication）技术即简易信息聚合技术。它通过用 XML 语言撰写包含有站点内容信息的电子文档，如站点内容标题、摘要和 URL，形成 RSS 链接源。内容发布者创建 RSS 文件，然后传递给预定了链接源阅读器（feedreader）请求的使用者。链接源阅读器定期检查这些站点是否有新的、可得到的内容,如有则下载其元数据信息。在用户端,当用户收到聚合的链接源时,只需单击文章标题即可链接到原创网站,系统自动拉出全文到阅读器中供用户阅读。[9] RSS 技术提供了一个实时、高效、安全和低成本的信息发布与获取通道。

在线销售功能

在一级栏目"网上购物"中,网站提供了商品的在线销售功能。商品包括工业品和工艺品,可以细分为文具、餐具、服饰、印刷品和影音产品,其中,印刷品类档案文化产品在该网站线上购物平台的销量位居第一。网站作为国家档案馆独有的线上购物平台,通过售卖档案文化产品,将盈利资金用于举办展览、公众活动以及提供教育资源。[10]

2. 英国国家档案馆网站

(1) 网站简介。英国国家档案馆是 2003 年由英国公共档案馆(Public Records Office)和英国皇家历史手稿委员会合并而成,属于首相府下设的行政机构。馆藏档案十分丰富,保存的档案涵盖了英国 1000 多年的历史,是世界上最大的档案馆之一。这里不仅保管了政府部门的文件,还向公众提供可公开的政府文件,同时也提供与英国历史相关的私人档案信息。[11]

英国国家档案馆内超过 5% 的档案已实现数字化,其网站(https://nationalarchives.gov.uk/)的 Discovery 检索平台向用户提供了英国国家档案馆、英国 2500 多个档案机构和部分国外档案机构共计 3200 多万条档案目录,其中 900 多万条数字化记录可供下载。首页的隐藏菜单设置了 5 个栏目,分别是"关于我们"(About Us)、"教育"(Education)、"研究帮助"(Help With Your Research)、"信息管理"(Information Management)和"档案部门"(Archives Sector),其他的在"更多"(More)里,并设置了 42 个二级菜单。网站首页如图 4-6 所示。

图 4-6 英国国家档案馆网站首页

(图片来源:https://www.nationalarchives.gov.uk/)

(2) 网站功能。下面对英国国家档案馆网站的网站检索、文化教育、信息推送订阅、政策法规普及、用户参与和社交、在线销售功能进行介绍。

网站检索功能

网站内的 Discovery 检索平台提供了简单检索和高级检索两种主要检索功能。在网站首页点击"Search the Catalogue"进入简单检索平台，通过输入关键词、时间范围和馆藏地点来进行基本检索，检索结果页面提供简单视图和详细视图两种浏览方式。在高级检索中，通过在不同的匹配模式框键入关键词、需排除的某些关键词、记录集的引用（即引用了输入的参考文献的文献）、时间范围和馆藏地点来进行检索。此外，检索页面还提供了浏览（browse）功能，用户可通过政府部门或档案名称的首字母进行记录、浏览和查询。

文化教育功能

英国国家档案馆网站同样提供了数字教育功能。"教育"栏目下设立了"历史阶段"（Time Periods）、"课程"（Lessons）、"在线研讨会"（Online Workshops）等8个二级栏目，其中，"历史阶段"栏目将英国自1066年至今的历史划分为8个阶段，共有240个专题，每个历史阶段中包含了丰富的课堂资源。[12]而"课程"栏目里包含了88个资源供教师教学使用。同时，网站还提供了"视频会议"（Video Conferences）、"虚拟教室"（Virtual Classroom），并提供给老师和学生各类教与学的工具。

信息推送订阅功能

网站信息推送订阅功能主要包括 RSS 订阅和免费电子月报邮件。[13] RSS 订阅入口位于网站首页右下方，与官方开设的社交账号一同列出。基于该功能，用户可根据个人爱好将网站信息订阅至各类新闻软件上进行阅读，也可以将档案馆网站信息订阅至自身网站上发布。网站提供的订阅信息主要包括三类：一是英国国家档案馆发布的新闻，如最新的档案信息公开情况、档案馆相关规章制度、档案利用统计情况、国家档案馆日常工作情况等内容；二是英国国家档案馆提供的谈话、演讲与其他节目；三是英国国家档案馆提供的源自政府等公共部门的信息。

免费电子月报邮件服务指的是用户可定期（一般为1个月）接收英国国家档案馆发布的当月信息邮件，邮件中提供网上书店在售书推荐、网站新闻、在线资源介绍、网站教育服务与资源、新的档案开放信息、UFO 解禁档案信息等各门类的当月信息资源。

政策法规普及功能

英国国家档案馆网站在"信息管理"栏目中发布了信息管理相关的标准、版权、法规等文件，为用户信息管理提供了指南、工具和模板，帮助用户更好地管理数字化信息。此外，档案馆还提供对政府部门和公共档案机构的员工的培训服务。

用户参与和社交功能

英国国家档案馆网站提供了网上留言、网上答疑、公众交流、档案馆 App 及馆长信箱服务。[14]例如，在网站首页展示了最新发布的博客和多媒体信息，在各页面内，用户可以在填入昵称和电子邮箱后发表自己的看法，为了保护隐私，其个人信息（邮箱）不会被显示。此外，与美国国家档案馆网站类似，英国国家档案馆网站首页下方同样列出了其开设的社交账号，如 Twitter、YouTube、Flickr 等，极大地便利了社会公众与档案部门的沟通。

在线销售功能

英国国家档案馆网站提供在线销售商品，如纪念品服务，其在线电子商店链接位于网站首页底部，销售的产品包括档案复制品、与档案相关的书籍以及其他档案衍生品。

3. 澳大利亚国家档案馆网站

（1）网站简介。澳大利亚国家档案馆（National Archives of Australia，NAA）创立于 1961 年，是澳大利亚联邦政府唯一的国家级综合性国家档案馆，负责政府部门档案的接收、管理和提供利用，是澳大利亚联邦机构的重要组成部分。馆内收藏了自 1901 年澳大利亚联邦成立以来的影响澳大利亚历史的重大事件和决策的有关记录，目前超过 4000 万件。

澳大利亚国家档案馆网站（https://www.naa.gov.au/）于 1999 年基本建成，一直处于世界领先水平。网站有由 9000 个机构、团体和个人所产生的涵盖 6000 多个系列的收藏集，约 800 万条档案记录和 120 万条记录的数字副本，约占档案馆馆藏的 20%，并以每年几十万条的速度增加。[15]网站内设置了"探索收藏"（Explore the Collection）、"研究帮助"（Help with Your Research）、"学习"（Learn）、"信息管理"（Information Management）、"参观我们"（Visit Us）、"关于我们"（About Us）6 个一级栏目，并设置了 44 个二级栏目。网站首页如图 4-7 所示。

图 4-7　澳大利亚国家档案馆网站首页

（图片来源：https://www.naa.gov.au/）

(2) 网站功能。下面对澳大利亚国家档案馆网站的网站检索、文化教育、学术研究、法规政策普及和社交这五项功能进行介绍。

网站检索功能

澳大利亚国家档案馆网站为用户提供了"基本检索"（Basic Search）、"高级检索"（Advanced Search）、"姓名检索"（Name Search）、"照片检索"（Photo Search）四种，并提供了"旅客到达指数"（Passenger Arrivals）和"近期扫描记录"（Newly Scanned Records）查询。"基本检索"和"高级检索"所检索的数据基于联邦记录系列（commonwealth record series，CRS）系统构建，对数据进行了不同级别的描述。"基本检索"功能通过键入关键词和日期范围进行查询，而"高级检索"则涉及对联邦记录系列下的所有级别（如组织机构、英联邦人士等）进行检索，除了需要键入关键词和日期范围外，还提供了排除框以缩小查找范围，提高检索效率。

此外，澳大利亚国家档案馆网站根据自身情况，增加了一些专题检索，如"姓名检索"。用户可根据已知家庭姓氏，结合要查询档案的具体类型，搜索更为详尽的人物、事件信息记录。同时，澳大利亚国家档案馆网站利用达姆施特公司的 DET 扫描仪，逐步对现存的 16 mm 胶片和 35 mm 胶片进行数字化处理，为用户提供了较有特色的"照片检索"。用户可通过键入与照片相关的关键词和日期范围进行图片查找。

文化教育功能

与美国国家档案馆网站一样，澳大利亚国家档案馆网站提供了档案展览和数字教育功能。档案展览主要体现在首页下方的"Archives at Home"栏目，该栏目中共设有 9 个专题，如"间谍、时尚和扭曲"（Espionage, Fashion and Contortion）、"儿童展览"（For the Kids）、"家庭历史"（Family History）、"治愈双耳"（Treat Your Ears）等。

数字教育功能体现在"学习"栏目，其下设"学校参观"（School Visits）、"学习资源"（Learning Resources）和"竞赛与特殊项目"（Competitions and Special Programs）3 个二级栏目。"学校参观"为 5～12 岁学生实地参观档案馆活动提供机会。在"学习资源"中，网站提供了 Vroom 在线虚拟阅读室。Vroom 基于档案资源设置了不同主题，并提供了课堂资源，用户在访问原始文档、照片和视听材料的同时，可以基于网站列出的思考题进行思考，并根据指引进行下一步的学习。在"竞赛与特殊项目"中，网站针对不同年级的学生设置了不同的比赛与计划，并设置奖金激励。以上项目的设置让学生用户能够亲身参与，感受档案文化的魅力。

学术研究功能

澳大利亚国家档案馆网站将"研究帮助"设置在醒目的一级栏目中，并提供了"研究入门"(Getting Started with Your Research)、"研究指南"(Research Guides)、"研究工具与服务"(Research Tools and Services)、"热门研究课题"(Popular Research Topics)等丰富的研究辅助资料。此外，网站还提供免费咨询服务，用户提出问题后，网站工作人员在 30 个工作日内进行回答，以帮助用户解决在检索时遇到的问题。

法规政策普及功能

澳大利亚国家档案馆网站十分注重档案信息化法律法规的介绍和普及，重点体现在"信息管理"栏目。目前，该栏目着重介绍了"2020 年数字连续性政策"，甚至提供了基于对政策的支持的数字化转型相关工具和详细的操作步骤，以鼓励档案数字化，减少纸质档案的产生。此外，该栏目下还包括历年出台的信息管理法规、标准、政策等文件，如 1988 年的隐私法、澳大利亚政府记录保存元数据标准等。[16]

社交功能

针对用户检索可能遇到的问题，网站还开设了档案检索论坛，其入口位于检索页面。在论坛里，用户可以提出关于使用网站时碰到的任何问题，使用经验较为丰富的用户也可分享自己在检索等方面的技巧，发布博客或回答他人的问题。此外，在网站首页的左下角显示了澳大利亚国家档案馆网站开设的社交媒体账号，如 Facebook、Twitter、Flickr 等，用户通过这些社交媒体可随时了解到档案馆最新、最热门的话题，也可在当中探讨问题、上传照片、观看视频等，以实现档案馆网站与利用者的互动。[17]

4.1.2.2 国内典型数字档案网站

21 世纪初，我国开始推动数字档案馆的建设。《全国档案事业发展"十三五"规划纲要》要求到 2020 年，全国地市级以上国家综合档案馆要全部建成数字档案馆。至 2019 年 11 月，全国示范数字档案馆已发展至 29 个。[18]本小节对国内典型的数字档案网站——中华人民共和国国家档案局网站、中国第一历史档案馆网站、北京市档案信息网进行介绍。

1. 中华人民共和国国家档案局网站

（1）网站简介。中央档案馆（与中华人民共和国国家档案局是一个机构两块牌子）建立于 1959 年，是我国最高的档案行政机构，同时也是国家记录和历史记忆的保存者。总馆占地面积 5 万多平方米，馆内保存了自 1919 年"五四运动"以来的档案 800 多万件[19]、革命历史资料 80 多万册[20]，珍藏了领袖人物的大量手稿，馆藏档案丰富、珍贵，是党和国家档案的精华。

其网站（https://www.saac.gov.cn/）于 2002 年正式开通，肩负着政务信息公开、宣传档案事业、展示档案成就、提高公众档案意识的责任，为档案事业的发展争取更广泛的支持，以更好地发挥档案和档案工作的作用。[21]网站内容以档案业务指导为主，其首页菜单栏包括"机构概况""新闻动态""工作动态""法规标准库""政务服务""专题热点"和"互动交流"7个栏目，如图4-8所示。

图4-8 中华人民共和国国家档案局网站首页

（图片来源：https://www.saac.gov.cn/）

（2）网站功能。中华人民共和国国家档案局网站作为我国档案门户网站，提供了网站检索、政务公开、业务指导和档案服务等功能。

网站检索功能

网站首页右上方提供了站内信息的检索功能。在进入检索页面后，可以进行全站的基本检索，也可以通过选择所需信息所在的菜单栏，设置时间范围、匹配模式（全文匹配或标题匹配）以及文件格式来缩小检索范围，进行精准检索。检索结果可以按相关度排序或按时间排序。

政务公开功能

2011年，国家档案局对网站进行了重大改版，将"政府信息公开"栏目置于网站的显著位置，并进行不断维护、更新和完善，成为政府信息公开的重要载体。例如，网站首页菜单栏的"新闻动态""工作动态"以及"地方动态""通知公告""政府信息公开"等栏目，让各地方档案工作人员能够更高效准确地从网站获取并下载相关信息资料，这对全国档案工作的顺利开展具有重要意义。

业务指导功能

国家档案局网站定位为门户网站，因此，网站的一大工作重心是对全国档案馆馆藏进行指引与导航，其内容涵盖国家档案局的机构、职能、业务介绍等静态信息，以及经济、科技档案工作，档案科技，档案教育等动态信息，同时链接了省市级档案网站，是用户前往其他地方档案网站的窗口，为全国档案工作者提供业务指导，并搭建了良好的学习平台。

档案服务功能

网站主要提供了行政服务和文化教育两大档案服务功能。利用网络在政令发布、信息传递上的优势，国家档案局可以更好地完成其行政服务职能。此外，网站还提供了爱国主义教育、历史文化宣传和专业教学培训等服务，具体体现在网站的"专题热点""教育培训"等栏目。其中，"专题热点"中的"热点专题"提供了"'南京大屠杀'档案选萃"等13个专题，专题展现形式各不相同，大多以文字为主，配合以视频和图片形式，且部分提供了文档下载。"教育培训"栏目包含"工作动态""教材课程"和"相关政策法规"3个子栏目，其中，"教材课程"提供了档案整理、档案网上展览制作方法等10多种课程，并提供PDF格式文档的下载和视频播放教学。

2. 中国第一历史档案馆网站

（1）网站简介。中国第一历史档案馆原为北京故宫图书馆（即故宫博物院）下属文献部，于1929年分离出来，其名称几经变更，到1980年才正式以该名出现。该馆馆藏明清时代档案多达1000余万件，除了明代的3000余件外，其余均为清代档案。[22]这些档案反映了从明朝洪武四年（1371）至清朝宣统三年（1911）500多年间的政治、军事、文化以及社会发展的各方面的历史。[23]

中国第一历史档案馆网站（http：//www.lsdag.com/nets/lsdag/page/index.shtml？iv=）于2005年上半年开通。网站以满足社会精神文化需求为宗旨，以促进明清档案信息传播、促进海内外文化交流为目的，以该馆信息发布平台为基础，初设10个栏目、27个子栏目，共有360个静态页面[24]，其数字档案记录超过400万件，网站公开数字化档案目录总数超过250万件。[25]其首页如图4-9所示。

图4-9 中国第一历史档案馆网站首页

（图片来源：http：//www.lsdag.com/nets/lsdag/page/index.shtml？iv=）

(2) 网站功能。该网站主要包括网站检索、文化宣传、业务公开和线下预约功能。

网站检索功能

网站实现了站内网页检索和目录检索。其中，目录检索从"利用查询"栏目下的子栏目"目录查询"中可以看到，提供的检索依据包括"档案目录""题名""档号""官职爵位 A""责任者 A""原纪年"，在点击"档案目录"输入框时，还会显示卷宗列表辅助用户的检索。通过目录检索，用户可得到某条目录下的所有记录信息，但检索到的目录没有进行著录，仅帮助用户更方便、明确地前往档案馆进行查询。

文化宣传功能

该功能主要体现在"出版成果""知识集锦"两个栏目。"出版成果"包括出版的"历史档案""档案汇编""研究著述"，均是对著作或著作目录的整理和罗列，无法在网站中得到具体内容。"知识集锦"下设"历史文书""典章制度""业务常识"栏目，以图文并茂的形式起到初步的科普功能。

此外，该网站同样具有门户网站的作用，在网站底部添加了友情链接，可链接到各省市档案网站。

业务公开功能

该网站提供了"工作动态"栏目，用户可及时了解档案馆重要活动的相关资讯、业务咨询和学术交流等活动。各资讯下方还设有表情统计，游客和用户均可以通过点击"高兴""痛苦""搞笑"等表情表达对资讯的看法，实现初级的业务反馈效果。

线下预约功能

"利用查询"栏目提供了预约查询功能，用户可通过预约查档，在线下较为高效地获取所需的档案信息；同时，网站还提供了查询预约结果功能，并给出了预约须知、开放时间等线下档案馆信息，引导用户更好、更高效地进行档案查询和利用。

3. 北京市档案信息网

(1) 网站简介。北京市档案馆于1958年成立，在"文化大革命"期间遭受严重冲击，1980年恢复运行。馆内现有馆藏190万册，包括纸质、录音、录像、影片、照片等载体的档案。

1998年，北京市档案馆申请了独立域名，成功建立了全国最早的档案网站[26]，2006年更名为"北京市档案信息网"（http://www.bjma.gov.cn）。截至2008年年底，该网站已有80万条记录和180万页档案原文可以在网上检索和阅览。已数字化纸质档案88余万卷，约占馆藏纸质档案的47.43%，且完成了全部声像档案的数字化。该网站导航栏目设置有"数字档案馆""档案政务"

"行政执法公示""教育科研""京城讲坛"。其首页如图4-10所示。

图4-10 北京市档案信息网首页

（图片来源：http://www.bjma.gov.cn/）

（2）网站功能。北京市档案信息网包括网站检索、文化教育、政务公开和线下预约等功能。

网站检索功能

网站提供了站内检索和档案查阅功能，均包含基本检索和高级检索两种模式。档案查阅功能位于菜单"数字档案馆"栏目中。网站建立了北京数字档案馆查阅系统，并建立了数字档案目录，进入查阅系统的高级检索界面可浏览档案目录。值得一提的是，在高级检索中，不仅可以查询本库的档案记录，网站还提供了跨库检索，范围是北京市其他档案馆的馆藏数字化记录。

文化教育功能

网站的文化教育功能主要体现在"网上展厅""电子书刊"栏目，均位于"数字图书馆"栏目中，作为二级栏目存在。"网上展厅"的各专题表现形式较为不同，有视频、图文结合等形式。"电子书刊"主要是通过在线浏览《北京档案》杂志获取最新的档案学术信息。在具体浏览界面，配合翻页声效和动画，可让用户产生查阅档案时的身临其境之感。网站还提供每一期书刊的PDF格式给用户下载。此外，网站还有"教育科研"栏目，主要是科研工作动态、计划项目等的通知和公示，对北京市科研工作的开展具有指导意义。

政务公开功能

政务公开功能主要体现在网站的"档案政务""教育科研"栏目。"档案政务"提供了档案法规、档案局文件等政策法规信息，以指导各区档案工作的顺利进行，包括"信息公开""档案动态""行政执法公示"等政务公开信息，有利于落实公民的知情权，实现现代用户的广泛参与和监督，促进该馆的发展。

线下预约功能

与上述档案网站类似，北京市档案信息网也提供了线下预约功能，其指南位于"数字档案馆"栏目下的"预约查档服务"，实际操作是在查询到相应档案记录后，需要下载并填写预约调卷登记表，通过邮件发送，整体过程较为烦琐。

此外，北京市档案信息网添加了无障碍浏览功能，位于网页首页右上方，有助于残障人士等特殊利用群体无障碍获取档案信息资源，体现了档案部门为档案资料对外利用和实现信息公平所做的努力。

4.1.3 国内外典型数字档案网站的异同点

在以上介绍国内外典型的数字档案网站的基础上，本小节对国内外典型数字档案网站的异同点进行分析，总结以档案网站作为档案发布平台时应具备的功能和特点。

4.1.3.1 国内外典型数字档案网站的共同点

1. 档案网站页面主要栏目基本项目相同

在栏目方面，首先，国内外典型数字档案网站大多在首页上设置了"馆藏介绍""档案检索""在线展览""特色专题""档案工作动态""档案出版物"等相关栏目，向用户提供档案资源的获取途经；其次，各网站均设置了"Links"或"友情链接"，实现了与本区域内或世界其他国家档案网站以及政府网站的链接。

2. 政府文件获取途径相同

在政府文件获取途径方面，国内外典型的数字档案网站均将政府文件的开放与利用纳入国家档案信息资源建设中。大多数档案网站采用主导模式，即可以直接在档案网站进行查阅；与该模式相对的是链接模式，即通过档案网站链接到政府网站。政府文件的开放与获取程度已经成为衡量一个国家档案事业发展、档案信息化建设的重要指标。

3. 档案网站提供的检索方式相同

大部分数字档案网站设有"站内检索""档案检索"，而在"档案检索"这一获取方式中，档案信息网站都设置了"基本检索"（或"简单检索"）与"高级检索"两项。

4. 获取档案资源的权限设置相同

对于全宗介绍、全宗目录、专题目录等层面信息的获取，国内外典型的档案网站都没有设置访问权限的限制；但是，对于部分开放档案信息的全文获取或图片信息下载，国内外典型的档案网站都采用了付费模式的会员制。

4.1.3.2 国内外典型数字档案网站的差异点

1. 站内档案资源获取模式不同

国外典型的档案信息网站基本实现了不同范围内在线档案资源的整合,而国内典型的档案信息网站的在线档案资源的获取主要还是单一模式。虽然大部分网站提供了对本区域范围内或全国乃至世界范围部分档案网站的超链接服务,但是从本质上看,只是链接到相应的档案网站网址,而没有解决在线档案资源内容的整合与跨库检索的问题。

从国内外典型的档案信息网站的在线档案资源获取模式来看,我国与国外发达国家或地区的模式仍存在较大差距。当信息技术对档案信息资源建设产生影响之时,国外就启动了档案信息在线获取这一计划,现在已经从封闭的单一模式过渡到开放的整合模式,即实现了对国家或部分地区在线档案资源的整合,使用户能够真正享受到"一站式"搜索带来的高效、高质服务。虽然目前也有学者提出我国档案网站应走"整合"之路,但是相关讨论更多地处于学术层面,在在线档案资源整合模式的获取实践方面还有较长的路要走。

2. 提供档案资源全文获取能力不同

从2007年的一次对国内外代表性档案网站的调查中发现,在14家国外代表性档案网站中,能够提供部分内容全文阅读的有11家,占调查总数的79%;国内省级以上35家档案网站中,只有3家能够提供部分内容全文阅读,约占本级别网站的9%。[27]在2017年的一次对国内部分档案网站的调查中发现,94%的档案网站能够同时提供文本和图片,44%的网站能够同时提供文本、照片、音频和视频;能够提供目录查询的占83%,能够同时提供目录查询与全文阅读的占28%。[28]从以上的调查结果可知,虽然近年来我国档案资源全文获取能力有了长足进步,但在全文阅读、多种媒体资源查询等方面仍存在一定的不足。

3. 获取档案资源的丰富性不同

在线档案资源丰富性的差异主要是由馆藏信息数字化进程引起的。档案馆馆藏资源数字化的数量直接决定了在线档案资源获取的丰富性。例如,美国国家档案与文件署(NARA)除了提供在线展览服务之外,还向用户提供全国范围内馆藏目录、特色馆藏文件数据库、联邦文件数据、缩微胶片目录数据库以及军事文件数据库信息的获取服务;英国国家档案馆也向用户提供在线学术与家谱文件数据库、历史文件与手稿数据库、英格兰档案数据库、移民数据库、人口普查数据库、内阁档案文件数据库、文件中心与图书馆目录以及政府各种文件信息的获取服务;澳大利亚国家档案馆数据库资源则包括内阁文献、英国皇家专门调查委员会文件、联邦政府与各部门档案、总督/总理/部长的材料、澳大利亚国防部人员档案、国防部其他档案、移民档案等。[29]

我国档案信息网在线获取的信息显得比较单调，综合性档案馆网站在开展部分档案展览的基础上，提供的数据库比较少，并没有像国外典型的档案信息网那样详细分类，多角度覆盖政治、经济、外交、军事、历史、私人、法律等方面，甚至有的档案网站并没有分类开发在线档案资源数据库，用户信息需求针对性不强。

4. 档案网站的辅助检索功能不同

国外典型的档案信息网基本都在信息检索的页面上设置了类似于"Getting Start Guide""How to Search Archives Online""Help""How I Can Do""Search Tips"等栏目，即使是从未检索过档案信息的非专业人员，也可以快速、轻松地利用在线档案信息获取功能。[27]

我国典型的档案信息网站基本都设置了"查档指南"一栏，但是只向用户介绍可以查阅哪些内容，缺乏对一些专业术语的解释以及向用户展示如何充分利用检索工具。

4.1.4 结论与启示

基于以上分析，可得出如下结论与启示：

（1）从开发与获取的模式看，整合模式已经成为未来在线档案资源获取的发展趋势。从全局看，应以国家级档案信息网为龙头，分层次整合档案信息资源，建立档案信息门户网站，实现在跨库检索的基础上与政府文件信息资源的整合，让用户实现一站式的在线档案资源获取。

（2）从开发与获取的内容看，国内各级各类档案馆应该加快档案数字化的进程，丰富在线档案资源数据库建设，将开放的、不同载体的馆藏资源通过互联网这一媒介及时向用户传递；同时，逐步提高档案资源全文获取的能力。

（3）从开发与获取的多媒体化看，互联网向用户提供信息的优点之一就是信息传递的多媒体化。因此，在线档案资源的开发与获取也应该充分借助这一优势，突破文本信息与图片信息的局限，利用多媒体向用户展示档案信息，扩大在线档案信息用户群，提高在线档案信息的获取率，推动档案信息资源的开发与利用。

（4）从开发与获取的辅助功能看，档案信息网站应重视辅助功能的价值，因为查找、检索指南或帮助功能是引导用户，尤其是非专业用户更好地利用档案信息资源的"金钥匙"。

4.2 移动数字档案馆发布技术分析

移动互联网的应用和服务正在改变着人们访问信息及交流的方式，已成为人们获取信息的重要手段甚至是主要手段，也正在深刻地影响着档案部门。许多国家的档案馆开始利用移动网络技术向公众提供多种移动服务，我国部分档案部门也开始尝试建设移动数字档案馆。[30]以下将介绍移动应用信息发布的基本技术原理、典型的移动数字档案应用，总结当前移动应用具备的功能及特点，分析其不足，给出相应的建议并进行展望。

4.2.1 移动应用信息发布的技术原理

移动数字档案馆是指依托于目前比较成熟的移动互联网、物联网技术以及多媒体技术，用户不受时间和空间的限制，以移动终端的方式对在线档案信息资源进行浏览、查询和使用的一个崭新的档案信息服务系统。[30]在移动端访问数字档案馆主要有如下三种形式：①在移动端浏览器访问数字档案馆网站；②下载并访问数字档案馆 App；③在一些内嵌应用，如微信小程序、微信公众号、微博官方账号访问数字档案馆相关资源。由于从移动端访问数字档案馆网站与前文所述访问数字档案馆网站的内容差别不大，而目前可访问的数字档案馆 App 较少，因此，本小节将以微信公众号为例进行讲解。下面分别对各种形式所涉及的技术原理进行介绍。

4.2.1.1 在移动端浏览器访问数字档案馆网站

当前档案馆的档案信息大多停留在 PC 时代，以传统的门户网站为服务窗口。近几年出现的云适配技术不仅能够使 PC 端门户网站在移动化过程中很好地适应字体、排版等用户界面显示问题，移动版网页还能够与 PC 端实现统一的后台管理和同步更新。因此，通过引进云适配技术，基于档案馆移动门户网站，在移动终端的浏览器中提供服务，可高效地建立起 B/S 模式移动数字档案馆。[31]下面对云适配技术进行介绍。

1. 云适配技术基本概念

云适配技术发明于 2013 年，是基于云计算，利用 HTML5 进行网站跨屏适配，以跨屏云技术为核心，根据用户设备，在云端完成用户当前设备的网页最佳展现方式的计算，再以最佳的展示和交互方式呈现的技术。[31]其在移动端的适配并不会干预原 PC 端的系统，是一种松耦合的轻量级解决方案。

2. 云适配技术基本原理

云适配技术在客户端加载传统 PC 版 Web 系统页面时，会为目标网站开发一段 JavaScript 代码，这段代码通过对 PC 网站目标网页数据的分析和抓取，在云端完成用户当前设备的网页最佳展现方式的计算，最后在浏览器端实现 HTML 结构的重排及层叠样式表（cascading style sheets，CSS。是一种用来表现 HTML

等文件样式的计算机语言）的重新渲染，以适应移动端用户的浏览习惯。这项技术已在超过 4000 家知名企业官网中得到应用，包括联想、微软亚太研发集团、探路者、中国青年报等。其技术示意如图 4-11 所示，其中，Amaze UI 是一个移动优先的跨屏前端框架。[32]

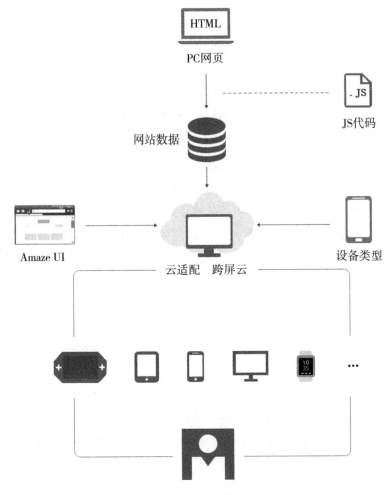

图 4-11 云适配技术示意

（图片来源：https://www.yunshipei.com/whyus/industry.html）

3. 云适配技术的特点

与传统的 WAP 网站相比，云适配技术具有跨平台适配、网址不变、内容实时同步更新、数据安全保障、移动交互等特点。它颠覆了传统手工移动网站建设模式，可快速打开社会化媒体入口，包含搜索引擎、微博、微信、二维码、短信、App 等。其特点如下：

（1）不涉及网站后端，安全可靠。云适配跨屏云是前端技术方案，只在用户浏览器端做网页的重新渲染，不涉及任何后台的数据读写以及存储，把安全隐患降到最低。相对来说，用户后台数据的安全性可得到保障。

（2）个性化平台，轻松定制。云适配独创的在线开发工具——跨屏云IDE，帮助开发人员随时通过"所见即所得"的方式在线调试网页样式，实现最佳的个性化跨屏网页显示效果。精美的个性化操作界面让用户有更好的使用体验，提高用户对移动门户网站的使用黏性。

（3）支持海量并发，业务不中断。因为网页适配的运算发生在用户浏览器端，所以跨屏云可以承载海量并发。即使跨屏云出现异常，访客还可浏览原网页。

（4）可提供无障碍网页，考虑周全。云适配技术已为中关村管理委员会网站量身定做了全球首个无障碍手机网页，针对阅读时有视力障碍人士，具体表现为摸到空白的地方它就不会出声，摸到字的时候它就会自动发声。这种网页设计照顾到更多的使用人群，保护了他们的权益，也体现出更加人性化的设计理念。

4.2.1.2 数字档案馆App

数字档案馆App是档案馆以开发档案信息资源为基础，通过移动设备终端提供有关档案信息内容服务的应用程序。[33]目前，档案馆服务能力的提升，一方面，需要面对从TB、PB向EB级别迅速增长的海量资源需求，另一方面，随着档案机构与民众距离的拉近，需要创新档案服务模式，提升个性化档案信息服务，进一步实现档案信息资源共享。数字档案馆App与档案馆网站相比的最大优势是可以实现向社会公众主动推送档案馆服务，且可以根据用户的兴趣爱好推荐个性化信息。下面对信息推送技术进行介绍。

1. 信息推送技术的基本概念

信息推送（push）技术由PointCast Network公司于1996年提出，其目的是提高基于计算机网络的信息获取效率。该技术根据用户需求，通过一定的技术标准或协议，主动将用户感兴趣的信息发送给用户[34]，使用户不再在网上盲目点击和游荡[35]。移动互联网的发展使得信息推送技术愈加热门，是目前各项App中不可或缺的技术之一。例如，资讯类产品的新闻推送、工具类产品的公告推送、电商类产品的促销活动推送等。

2. 信息推送技术的基本原理

信息推送技术将用户搜寻信息模式变为有目的地接收信息，改变了因特网上信息访问的方式。Android和iOS都有自己的推送服务，其功能基本相同，但工作流程稍有差异。[36]

Google cloud messaging for Android

Google cloud messaging for Android（GCM）是当前Android系统提供的信息推送服务，它允许开发商从服务器发送数据到Android设备中，同时也可以利用这个连接来接收Android设备发来的数据。GCM没有提供任何内置的用户界面或处理数据的机制，只是简单地将接收到的原始数据直接传递给应用程序；应用程序对接收到的数据有着完全控制权限。GCM 的核心组件包括移动设备、第三方应用程序服务器和 GCM 连接服务器。其基本原理如图 4-12 所示。

图 4-12　GCM 基本原理

移动设备中的应用注册并接收消息的流程为：[37]

（1）应用程序第一次使用消息服务时，给 GCM 发送一个注册 Intent，该 Intent 动作为 com. google. android. c2dm. intent. REGISTER，其中包括发送者 ID 和 Android 应用程序 ID。

（2）注册成功后，GCM 会广播一个动作为 com. google. android. c2dm. intent. REGISTER 的 Intent，并返回给应用程序一个注册 ID。应用程序会在以后用到这个 ID。

（3）Android 应用程序将注册 ID 发送到应用程序服务器，服务器将 ID 存储在数据库中。注册 ID 一直持续到 Android 应用程序显式注销它，或 Google 对其进行刷新。当应用程序有一个注册 ID，第三方服务器已经存储了注册 ID，开发者在应用服务器中为应用程序准备了 API key，此时应用服务器便可以给 Android 发送消息。

（4）应用服务器给 GCM 发送消息。

（5）当设备不在线时，Google 对消息进行排序并存储。

（6）当设备在线时，Google 会把消息发送给它们。

（7）在设备上，系统会使用合适的权限通过 Internet 广播把消息广播给具体应用程序，消息会唤醒接收消息的应用程序。

（8）设备上的应用程序接收消息时，从消息中提取键值对（又称为"属性值对"。"键"为存的值的编号，"值"为要存放的数据），通过 com. google. android. c2dm. intent. RECEIVE 动作将键值对信息发送给应用程序，应用程序通过该动作提取数据，并加以处理。

Apple push notification services

Apple push notification services（APNS）是苹果公司官方提供的信息推送服务，也是 iOS 上唯一的信息推送服务。应用开发者（供应商）在它们的服务器软件中生成通知消息，通过一个持续的安全的通道与 APNS 进行连接，同时监视要发送到客户端程序中的数据。当新的数据到达时，提供者就会通过上面的通道将通知发送到 APNS，并将通知推送到目标设备中。图 4-13 展示了 APNS 工作的基本原理，与 GCM 的基本原理较为类似。

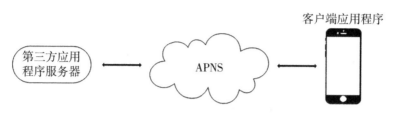

图 4-13　APNS 基本原理

移动设备中的应用注册并接收消息的流程为：[38]

（1）iOS 设备连接 APNS 服务器，请求注册推送服务。此时系统默认将 iOS 设备上的 device token 和应用的唯一标识符发送给 APNS 服务器。

（2）连接成功后，APNS 服务器将 device token 返回给请求注册的 iOS 设备。

（3）注册成功后，iOS 设备与 APNS 服务器维持一个基于 TCP 的长连接，并将获取的 device token 发送给应用服务器。

（4）iOS 设备完成推送通知服务的注册。在此基础上，进行消息推送。

（5）应用服务器将推送消息和要接收消息的 iOS 设备上的 device token 发送给 APNS 服务器。

（6）APNS 服务器对应用服务器发送的消息进行处理，并根据信息中的 device token 将推送信息推送到指定的 iOS 设备上。

（7）iOS 设备接收到推送消息（必须开启接收推送通知服务）。

3. 信息推送技术的特点

信息推送技术是一种信息发布技术，与传统的客户端/浏览器体系结构中的信息拉取（pull）技术相比，它能够提供个性化服务，且更加智能和高效。[39] 其特征如下：[40]

（1）主动性。主动性是信息推送模式网络信息服务的基本特征之一。当有新的信息需要提交或到达时，依据传送信息的类型和重要性的不同，信息推送模式会在用户不发出信息查询请求的情况下，通过在屏幕上显示一条消息等方式，及时、主动地通知用户进行读取，提高了用户获取信息的及时性。

（2）个性化。信息推送服务的前提之一就是根据用户的特定信息需求为用户量身定制，把为特定用户搜集整理过的信息通过一定的机制推送至用户。此外，信息推送服务还可以根据用户的特定信息需求为其提供个人定制的检索界面。

（3）为用户提供内容定制服务。用户可设定连接时间和定制信息推送的内容，信息推送服务器按照订单制订推送内容和参数。从用户的角度看，内容定制让用户可要求信息推送服务器有选择地推送其感兴趣的信息；从信息提供商的角度看，可依据用户订单将信息分类推送，以适合不同用户的不同需求。

(4) 高效性。一方面,信息推送技术可降低重复、无关的信息在网上传递,避免垃圾信息对网络资源的大量占用;另一方面,终端定期检查频道的更新信息,依据用户需求进行推送,在信息过载现象十分普遍的当下,可提高用户获取信息的效率。

4.2.1.3 微信公众平台

1. 微信公众平台及小程序概述

微信公众平台(https://mp.weixin.qq.com)是腾讯公司于2011年在微信的基础上新增的功能模块,主要面向名人、商户和企业。使用者通过在微信公众平台上申请应用账号,可以群发文字、图片和语音三个类别的内容。在这里,使用者可以通过微信渠道将品牌推广给上亿的微信用户群体,减少宣传成本,提高品牌知名度,以打造更具影响力的品牌形象。[41]

微信小程序是一种不需要下载安装即可使用的应用。用户通过扫描二维码和搜索相关功能的关键词即可使用,具备无须安装、触手可及、用完即走、无须卸载的特性。[42]开发者可通过微信已提供的功能开发出具有具体视觉组件、交互反馈、音频绘图、位置选择和用户体系等功能的微信小程序,实现"即用即走"的快捷服务,其入口可以置于官方微信公众号的菜单处,以更好地帮助企业开展宣传服务。

2. 微信公众平台的申请

目前,越来越多的人在微信公众平台申请了个人公众号。访问微信公众平台,选择立即注册,出现如图4-14所示的界面。

图4-14 微信公众平台注册界面

(图片来源:https://mp.weixin.qq.com/cgi-bin/registermidpage? action = index&lang = zh_CN&token =)

点击合适类型的账号，例如，订阅号主要适合个人申请，服务号、小程序和企业微信只有企业或组织才能注册。以订阅号为例，使用邮箱即可申请订阅号，通过输入并激活邮箱，点击同意并遵守协议后，申请工作便完成了。微信订阅号发布的文章包括两种类型：一种是以一篇文章为一组的文章，称为单图文消息；另一种是以多篇文章为一组的文章，称为多图文消息。

对于档案馆而言，普通的订阅号主要可以实现信息推送和简单的互动功能，其开发接口相对受限，对宣传和推广档案馆的各类活动和最新资源等方面更为有利，但无法实现对档案馆各类电子资源数据库的检索，也无法在线阅读电子文献，因此，从严格意义上来说，并未具备微信档案馆的完整功能，与移动档案馆尚有一定的差距。而微信服务号所提供的开发接口与馆藏目录 OPAC 的衔接功能支持馆藏档案查询、档案查询预约、绑定学生一卡通信息、档案馆最新活动查询、档案馆资源更新查询等。服务号在信息推送功能上更加清晰明了，在主动向用户推送信息的基础上，加强了用户主动获取的行为倾向，使得推送信息更加符合用户需求，降低了推送无用信息的可能，提高了推送效率。

3. 微信公众平台的特点

微信公众平台具有以下特点：[43]

（1）申请门槛低。申请微信公众号的步骤十分简单，吸引了大批组织和企业等微信用户搭建自己的官方或个人入口，从而吸引更多流量，形成良性循环。

（2）从点对点到点对面。微信是一个点对点的交流工具，而微信公众平台是点对面的消息推送与服务。商户只需要通过微信公众平台编辑一条消息，发送出去后，即可让所有关注它的粉丝知晓它发布的内容，该消息还能自主转发到朋友圈，推广成本低廉但效果显著。

（3）信息更加优质可靠。无论是订阅号还是服务号，微信公众号的信息发布次数都受到限制。这样的限制保证了微信公众平台发布的内容更加优质可靠，也保证了微信公众平台的健康发展。

（4）提供宣传场地。微信公众号的用途非常广泛，政府、媒体、企业和明星等都纷纷开始建立独立的微信公众号，在上面进行个人或企业等的文化活动的营销和宣传。企业也可以在设置里绑定私人微信号，利用微信公众号助手群发消息，随时查看消息群发状态。

4.2.2 典型移动数字档案馆介绍

本小节选择浦东档案 App、"中山档案方志"和"档案那些事儿"微信公众号作为国内典型数字档案移动应用进行介绍。

4.2.2.1 浦东档案 App

(1) 浦东档案 App 简介。浦东档案 App 所属机构为上海市浦东新区档案馆，于 2018 年初正式上线，应用环境兼顾 Android 端和 iOS 端。该 App 将用户分为区档案局/馆干部职工、档案查阅利用者、建设项目档案报送方、参加档案教育培训的学员，以及进行档案验证和信息浏览的游客五个类别。前四类用户需进行身份认证，而游客可直接登录。

其 App 界面设置"首页""消息""登录"三个菜单。"首页"为主要功能栏，包括"业务咨询""微门户""查档预约""档案验证""办事指南""电子证照""档案培训管理""城建档案信息报送"等一系列操作选项。App 主界面如图 4-15 所示。

图 4-15 浦东档案 App 主界面

(2) 浦东档案 App 的功能。针对不同群体，浦东档案 App 提供了不同的个性化服务。用户可以根据自己的要求和意向进入不同的页面，享受快捷高效的服务。

对于区档案局/馆干部职工，App 增设了"日程""公告栏""邮件""通讯录"等日常办公管理模块。以往他们只有在办公室使用政务网才能登录 OA 办公平台进行在线办公，现在可以通过 App 实现移动办公，即使在外地出差，也可以通过 App 查看公告、接收邮件、提交反馈等。[44]

对于档案查阅利用者，App 提供了民生档案远程服务，主要是提供"查询预约"这一功能。点开这一选项后,查档预约用户需要填写基本信息,如身份证号码、联系电话、居住地等,还有四条比较关键的预约信息,即获取方式、利用目的、取件地点和取件居委会。获取方式有三种:邮寄、邮箱发送查看和 App 下载查看;利用目的可根据查档预约人所需要查找利用的档案种类进行选择,包括申(迁)户口、房屋交易、补结(离)婚证、退休养老等;取件地点包括该区域 42 个镇、街道等;取件居委会包括 34 个。[45]用户提交查档申请后,当天即可通过网盘在线接收数字化档案,上面还带有自动生成的二维码和水印,以防伪造。

对于建设项目档案报送方,App 设置了"信息报送"模块。浦东新区工程项目数量多、体量大、建设周期长,竣工档案验收是区档案局/馆业务工作中的重头戏。2013—2018 年,浦东新区档案局/馆年均受理工程项目 300 余个,提供咨询指导 1000 余次。App 推出后,工程档案报送方在手机端即可看到区档案局/馆发送的报送提醒和进行指导的回复,这给长期驻扎在工地上从事建设项目档案工作的用户提供了便利。

结合档案教育培训业务的特点,App 为参加档案教育培训的学员设置了"课程查看""成绩查询""在线考勤"模块。以往考勤可能存在代刷的情况,而 App 的在线考勤功能是通过定位实现的,只有在设定的范围内,才能考勤成功,保证了培训的效果。

4.2.2.2 "中山档案方志"微信公众号

(1)"中山档案方志"微信公众号简介。"中山档案方志"微信公众号开通于 2014 年年初,[46]所属单位为广东省中山市档案馆,是档案馆官方公众号较早开通的一批。截至 2020 年 5 月,已发布 900 多篇原创内容,篇平均阅读数为 200 左右。各二级菜单栏如图 4-16 从左至右所示。其菜单包括"档案""查档服

图 4-16 "中山档案方志"微信公众号二级菜单

务""方志地情"。

(2)"中山档案方志"微信公众号的功能。根据菜单可以看出，该公众号推出了一系列"微"服务，并进行了创新性的"微"服务探索，为用户提供了很多便利。其功能主要包括档案咨询、信息推送、档案浏览、档案检索、档案馆导览等。

档案咨询功能

用户关注其微信公众号后，可直接向其发送信息进行询问，一般来说，微信公众号可通过设置自动回复和关键词回复来及时对用户的咨询做出回应，但该公众号尚未提供。当希望咨询更为专业的信息时，用户可点击二级菜单栏"业务咨询"进行问题留言及查阅回复，或直接提交在线咨询表单进行留言询问。

信息推送功能

信息推送功能是微信公众号的基本功能。在"中山档案方志"微信公众号中，信息推送频率为每周5篇左右，其推送的专题包括"古村往事""趣味档案""档案钩沉""香山人物""文物有故事""旧时习俗""宅家读历史"等，此外还包括人员招聘公告、变动公示、节庆主题内容等。

档案浏览功能

在"方志地情"菜单栏中，用户可浏览"中山年鉴""中山志书""统计数字""中山大事"等档案资料。其中，在"中山年鉴"中选择年份，可以发现年鉴资料分为"编纂类""农业、农村""工业、商贸业""旅游业""金融业""财政、税收""经济管理""口岸""邮电、交通""城乡建设""科教文卫体""综合类""社会民生""镇区建设""党政机关"等21个类别供用户选择，各类别下还有若干子类别，十分方便用户查阅。

档案检索功能

档案检索功能体现在"文档查询"菜单。"中山档案方志"微信公众号提供的查询功能较为基础，用户只能通过输入关键词进行查询，或者直接浏览页面下方的档案记录，点击某一记录进入详情页面进行档案资料的浏览。

档案馆导览功能

"展厅导览"这一栏目为用户在参观中山市档案馆时提供展馆介绍、新闻动态和语音导览功能，其中，语音导览功能根据不同展馆进行了分类，对各单元中的各主题均进行了语音录制，以引导用户更深入地了解相关档案知识，而非只是走马观花式的浏览。

4.2.2.3 "档案那些事儿"微信公众号

(1)"档案那些事儿"微信公众号简介。"档案那些事儿"是依托中国人民大学信息资源管理学院与北京市档案局的学者和专家团队共同建立的个人公众号平台[47]，创建于 2014 年，主要推送国内外重大档案资讯、文化传承揭秘以及档案界学术的传播。截至 2020 年 5 月，该平台已发布 400 多篇原创文章，篇平均阅读数为 3000 多，在同类型公众号中较有影响力。其菜单包括"知识传播""档案宝库""联系我们"，相对应的二级菜单如图 4-17 所示。其中，"档案探秘""文化传承"模块主要由档案局负责，"学术新知"模块主要由学校负责。其"国际视野""学术新知"等栏目广受读者欢迎，已形成品牌效应，在公众号中的影响力排名比较靠前。

图 4-17 "档案那些事儿"微信公众号二级菜单

（2）"档案那些事儿"微信公众号的功能。由于该公众号属于个人公众号，因此，主要是作为档案知识传播平台。从其二级菜单可以看出，该公众号包含较多学术资讯内容，更容易引起档案界学者的注意。其功能主要包括学术资讯传递、档案知识传播和法规政策普及等。

学术资讯传递

该功能主要体现在"学术新知""国际视野""会议速递""人才培养"等栏目。其中，"学术新知"主要发布档案期刊目录及摘要、学术会议相关成果、书籍出版等学术方面的最新资讯；"国际视野"栏目包含国外最新档案资讯与国际会议资讯，包括档案组织动态、档案条规颁布等；"会议速递"则包含国内外会议的报道和成果介绍；"人才培养"主要发布有关高校人才培养的最新动向、教育部门的最新政策和相关赛事资讯等。

档案知识传播

该功能主要体现在"档案宝库"这一菜单栏下的"档案实务""档案探秘""文化传承""案例分享"等栏目。这几个栏目分别从档案管理、档案利用与服务、档案文史揭秘、档案人物介绍等方面提升档案知识的趣味性,从而达到档案知识传播的目的。

法规政策普及

该功能主要体现在二级菜单"标准规范""法眼论档"。这两个栏目分别从规范发布和政策剖析方面传播档案相关法规政策的资讯,"法眼论档"还包括与法律相关的案例分析以及专家的观点传递,拓展了大众的视野。

4.2.3 移动数字档案馆的特征

基于以上分析,本小节总结移动数字档案馆的特征,包括服务的主动性、技术的先进性、资源的共享性和利用的及时性。[48]

4.2.3.1 服务的主动性

档案馆网站服务一般是当大众有需求的时候才会主动使用,其弊端在于档案利用率不高和服务性不强。而移动数字档案馆的出现,一方面,可使大众随时随地根据自己的需要主动查找档案;另一方面,可以通过主动推送消息,如 App 的信息弹窗、微信公众号的日常推送以及微博的每日推文等,实现"让信息找用户"。

4.2.3.2 技术的先进性

移动数字档案馆是在移动通信技术的基础上建立起来的。当前,移动通信技术发展迅速,手机更新速度越来越快,其技术也越来越成熟,无论是安卓系统还是苹果系统,建立数字档案馆移动客户端的技术也会随之提高。此外,相比于传统网页和实体档案馆形式,移动设备大多为个人所有,这种使用者的固定性,使得信息服务提供商可通过记录和分析用户的网络行为、状态、定位及相关资料,为用户提供更加精准的信息服务,从而达到"千人千面"的服务效果,在较大程度上促进了档案资讯传播、知识普及等的服务效率。

4.2.3.3 资源的共享性

一方面,移动数字档案馆不仅局限于给档案用户传递原始的、未经加工的一次信息产品,更重要的是通过对档案信息资源的深度加工与整合,给档案用户提供具有知识属性的档案产品,实现档案信息的增值,形成档案知识。[49]并可通过集成各档案馆的资源,实现档案资源的共享。另一方面,借助于发达的社交网络,用户可以将有推荐意义和利用价值的档案信息转发到其他社交平台,如朋友圈、QQ 空间、微博等平台,在用户社交网络间进行信息的交流和知识的共享。

4.2.3.4 利用的及时性

档案工作的出发点和归宿,是为档案用户提供其所需的档案信息资源。一方面,用户仅需拥有一个能够连接移动互联网的移动终端设备,就可以不受时空约束随时随地查询和浏览所需信息,享受移动服务。与传统信息服务终端相比,移动终端主要是智能手机、平板电脑等手持设备,尽管种类繁多,但体积小、重量轻、易携带,大大提高了档案利用的便利性。另一方面,移动数字档案馆具有 24 小时服务系统,在某些功能上不受时间和空间限制,用户可根据自身实际需求,随时随地进行查询和预约,不同于传统档案馆里需要经过登记、查找、调阅的等待环节,大大节约了时间。此外,同一份档案在同一时间可被多人利用,不再受地点和份数的限制,大大提高了档案的利用率。

4.2.4 当前移动数字档案馆的不足以及展望

4.2.4.1 当前移动数字档案馆的不足

当前,档案工作应面向社会、服务民生的宗旨已达成共识。移动数字档案馆在我国是一个比较新鲜的事物,仍处于起步阶段。目前,主要存在以下五个方面的问题:[50]

(1) 档案资源不丰富,开发程度不高。现阶段,我国移动数字档案馆,包括 App、微信公众号等形式,可直接利用的资源仅是档案馆馆藏电子资源的一小部分,尚有大量资源不能通过移动设备获取。此外,移动数字档案馆提供的资源服务大多局限于"目录式",即用户只能在 App 上获取档案的目录及基本信息,无法获取全文;部分支持全文获取的移动数字档案馆也只是把服务从"目录式"提升为"全文式",把服务内容局限在"原文",无法深层次挖掘档案知识。

(2) 服务内容单一,缺乏特色。尽管我国档案馆在移动应用上进行了积极尝试,但通过分析其功能,发现大多只是改变了档案馆提供服务的渠道,并没有改变其服务的内容,即简单地将传统服务延伸到移动客户端平台,移动数字档案馆提供的服务大多仍集中在馆藏查询、预约查档、参考咨询等传统档案馆服务,相当于网站的翻版。此外,各档案馆 App 功能大同小异,针对特定群体、开发自身特色路线的移动数字档案馆少之又少,缺乏特色化的深层次服务,同质化现象严重。

(3) 交互性差。在当前移动数字档案馆中,除了微信公众号的推文和回复功能外,大多不支持用户评论,而用户间也无法在平台上相互交流。此外,对用户的问题实时反馈及答复的渠道并没有完全建立,在档案馆 App 中,大多是使用表单提交问题，其回复具有滞后性，不利于用户体验。

（4）缺乏个性化推送服务。现阶段，移动数字档案馆的数据统计分析能力偏弱，尚不能深入挖掘用户的信息，根据用户喜好进行个性化推荐，仅是将信息和资讯广泛发布于平台，对大数据资源并没有进行充分整合和利用。

（5）宣传不足，影响力弱。通过浏览档案馆网站，在应用商店检索关键词，发现公众获取档案馆提供的移动服务的渠道较为闭塞，且档案馆 App 的下载量并不高，甚至有些 App 无法找到下载入口；相关推广活动较少，搜索引擎仅有少量介绍，这对移动数字档案馆的推广产生了不利影响。

4.2.4.2 对移动数字档案馆的展望

基于以上分析，可以认为，移动数字档案馆的发展任重而道远。探索和开创适应移动环境和移动用户的需求特点，需要结合档案馆自身条件，充分发挥档案馆信息资源优势。总的来说，档案馆开展的移动服务在未来应具备移动阅读服务、移动搜索服务、移动自助服务、移动导航服务和移动社区服务五种功能。

1. **移动阅读服务**

档案馆移动阅读服务是以档案馆数字档案信息资源为基础，在各类移动终端上为用户提供高分辨率、易于阅读的档案信息阅读界面，使档案用户突破空间和时间的限制，在任何地点、任何时间均能够阅读档案馆内的大多数资源，而无须亲自到馆内查询。可供用户移动阅读的档案信息资源格式既包括文本信息，也包括图片、音频、视频等多媒体信息，如档案馆微信公众平台推送的图文并茂的推文或视频短片，以及微博上发布的图文结合的推文。

2. **移动搜索服务**

档案馆移动搜索服务就是基于移动互联网，利用移动搜索引擎，实现移动用户一站式搜索所需档案信息的服务。移动搜索服务的目标是为用户提供精准、智能的一站式检索服务，实现档案馆馆内资源和其他区域、行业乃至全国档案馆资源的整合，实现传统档案馆目录系统与数字档案馆检索系统的整合。

3. **移动自助服务**

移动自助服务即档案用户根据自己的信息需求，通过档案馆移动服务平台自主完成所需的档案信息阅览、查询和利用。档案馆移动自助服务是档案馆化被动服务为主动服务，实现真正意义上不受时空限制的全天候服务的重要方式。而馆内资讯服务人员也无须再回答用户大量烦琐的简单问题，能够集中精力帮助用户解决研究性的知识服务层面的问题。

4. **移动导航服务**

移动导航服务即档案馆利用移动终端的定位导航功能，为档案用户提供精准的空间位置导航服务，确保档案用户准确地到达目的地。该功能的服务范围主要是馆内的空间，如馆内的总体布局定位、馆内参观路线和语音服务、馆内资源布局、阅览室座位空闲状态等，让用户在没有工作人员指引的情况下顺利查档。此外，档案馆还可结合物联网技术，如将馆内档案的题名、档号、所在物理位置等信息制作成二维码，用户通过移动终端的二维码扫描软件，即可读取所需档案在档案馆的具体位置和行走路径，更加精准和高效地查询档案。

5. 移动社区服务

移动社区服务是档案馆通过移动服务平台上的各学习社区，实现档案用户之间的互动交流。移动服务的社交性和互动性，能够突破传统档案用户之间的交流屏障。在档案馆提供的移动社区中，档案用户可以提出自己的想法，评价他人的观点，分享自己认为有价值的档案图文、音频和视频等，进行学术交流，既营造了一种相互学习、生动活泼的网上学习氛围，也构建了可供移动社区每位用户享用的、有利用价值的、高质量的档案知识库和信息资源库。

传统的实体服务模式重点关注民生档案服务模式的构建，而面对社会公众多样化的档案需求，信息服务和新兴的知识服务将成为档案服务的主流。在未来，随着新技术、新媒体和新理念的不断出现，档案服务模式也将不断更新，微博、微信以及档案馆 App 等新兴信息发布平台所带来的服务潮流将成为档案服务的新趋势。面对档案服务工作的新形势，传统模式与现代多种模式共存与互补将是档案资源建设与服务模式的一大趋势。[51]

 实验设计

1. 自选一个档案网站，对其进行浏览和资料下载，总结其优缺点，并尝试使用其订阅功能。

2. 了解国外的一个移动数字档案馆，如 Today's document，并描述其特点。

思考题

当前新型的信息发布技术包括哪些？

【参考文献】

[1] 沈大林. Dreamweaver CS3 网页设计案例教程［M］. 2 版. 北京：中国铁道出版社，2009.

[2] 肖盛文. 计算机网络基础［M］. 北京：航空工业出版社，2017.

[3] 田艳. 电子商务基础与应用［M］. 广州：华南理工大学出版社，2016.

[4] 冯兴杰，李田骥. Web 信息发布技术的应用［J］. 中国民航学院学报，1999（3）：35－40.

［5］青岛农业大学，青岛英谷教育科技股份有限公司. Java SE 程序设计及实践［M］. 西安：西安电子科技大学出版社，2015.

［6］马晓敏，姜远明，曲霖洁. Java 网络编程原理与 JSP Web 开发核心技术［M］. 2 版. 北京：中国铁道出版社，2018.

［7］边莹. 美国国家档案馆网站的特色［J］. 中国档案，2007（4）：57－58.

［8］赵梦嫒，魏莹莹，杨航，等. 北美国家档案馆网站用户参与特色模块分析：以美国国家档案与文件署 DocsTeach 与加拿大国家图书档案馆 Co-Lab 模块为例［J］. 北京档案，2020（2）：37－41.

［9］贾宏，逯爱英. 数字图书馆技术应用研究［M］. 沈阳：白山出版社，2011.

［10］陈美斯，吴建华. 美国国家档案馆档案文化产品及其网络销售探析［J］. 档案与建设，2018（2）：25－28，19.

［11］朱兰兰，马倩倩. 英国国家档案馆网站信息服务的特点［J］. 档案学通讯，2010（5）：61－64.

［12］朱京菁. 英美档案馆网站教育栏目对我国档案馆网站建设的启示［J］. 北京档案，2016（2）：33－36.

［13］刘开蒙，史武鹏. 英国国家档案馆网站多元化信息服务特色及启示［J］. 四川档案，2016（2）：55－57.

［14］毛业博. 中美英档案网站在线服务功能比较研究［J］. 档案与建设，2016（11）：21－25.

［15］张妍妍. 澳大利亚国家档案馆网站档案著录与检索初探［J］. 北京档案，2015（3）：39－41.

［16］支萍萍. 略谈澳大利亚国家档案馆网站建设的特色及经验借鉴［J］. 信息系统工程，2014（5）：52－53.

［17］王敏. 基于用户视角的中澳加档案馆网站比较研究［J］. 兰台世界，2015（8）：55－56.

［18］秦杨，赵凌云. 我国数字档案馆门户网站服务现状研究及优化建议：以全国示范数字档案馆官网为例［J］. 档案管理，2020（3）：88－91.

［19］国家档案局. 中国档案馆名录［M］. 北京：档案出版社，1990.

［20］吴晞. 文献资源建设与图书馆藏书工作手册［M］. 北京：书目文献出版社，1993.

［21］陈晓晖，赵屹，郭晓云. 档案网站建设［M］. 北京：世界图书出版公司，2014.

［22］王素. 故宫学学科建设初探［M］. 北京：故宫出版社，2016.

［23］陈文清. 文秘词典［M］. 沈阳：辽宁人民出版社，1987.

[24] 国家档案局，中央档案馆. 中国档案年鉴 2004—2005［M］. 上海：中国档案出版社，2006.

[25] 王金龙. 中国第一历史档案馆数字化档案开放数量突破 417 万件［J］. 历史档案，2019（3）：2.

[26] 周耀林，费丁俊，徐青霞. 北京市档案信息门户网站建设历程与发展思考［J］. 中国档案，2019（4）：80-82.

[27] 邓君，王强. 中外在线档案资源获取比较分析［J］. 情报科学，2007（2）：221-225.

[28] 毛业博. 我国档案网站在线服务功能调研与分析［J］. 浙江档案，2017（3）：19-21.

[29] 肖秋会. 档案信息组织与检索实验教程［M］. 武汉：武汉大学出版社，2016.

[30] 刘桂芹，赵盈盈. 浅析移动数字档案馆建设［J］. 办公室业务，2016（11）：139，141.

[31] 赵宇. 云适配技术在移动数字档案馆建设中应用的探讨［J］. 兰台世界，2016（3）：58-60.

[32] 云适配［EB/OL］.［2020-05-28］. https://www.yunshipei.com/whyus/industry.html.

[33] 陶丽. 我国档案馆 App 服务发展探析［J］. 档案管理，2016（1）：41-43.

[34] 于芳. 高校图书馆服务工作与采访模式创新研究［M］. 长春：吉林出版集团股份有限公司，2018.

[35] 宋新晓. 基于 android 的 push 平台功能的实现［D］. 北京：北京交通大学，2011.

[36] Microsoft. 推送通知服务［EB/OL］.［2020-05-19］. https://www.microsoft.com/china/msdn/x-platform/developing_08.html.

[37] 李维勇. Android 项目驱动教程［M］. 北京：北京航空航天大学出版社，2014.

[38] 青岛英谷教育科技股份有限公司，山东工商学院. iOS 程序设计及实践［M］. 西安：西安电子科技大学出版社，2018.

[39] 卜冬菊，王露壮，沈毅，等. 云时代的图书馆新理论与新技术［M］. 长春：吉林人民出版社，2016.

[40] 王培凤. Push 技术与图书馆信息推送服务［J］. 现代情报，2005（7）：107-109.

[41] 李桂鑫，张秋潮. 电子商务营销推广技术工具实践［M］. 北京：北京

理工大学出版社，2019.

［42］李文奎. 微信小程序开发与运营［M］. 北京：北京理工大学出版社，2018.

［43］上海秉钧网络科技有限公司. 别说你懂微信营销［M］. 上海：上海交通大学出版社，2014.

［44］杨继东，周向雨. 上海浦东"浦东档案"App 打造"一站式"服务平台［EB/OL］.（2018 – 01 – 30）［2020 – 05 – 18］. 中国档案资讯网，http://www.zgdazxw.com.cn/news/2018 – 01/30/content_ 220340.htm.

［45］辛甜雪. 民生档案远程服务途径探析：以上海浦东新区档案馆为例［J］. 大学图书情报学刊，2020，38（2）：85 – 87.

［46］刘善泳. 地方志微信公众号的状况及对传统的地方志业态产生的影响［J］. 广西地方志，2017（2）：32 – 39.

［47］李园园. 高校档案馆微信公众平台调查分析［J］. 云南档案，2016（6）：55 – 58.

［48］贾鹏飞. 手机档案馆主要特征及实现策略［J］. 档案管理，2015（5）：84.

［49］薛辰. 档案馆移动服务及其模式研究［D］. 南京：南京大学，2015.

［50］陈可彦，谭必勇. 我国公共档案馆 App 开发现状及发展策略研究［J］. 信息资源管理学报，2017，7（2）：98 – 105.

［51］周耀林，赵跃. 面向公众需求的档案资源建设与服务研究［M］. 武汉：武汉大学出版社，2017.

第5章 数字档案信息检索技术

　　本章对数字化和网络环境下档案信息检索系统以及将来可能得到应用的相关技术进行介绍。首先，对数字档案信息检索的整体情况进行介绍；其次，分别对逐步兴起的图像检索技术、地图检索技术、音频检索技术进行介绍；再次，对搜索引擎相关技术进行介绍；最后，对面向海量档案信息检索服务的云检索技术进行介绍。

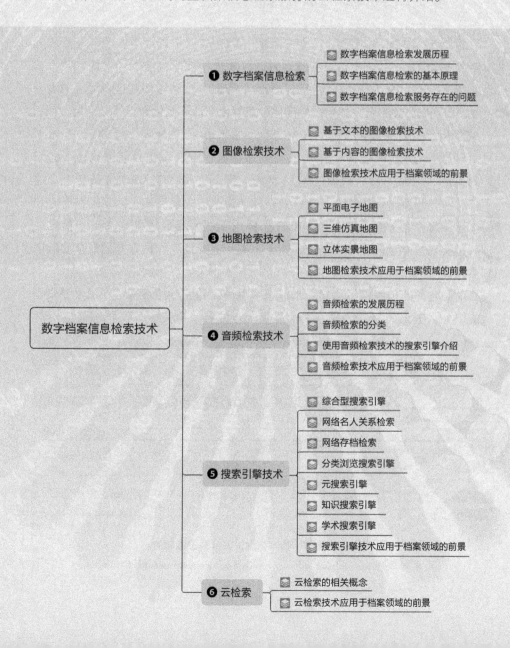

5.1 数字档案信息检索

数字档案信息检索服务是数字档案馆提供的信息服务中的重要组成部分,目前主要通过档案网站这一入口为用户提供信息检索服务。档案网站是数字档案馆的门户,指引用户进入数字档案馆进行检索利用。目前档案网站使用的检索技术均为较传统的文本检索技术。[1]

5.1.1 数字档案信息检索的发展历程

20 世纪 80 年代,我国制定了《中国档案分类法》《中国档案主题词表》两部大型档案检索语言工具,为档案检索语言的科学化和规范化提供了直接的技术指导。近 10 年来,计算机技术和情报语言研究的发展,推动了档案检索语言的进一步发展,表现出分类主题一体化、标准化、兼容化、计算机化和自然语言化。[2]

2000 年,国家档案局通过了《全国档案事业发展"十五"计划》,开始了档案工作信息化建设的尝试。据对 15 个省级国家综合档案馆目录数据输入的统计,到 2002 年年底,目录数据已达 13 亿条。到 2003 年,有 27 个省级档案馆建立了局域网,开发出十几种中英文检索软件,如南大之星档案管理系统、易宝北信的 TRS、北大方正的 MIRS。[3] 2010 年,提出了档案集成管理概念,档案集成管理后可实现智能查询、简单查询、高级查询。档案信息数据库开始向全文数据库和多媒体数据库发展。[2]

目前,各地的档案机构均建立了数字图书馆,并通过档案网站为用户提供档案检索服务。图 5-1 为青岛数字档案馆所提供的档案检索服务。档案信息检

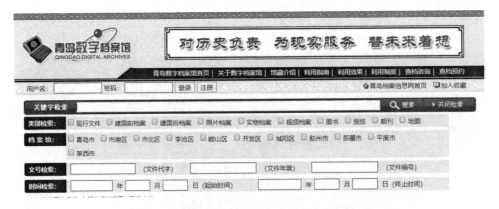

图 5-1 青岛数字档案馆提供的档案检索服务

(图片来源:http://digital.qdda.gov.cn/qddaxxw/qddaxxw/index.html)

中常用的检索方式有分类检索和关键词检索；根据检索对象的类型，信息检索可分为特征检索、全文检索等。同时，在检索过程中，可以通过在结果中检索或高级检索的方式获得较为精确的检索结果。数字档案馆中常用的信息检索技术包括布尔逻辑检索、截词检索、位置运算检索以及限制检索。[1]

5.1.2 数字档案信息检索的基本原理

数字档案信息检索的基本原理是将用户检索提问的标识和档案文件的检索标识进行比较，找出完全匹配或者部分匹配的结果输出给用户，可以抽象地概括为在信息集合与需求集合之间的匹配与选择。如图5-2所示，档案信息检索过程包括标引、著录、编目、查找四个重要环节。[4]

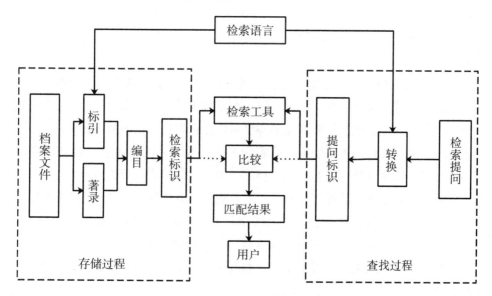

图5-2　档案信息检索过程

（1）标引。档案文件标引是指对档案文件的内容特征进行揭示，包括主题标引和分类标引。主题标引包括两个步骤，一是主题分析，二是用词的转换。用词的转换是指选用相应的检索规范词语，如《中国档案主题词表》中规定的词语，标明档案文件的主题类属。分类标引的依据是以国家机构、社会组织从事社会实践活动的职能分工为基础，结合档案记述和反映的事物属性关系，并兼顾档案的其他特征。档案分类标引也包括两个步骤，一是主题分析，二是分类号转换。分类标识是根据《中国档案分类法》及其使用指南给出的。目前，经常使用的检索语言有分类检索语言和主题检索语言两种。分类检索语言是指用分类号来表达各种概念，主题检索语言是指将描述信息资源主题的语词标识按字顺序排列而形成的检索语言。

(2) 著录。在编档案目录时,对档案内容和形式特征进行分析、选择,并按照一定的规则,准确、客观地进行记录的过程,称为著录。我国档案著录应依据《档案著录规则》(DA/T 18—1999)进行。该标准规定了单份或一组文件、一个或一组案卷的著录项目、著录格式、标识符号、著录用文字、著录信息源以及著录项目细则。档案著录的结果称为条目,又称为款目,是反映文件或案卷内容和形式特征的著录项目的组合。按照一定的次序编排而成的条目汇集称为档案目录,它是档案管理、检索和报道的工具。

(3) 编目。编目就是将著录形成的条目按一定的顺序组织成目录的过程,它包括著录、标引、款目组织、制作目录四项基本操作。第一,在档案整理过程中进行初步编目,包括案卷封面编目、编制案卷目录和卷内文件目录,以固定整理工作的成果,为档案保管提供方便,其成果也是检索档案的基本工具。第二,在初步编目的基础上编制全宗目录、案卷(文件)分类目录、主题目录、专题目录和档案馆指南等,以提供各类档案检索工具和报道目录,为查阅档案者服务。

(4) 查找。档案信息查找是从已有档案检索工具中检索出与用户提问相关的信息,包括档案文件、事实、数据等。衡量档案信息检索质量的两个重要指标是查全率与查准率。根据检索对象的类型可以把档案信息检索分为四类:①特征检索,是将档案文件的外部特征或内容作为提问标识进行的检索,如主题检索、分类检索等;②全文检索,是指以文档的全部文本信息作为检索对象的一种信息检索技术;③基于内容的多媒体检索,是从媒体中直接提取媒体的语义线索,如颜色、纹理、旋律等,然后根据这些线索从大量存储在数据库的媒体中进行查找,检索出具有相似特征的媒体数据的检索;④数据挖掘,是从大量的、不完全的、模糊的、随机的数据中提取出隐含在其中的人们事先不知道的有用信息和知识的过程,是一种知识发现的方法。

5.1.3 数字档案信息检索服务存在的问题

(1) 数字档案资源更新不及时。数字档案资源的更新包括两个方面:一方面,是指自身馆内档案信息化持续推进,数字档案数据库不断补充更新;另一方面,是指在目前信息共享的趋势下,不同档案馆之间能够打破馆际信息屏障,实现数字档案共享。部分数字档案馆存在资源量未及时补充更新的情况,且较多数字档案馆尚未实现馆际档案资源共享。[1]

(2) 档案信息著录标引不规范。档案著录标引工作是档案信息的"前处理工作",准确合理的档案著录标引信息可以帮助用户快速准确地检索到所需的档案信息,提高检索速度,其中存在的任何疏漏、不当和错误都会影响检索工具和检索系统的质量，降低检索效率。几乎所有的数字档案馆中可查的数字档案原文、档案目录都只提供责任者、年代、来源及档号四种著录信息。《档案著录规则》中规定著录的必要项目包括正题名、责任者、时间、分类号、档号、主题词或关键词等，而不少数字档案馆的档案著录缺省这些项目。

（3）检索方式设置单一。检索方式多样代表着档案信息检索方法的多样，常见的档案检索方式有关键词检索、责任者检索、全文检索等。提供的检索方式越多，意味着用户可以通过越多的方式检索并筛选得到自己所需的档案信息。部分数字档案馆的检索方式较为简单，多数仅提供简单的关键词检索，仅有少部分数字档案馆提供二次检索、高级检索等检索功能，其使用效果还有待改进。[1]

（4）检索技术支持度不够。在检索过程中，系统根据用户的检索需求，采用不同的检索技术，组合或限制不同的检索条件，可以快速地输出用户所需的档案信息。部分数字档案馆对于常用的检索技术不支持，用户无法通过输入一定的逻辑表达式获得较为精确的检索结果。这将在应对用户专业化检索需求时，增加用户的时间成本和精力。

图像检索技术

图像检索技术开始于 20 世纪 70 年代，发展至今技术已相对成熟，已广泛应用于各大搜索引擎以及电商平台。读图时代，照片档案的重要性和需求度日益提升。然而，传统的通过描述文本检索照片档案的检索方式已无法满足用户对信息的获取需求，因此，可考虑将图像检索技术应用于照片档案检索。

5.2.1 基于文本的图像检索技术

图像检索的研究开始时主要是沿用传统文本检索技术——基于文本的图像检索（text-based image retrieval，TBIR）技术，利用文本描述的方式表示图像的特征，如绘画作品的作者、年代、流派、尺寸等。TBIR 使用成熟的文本检索和搜索引擎技术，符合人们的检索习惯，使用简单。但是早期的 TBIR 是手工对图像进行注释，工作量相当大，并且会不可避免地带来主观性和不精确性；TBIR 还有明显的缺点，即标注的准确性差，不能满足用户对图像原始特征信息的检索。

为解决图像的文本标注问题，MPEG-7 技术应运而生。MPEG-7 是国际标准化组织 ISO/IEC 制定的国际标准，该标准的正式名称是《多媒体内容描述接口》（*Multimedia Content Description Interface*）。它为各类多媒体信息提供了一种标准化的描述，并将该描述与所描述的内容相关联，极大地促进了对各种多媒体信息的快速查询和访问。MPEG-7 于 1998 年 10 月提出，于 2001 年最终完成并公布。MPEG-7 标准化的范围包括以下四个方面：

（1）一系列的描述子（描述子是特征的表示法，一个描述子就是定义特征的语法和语义学）。

（2）一系列的描述结构（详细说明成员之间的结构和语义）。

（3）一种详细说明描述结构的语言、描述定义语言（DDL）。

（4）一种或多种编码描述方法。

符合 MPEG-7 标准的图像或视频文件本身可以方便地写入和读取相关图像或视频的文本描述元数据，为检索索引的自动构建提供了便利。

5.2.2 基于内容的图像检索技术

20 世纪 90 年代以后，出现了对图像的内容语义，如图像的颜色、纹理、布局等进行分析和检索的图像检索技术，即基于内容的图像检索（content-based image retrieval，CBIR）技术。CBIR 的特点是利用图像本身包含的客观视觉特性，能够通过计算机自动实现对图像特征的提取和存储，而不需要人为干预和解释。图像内容的层次模型如图 5-3 所示。

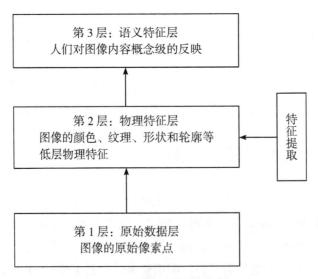

图 5-3　图像内容的层次模型

CBIR 进行检索时主要利用的是图 5-3 中第 2 层的特征。特征提取是 CBIR 系统最基础的部分，在很大程度上决定了 CBIR 系统的成败。

CBIR 技术按照内容特征对象可以分为基于颜色特征的检索、基于纹理特征的检索和基于形状特征的检索。

(1)基于颜色特征的检索。实践表明,基于颜色特征的 CBIR 系统具有较好的性能,而且相对容易实现。最常用的表达颜色特征的方法是颜色直方图。其他常用的颜色特征表示方法还有颜色矩(色调、饱和度、亮度构成的向量相似度计算)、颜色相关图和颜色一致性向量。

颜色直方图是表示图像中颜色分布的一种方法,它的横轴表示颜色等级,纵轴表示在某一颜色等级上具有该颜色的像素在整幅图中所占比例,直方图颜色空间中的每一个刻度表示了一种颜色,如图 5-4 所示。利用颜色直方图检索的基本原理是,通过比较两幅图像的直方图,计算图像间的相似度,找到与给定图像的直方图差别较小的图像。[4]

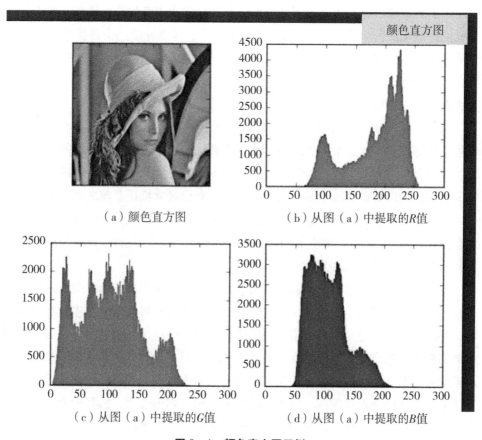

图 5-4　颜色直方图示例

(图片来源:https://zhuanlan.zhihu.com/p/30504700)

(2)基于纹理特征的检索。纹理特征是一种不依赖于颜色或亮度变化的反映图像中同质现象的视觉特征。它是对图像灰度变化的特征的量化,与对象的位置、走向、大小、形状有关,与平均灰度级无关。纹理的分析方法可分为统计方法与结构方法两类。统计方法可以用于分析木纹、沙地、草坪等细密而规则的对象,根据像素间灰度的统计性质规定纹理的特征和参数及其之间的关系;结构方法适用于分析布料的印刷图案或者砖瓦等排列较为规则的对象的纹理，根据纹理基本单元及其排列规则来描述纹理的特征与结构及其之间的关系。

（3）基于形状特征的检索。形状是描述图像内容的本质特征。用户可以勾画出图像的形状特征，然后从数据库中检索出在形状上与检索提问相似的图像。以对图像中物体或区域的分割为基础，形状特征常与目标联系在一起，需提取目标的轮廓或描述目标轮廓所包围的区域的性质，因此，形状比颜色和纹理的语义性更强。基于形状的图像检索可分为两种：一种是基于轮廓，该方法只利用形状的外轮廓，而不考虑形状内部的特征；另一种是基于区域，该方法是利用形状的整个区域特征。相应地，形状特征的提取方法也包括两种：利用图像轮廓信息进行检索的轮廓算法和利用区域图像灰度分布信息进行检索的区域算法。基于轮廓特征的提取用面积、周长、偏心率（即离心率）、傅里叶描述子等特征来描述物体的形状；基于区域的形状特征提取的主要思路是通过图像分割技术提取图像中感兴趣的物体，依靠区域内像素的颜色分布信息提取图像特征，适用于区域能够较为准确地分割出来、区域内颜色分布较为均匀的图像。

CBIR 系统向用户提供的查询方式主要有示例查询和草图查询。示例查询就是由用户提交一个或几个例子图像，然后由系统检索出特征与之相似的图像。这里的"相似"，指的是上述的颜色、纹理和形状等几个视觉特征上的相似。草图查询是用户可以简单地画一幅草图，由系统检索出视觉特征上与之相似的图像。

目前，基于内容的图像检索技术已经取得了不少的成就，一些有名的图像检索系统相继被推出，如 IBM 的 QBIC、哥伦比亚大学开发的 Visual-SEEK 以及 MIT 多媒体实验室开发的 Photo-Book 等。

除此之外，还有基于反馈的图像检索方式和基于知识的图像检索方式。基于反馈的图像检索的基本思想是在检索过程中，允许用户对检索结果进行评价和标记，指出结果中哪些是用户希望得到的查询图像，哪些是不相关的，然后将用户标记的相关信息作为训练样本反馈给系统进行学习，指导下一轮检索，从而使得检索结果更符合用户的需要。基于知识的图像检索将人工智能领域的基于知识的处理方法引入图像处理领域，通过对图像的理解、知识表达、机器学习，并结合专家和用户的先验知识，建立图像知识库，实现对图像数据库的智能检索。主要涉及自然语言理解、专家系统、知识表达和机器学习等人工智能的研究领域。

5.2.3 图像检索技术应用于档案领域的前景

随着数码照片档案的替代性普及以及纸质照片档案数字化的推进，电子照片逐步取代纸质照片，成为馆藏照片档案的主体。设想将图像检索技术应用到照片档案管理中：想找出与某个场景类似的照片，只需将此场景的照片作为"检索词"输入,系统将用户输入的内容与档案库中的内容逐一比较,输出检索结果。理论上,此种方式不会存在由于标注不准确而造成检索结果丢失或错误的问题,势必可以大大缓解馆员的负担,且便于发现照片档案间的关联与网络组织,有助于利用相似的信息资源。该类设想有待进一步的研究与推广应用。[5]

照片档案管理系统由检索、管理、用户、权限等模块构成。照片档案管理系统突出检索功能,因此,可在现有系统的基础上,嵌入图像检索模块,建立图片特征索引和多重维度的检索入口,将检索功能贯穿于照片档案从收集鉴定到查询利用的整个管理流程,使得照片档案管理更加智能化、便捷化。

检索系统有两项重要工作:一是"翻译"用户的需求,让系统理解用户的目的;二是进行检索并输出用户所需信息。照片档案检索系统的框架如下:①将馆藏量巨大的电子照片档案资源集合构成图像集,分析图像的内容信息,提取图像的颜色特征、空间关系特征、纹理特征等,形成特征库。对于有人物的图片,采用人脸识别技术进行人脸识别切分,并对识别出来的人物做标注。②根据提供的示例图像,分析图像信息,得到图像的相应特征。③对图像特征的相似度进行匹配,最终将匹配结果返回给用户。具体如图 5-5 所示。

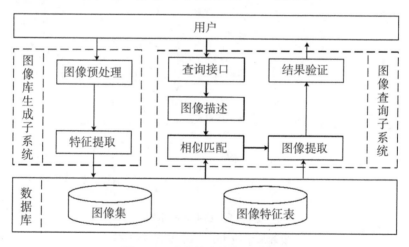

图 5-5 照片档案检索系统框架

5.3 地图检索技术

目前,数字地图主要有平面电子地图、三维仿真地图、立体实景地图等。地图检索技术在档案信息检索领域的应用仍有待开发。

5.3.1 平面电子地图

平面电子地图是利用计算机技术,以数字方式存储和查阅的地图。电子地图一般使用向量式图像储存资讯,地图比例可放大、缩小,或者旋转,而不影响显示效果。而早期使用位图式储存,地图比例不能放大或缩小。

百度地图(http://map.baidu.com/)是百度提供的一项网络地图搜索服务,覆盖了国内近400个城市、数千个区县。在百度地图里,用户可以查询街道、商场、楼盘的地理位置,也可以找到离用户最近的餐馆、学校、银行、公园等,如见图5-6所示。

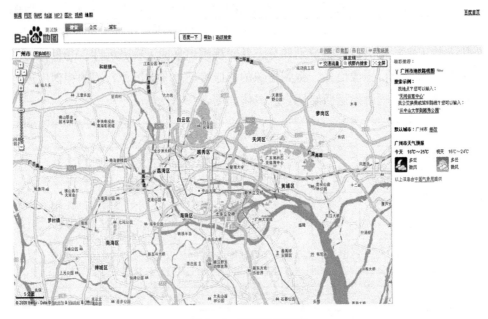

图5-6　百度地图示例

(图片来源:http://map.baidu.com/)

5.3.2 三维仿真地图

三维仿真地图是根据一定的数学法则,通过概括和取舍,用符号将地理自然现象和社会现象缩绘在平面上的图形。

E都市(http://www.edushi.com/)是由阿拉丁公司自主研发的三维仿真城市,响应时下倡导的"数字城市"的建设。E都市作为三维仿真的网上交互性城市平台,是基于WebGIS和VR技术。它通过三维实景模拟的表现方式,无缝集成城市电子地图、三维电子黄页、生活资讯、电子政务、同城电子商务、同城交友等虚拟社区服务内容，如图 5-7 所示。

图 5-7　E 都市示例

（图片来源：http://www.edushi.com/）

5.3.3　立体实景地图

立体实景地图是利用卫星或激光技术直接扫描建筑物的高度和宽度，最终形成的三维地图数据文件。立体实景地图是基于实物拍摄、数据抽象采集技术实现的。

以城市吧产品为例。城市吧（http://www.city8.com/）是国内首家以实景地图搜索服务为特色的网站，相对于传统的地图搜索服务，除文字和二维地图的信息，城市吧的优势在于可以提供每个位置点对应的 360°真实场景，如图 5-8、图 5-9 所示。

■可运用上面的键盘快捷键，操作查看实景区域

图 5-8　立体实景地图操作示例

城市吧提供以下三种搜索产品：

(1) 搜索单位名称，查看搜索结果的位置和实景。

(2) 搜索公交路线，查看公交路线和换乘处实景。

(3) 搜索开车路线，查看拐弯、上高架等关键路段实景。

图 5-9　城市吧实景地图示例

（图片来源：http://www.city8.com/）

5.3.4　地图检索技术应用于档案领域的前景

测绘工作形成了大量的地图档案，若能够借助地图档案进行检索，则不仅方便、快捷，而且直观、形象。但是，目前我们对测绘档案的检索局限于条目检索，而不能在地图上显示相关地区有无用户所需要的信息，检索途径单一，限制了测绘档案价值的充分发挥。可考虑利用地图检索技术对测绘档案进行检索。[6]

5.4　音频检索技术

基于内容的音频信息检索（content-based audio information retrieval，CBAIR）技术研究如何利用音频的幅度、频谱等物理特征，响度、音高、音色等听觉特征，词字、旋律等语义特征实现基于内容的音频信息检索。该技术在档案信息检索领域的应用仍有待开发。[7]

5.4.1 音频检索的发展历程

文本信息检索是利用若干关键字组成的查询来发现匹配的文档。而音频信息作为一种不透明的位原（bit）序列，虽然可以赋予名字、文件格式、采样率等外部属性，但是缺少类似于关键词这样的可以用来进行匹配的实体。因此，一种可行的音频检索方法是通过人工输入属性和描述，将音频转化为文字进行检索。这种方法在进行语音检索时效果显著。语音是一种特殊类型的音频，可以与文本互相转换，因此，可以利用文本检索技术对语音进行概念检索，获得更准确的检索结果。[8]

这种方法的缺点主要有三个：一是当数据越来越多时，人工注释的工作量也加大；二是人对音频的感知，如音乐的旋律、音调、音质等，有时难以用文字注释表达清楚，人工注释存在不完整性和主观性；三是不能支持实时音频数据流的检索。为解决上述问题，基于内容的音频检索技术应运而生。文本检索要提取关键字特征，图像检索要提取颜色、纹理等特征，视频检索要提取关键帧特征，与此类似，基于内容的音频检索（content-based audio retrieval）就是从音频数据中提取和分析音频特征信息，对不同的音频数据赋予不同的语义，使具有相同语义的音频在听觉上保持相似。基于内容的音频检索系统基本结构如图 5 - 10 所示。

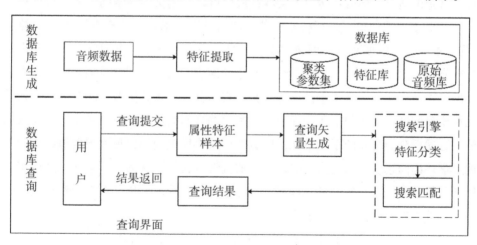

图 5 - 10　基于内容的音频检索系统结构示意

系统首先对音频数据进行特征提取，将音频数据装入原始音频库，将特征装入特征库，通过特征对音频数据聚类，将聚类信息装入聚类参数库。用户主要采用示例查询（query by example）的方式进行检索，通过查询界面确定样本并设定属性值。系统接受查询后，对样本提取特征，结合属性值确定查询特征矢量；然后搜索引擎对特征矢量与聚类参数集进行匹配，按相关性从大到小的顺序在特征库和原始音频库中检出一定数量的相应数据，并通过查询接口返回给用户。其中，原始音频库存放的是音频数据；特征库存放的是音频数据的特征，按记录的先后顺序存放；聚类参数库是对音频特征进行聚类所得的参数集，包括特征矢量空间的码本、阈值等信息。[8]

5.4.2 音频检索的分类

音频是声音信号的形式。作为一种信息载体，音频可分为三种类型：波形声音、语音和音乐。波形声音是对模拟声音数字化而得到的数字音频信号；语音具有字词、语法等语素，是一种高度抽象的概念交流媒体；音乐具有节奏、旋律或和声等要素，是人声和乐器、音响等配合所构成的一种声音。[4]

5.4.2.1 基于语音技术的检索

语音检索是以语音为中心，采用语音识别等处理技术，对如电台节目、会议录音等进行检索。语音检索技术主要有以下四类：

（1）利用大词汇量连续语音识别技术进行检索。大词汇量连续语音识别技术是指对包含 1000 个以上词汇的语音进行识别的技术，这一检索方法就是利用自动语音识别技术把语音转换为文本，从而可以采用文本检索的方法进行检索。

（2）基于子词单元进行检索。基于"喜欢""篮球""档案"等单词粒度（指文本的粗细粒度）的分词和文本表示时，一般会基于一个词典，即词语集合进行分词，但是人名、时间等会经常变化的词语无法一一列举在词典中，这样就会出现集外词问题。基于子词单元的文本表示就是用来解决这一问题的。子词单元是比单词粒度更小的单元，基于子词单元的文本表示可以将命名实体、同根词等罕见词拆分为常见的子词单元，以有效地减小词典规模，最大限度地解决罕见词及集外词问题。当执行查询时，用户的查询首先被分解为子词单元，然后将这些子词单元的特征与库中预先计算好的特征进行匹配。利用子词单元对查询进行表示，可以有效提高查询的准确率。

（3）基于识别关键词进行检索。在无约束的语音中自动检测词或短语，通常称为关键词的发现。利用该技术，识别或标记出长段录音或音轨中反映用户感兴趣的事件，这些标记就可以用于检索。

（4）基于说话人的辨认进行分割。这种技术是简单地辨别出说话人话音（指说话的声音）的差别，而不是识别出说话内容。利用这种技术，可以根据说话人的变化分割录音，并建立索引。它在合适的环境中可以做到非常准确地辨别。

5.4.2.2 音频检索

音频检索是以波形声音为对象的检索,这里的音频可以是汽车发动机的声音、雨声、鸟叫声等,这些音频都统一用声学特征来检索。音频检索使用的主要技术包括以下三种:

(1)声音训练和分类。声音通过训练形成一个声音类。用户选择一些表达某类特征的声音例子(样本),如"脚步声"作为训练样本之一放入数据库,对数据库中的声音进行训练。而声音分类是把声音按照预定的类进行组合。

(2)听觉检索。听觉感知特性,如基音和高音等,可以自动提取并用于听觉感知的检索,也可以提取其他能够区分不同声音的声学特征形成特征矢量,用于查询。这种方法适用于检索和对声效数据进行分类,如动物声、机器声等。

(3)音频分割。复杂情况下,如各种声音混在一起,在处理单体声音之前,须先分割长段的音频。另外,在区分语音、音乐或其他声音时,通过信号的声学分析并查找声音的转变点就可以实现音频的分割。

5.4.2.3 音乐检索

音乐检索是以音乐为中心,利用音乐的音符和旋律等特征进行检索,如检索乐器、声乐作品等。音乐检索利用的是诸如节奏、音符、乐器等的特征。

(1)基于频率检索法。人对音乐的认知可以基于时间和频率模式,就像其他声音分析一样。时间结构的分析基于振幅统计,得到的是现代音乐中的拍子。频谱分析获得音乐和声的基本频率,可以用这些基本频率进行音乐检索。有的方法是使用直接获得的节奏特征来检索,即假设低音乐器更适合提取节拍特征,通过归一化低音时间序列得到节奏特征矢量。

(2)基音抽取算法。除了用示例[①]进行音乐查询之外,用户甚至可以唱出或哼出要查找的曲调。基音抽取算法把这些录音转换成音符形式,用于查询音乐数据库。

5.4.3 使用音频检索技术的搜索引擎介绍

基于哼唱搜索(query by humming)的声音检索是目前音乐检索研究的热

---

① 示例查询方式(query by example)是指用户通过查询界面选择一个查询例子,并设定属性值,提交查询,系统再对用户选择的示例提取特征,结合属性值确定查询特征矢量,并对特征矢量进行模糊聚类,然后搜索引擎对特征矢量与聚类参数集进行匹配,按相关性排序后通过查询接口返回给用户。

点,它是通过用户哼唱声音片段的方式进行检索。其中最具代表性的是一款依靠哼唱歌曲旋律来搜索歌曲信息的搜索引擎——Midomi(http://www.midomi.com/)。Midomi 首页如图 5-11 所示。Midomi 的主要服务有:

(1)搜索。Midomi 是基于用户的声音搜索,因此,它是乐曲搜索的终极工具。用户唱歌、哼歌或者吹口哨就可以立即找到用户喜爱的乐曲,并连接到与用户具有相同音乐兴趣的社区。

(2)贡献。可以使用任何语言或以任何流派在 Midomi 的在线录音棚内唱歌来为数据库贡献歌曲,这首音乐便可以被其他用户搜索到。

(3)连接。用户可以在 Midomi 建立自己的档案,演唱自己喜爱的歌,并与朋友分享这些歌曲,而且还能认识其他 Midomi 用户,聆听其他人的演唱,为他们打分,观看他们的图片,给他们发送消息,购买原创乐曲等。

图 5-11 Midomi 首页示例

(图片来源:http://www.midomi.com/)

Soungle(http://www.soungle.com/)是一个免费开放的在线音效信息库。其首页如图 5-12 所示。用户在网站上可以方便地寻找、试听和下载各种声音文

图 5-12 Soungle 首页示例

(图片来源:http://www.soungle.com/)

件,包括汽车声音、枪声、警车警笛声和电话声,在搜索框里输入"鸟""狮子",甚至"雷鸣""打哈欠"等词语,就能听到各种真实的声音。

FindSounds(http://www.findsounds.com/)与Soungle类似,也是一个音频搜索引擎。FindSounds是由美国一家公司经营的一个网站。它会搜索超过100万个互联网音乐文件。音乐格式主要为AIFF、AU和WAV,覆盖单声道和立体声。网站还提供FindSounds Palette,还可以搜索FindSounds指数,如图5-13所示。

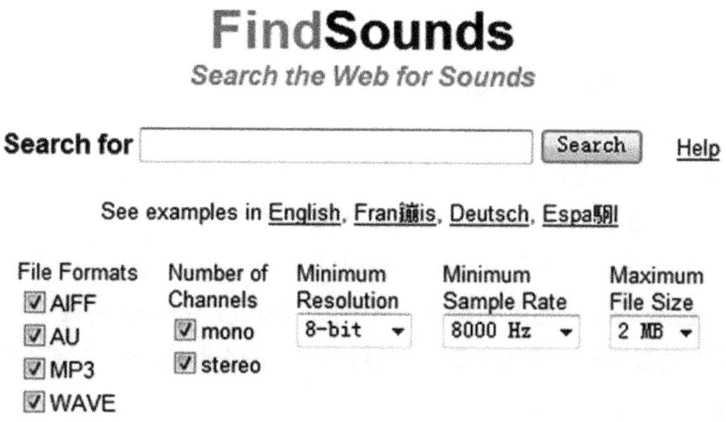

图5-13 FindSounds首页示例

(图片来源:http://www.findsounds.com/)

此外,还有其他声音搜索引擎,如Musicrobot(http://musicrobot.com/)、pond5(http://www.pond5.com/)等。

5.4.4 音频检索技术应用于档案领域的前景

声像档案是指国家机构、社会组织以及个人在从事政治、经济、外交、文化、教育、科学研究等活动中形成的有保存价值的,以音响、形象等方式记录的,并辅以文字说明的历史记录,亦称为音像档案、视听档案。[9]

传统声像档案是指以模拟信号为记录载体的录像、录音档案。随着计算机技术、多媒体技术、网络技术、存储技术和压缩技术的发展,数字化已经成为媒体发展的一个趋势。作为传统的模拟视频、音频档案文献,要解决其长期保存的问题,让更多的人共享,就必须将它们数字化。目前,声像档案数字化技术已逐渐完善。为使其得到更好的利用,就要解决数字化后的声像档案检索问题。已有的文本检索技术存在较多弊端,可考虑将图像检索技术以及音频检索技术应用于声像档案的检索。

5.5 搜索引擎技术

除了传统的综合型搜索引擎外，近年来逐渐出现了一些采用新技术构建的搜索引擎。例如，以微软人立方关系搜索为代表的网络人物关系检索、网络存档检索、分类浏览搜索引擎、元搜索引擎等。

5.5.1 综合型搜索引擎

综合型搜索引擎是网络用户使用最多的一类搜索引擎。目前最具代表性的综合型搜索引擎有谷歌（Google）、百度和Bing。

以Google搜索引擎为例。Google使用的是扩展搜索语法，可以搜索整个短语或句子。检索关键词可以是单词（中间无空格），也可以是短语（中间有空格）。短语作关键字时，必须加英文引号，否则空格会被当作"与"操作符。其常用命令操作符见表5-1。

表5-1 Google搜索常用命令操作符

命令	示例	解释
site	site：gzlib.gov.cn	站内搜索
filetype	filetype：doc	搜索doc文件
link	link：www.newhua.com	搜索有链接到newhua.com的网页
intitle	intitle："index of"	标题中搜索
allintitle	allintitle："index of" "back up files"	标题中搜索其后的所有检索词
inurl	inurl：mp3	URL中搜索
allinurl	allinurl：mp3 list	URL中搜索其后的所有检索词
inanchor	inanchor：美食	inanchor操作符搜索的是锚点，或者说是链接上显示的文本

Google搜索增加了一些特色的搜索功能：

（1）使用"site"对搜索的网站进行限制。例如，想要搜索中文教育网站（edu.cn）上关于搜索引擎技巧的页面结果，可以输入"搜索引擎 site：gzlib.gov.cn"。需要注意的是，site后的冒号为英文字符，而且，冒号后不能有空格；否则，"site:"将被作为一个搜索的关键字。此外，网站域名不能有"http://"前缀，也不能有任何"/"的目录后缀。

（2）使用"filetype"在某一类文件中查找信息。"filetype"是 Google 开发的非常强大、实用的一个搜索语法。使用"filetype"，Google 不仅能搜索一般的文字页面，还能对某些二进制文档进行检索。目前，Google 已经能检索微软的 Office 文档，如后缀为 .xls、.ppt、.doc 以及 .rtf 的文件。此外，还可以检索 Adobe 的 .pdf 文档，ShockWave 的 .swf 文档（flash 动画）等。

（3）使用"link"搜索所有链接到某个 URL 地址的网页。可以利用该特色功能查找某一专题的网站。比如，用户是个天文爱好者，当用户发现某网站非常不错，那么就可以用 link 语法查一下与之链接的网站，也许可以找到更多符合用户兴趣的内容。

（4）汇率转换功能。使用 Google 内置货币转换器，只需在 Google 搜索框中键入需要完成的货币转换，命令为"货币 1 + in + 货币 2"，如"1 usd in rmb"，并单击回车键即可。

（5）计算器功能。直接在 Google 搜索框中键入计算公式并单击回车键，Google 结果页面将直接返回计算的结果，如输入"12 + 13"，将直接返回 25。

（6）相关的搜索词。该特色功能是根据 Google 所有用户的搜索习惯和搜索词之间相关度的独家技术而开发出来的。

除此之外，Google 搜索还提供天气查询、定义查询（命令为"define"，如"define：ironic"）、手机号码归属地查询、金融信息查询以及航班查询等特色查询功能，大大方便了用户的检索操作。Google 搜索还推出了一款基于搜索日志分析的应用产品——谷歌趋势（Google trends），它通过分析 Google 全球数以十亿计的搜索结果，告诉用户某一搜索关键词在各个时期下在 Google 被搜索的频率和相关统计数据，为用户展示当下时段的热门内容。

5.5.2 网络名人关系检索

微软人立方关系搜索是由微软亚洲研究院网络搜索与挖掘组研发的对象级别（object-level）互联网搜索引擎。人立方关系搜索从超过 10 亿的中文网页中自动地抽取出人名、地名、机构名以及中文短语，并且通过算法自动地计算出它们之间存在关系的可能性；同时，人立方关系搜索还索引支持它们之间关系的网页文字。此外，人立方关系搜索还可以自动地找出人名之间最可能的关系描述词，与人名最可能相关的称呼、作品等词条等。人立方关系搜索从这些中文网页中自动地辨别出人名所对应的人物简介文字，并且按照这些文字是人物简介的可能性进行排序。当用户给定任意搜索关键词，它就能够找出与关键词最可能相关的人名、地名和机构名，并且根据它们与关键词之间的相关度排序。除此之外，人立方关系搜索还提供基于人名的新闻浏览功能、可视化关系搜索功能等。

另外，还有腾讯旗下搜索门户搜搜（SOSO）的 SOSO 华尔兹。在 SOSO 华尔兹中，许多明星人物肖像被做成小图标，一个图标所链接的页面就是关于此图片人物的热门关联及其相关热门搜索。

5.5.3　网络存档检索

Archive 网站（archive.org）被称为互联网档案馆。该网站创建于 1996 年，由 Alexa 创始人布鲁斯特·卡利（Brewster Kahle）创办，是一个公益性质的网站。它定期收录和抓取全球网站的信息，并进行保存。对于大的网站，比如 Yahoo，会每天备份一次，每次收录多个网页；对于一些小的网站，比如个人博客，或许每年只收录一次，这时就会不可避免地丢失一些网页。对于用户而言，通过 Archive 网站的"Take Me Back"输入框输入一个网站域名，就可以查看其过往的收录历史。Archive 网站为了更多地收录网页和历史资料，还发动更多的网站和人们，希望其主动参与。此外，Archive 网站目前也从刚开始的收录网页，扩展到收录图片、音频、软件、视频等，希望真正成为一个全面的互联网档案馆。

5.5.4　分类浏览搜索引擎

以雅虎（Yahoo）网站（http://dir.yahoo.com/）为例。Yahoo 把信息分为很多类，从艺术、商业到科学和社会，用户可以选择自己所需查询的类别点击进入。例如，打算查找与操作系统有关的网站，可以单击"电脑与因特网"链接点进入更细的分类查询，从中选择"操作系统"，这时就会出现进一步的分类和网站链接清单，用户可以从中选择自己所需的站点进入。

5.5.5　元搜索引擎

集成搜索引擎（all-in-one search page）亦称为多引擎同步检索系统，如百谷虎（http://www.baigoohoo.com/）将用户检索请求同时发送给百度、Google、Yahoo，并将三种搜索引擎各自的返回结果分列于网页不同区域，对各个搜索引擎的检索结果不进行合并排序操作，而仅仅进行检索结果界面的简单集成。

元搜索引擎，如 Dogpile（http://www.dogpile.com/），是使用多搜索引擎同时检索，检索结果按重要程度进行合并，如图 5 – 14 所示。

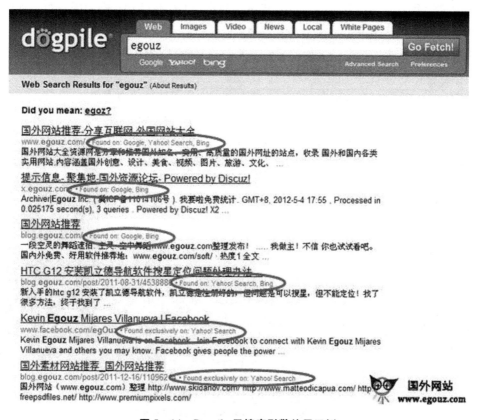

图 5 – 14　Dogpile 元搜索引擎使用示例

（图片来源：http://www.dogpile.com/）

元搜索引擎本身并不拥有所检索的信息资源，而是对各种搜索引擎的检索结果进行集成，为利用者提供统一检索入口。用户通过单一的访问入口提交搜索请求，由元搜索引擎向多方搜索引擎发出请求，这些子搜索引擎将分别进行检索操作，最终由元搜索引擎接收各子搜索引擎返回的结果，对结果进行去重（即过滤重复的数据）、按重要度排序等操作，为用户提供比任何一个子搜索引擎单独提供的结果更全面的检索结果集合。元搜索引擎技术是实现对异构数据库资源跨库检索的重要途径。[10]

5.5.6　知识搜索引擎

知识搜索引擎，以 WolframAlpha（http://www.wolframalpha.com/）为代表，是实现知识管理的一种理念与工具，实现了知识汇聚、知识发现、知识分类、知识聚类①、知识门户的构建，通过搜索引擎技术完成知识管理的使命。

WolframAlpha 是一款强大的知识搜索引擎，它实际上是一个计算知识引擎，而不是搜索引擎。其真正的创新之处在于能够马上理解问题，并给出答案，而不是返回网页链接结果，如图 5-15 所示。

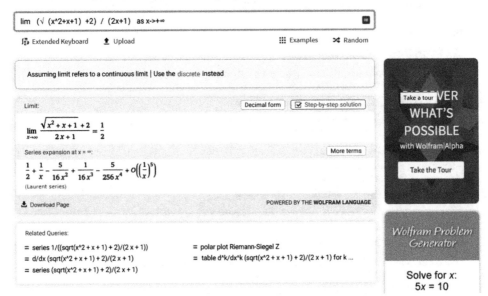

图 5-15　WolframAlpha 知识搜索引擎使用示例

（图片来源：http://www.wolframalpha.com/）

5.5.7　学术搜索引擎

学术搜索引擎是专门用于检索因特网上学术信息的一类搜索引擎。由于学术信息的海量增长以及一些学术网络的隐蔽性，学术搜索成为科学研究中的重要手段。学术搜索引擎可检索的内容多，并且这些内容来自专业领域，权威性和精确性高；使用学术搜索引擎的检索方式简单，检索结果可信。

学术搜索引擎中的代表产品是 Google Scholar。Google Scholar 是一个可以免费搜索学术文章的网络搜索引擎，由计算机专家 Anurag Acharya 开发。2004 年 11 月，Google 第一次发布了 Google 学术搜索的试用版，该搜索引擎包括世界上绝大部分出版的学术期刊。Google Scholar 的简单易用源于 Google 对整个 Internet

---

① 知识汇聚是指将知识聚集起来；知识聚类是指将知识按一定的聚类标准进行不同类的聚合，它也不同于知识分类（分类是已知类别，而聚类是未知类别）。

信息的整合以及与多个资源出版商的合作，如 IEEE、NPG、Wiley、Springer 等。Google Scholar 的检索范围来源众多，专业众多，内容涵盖自然科学、人文科学、社会科学等多种学科，检索结果文献类型多样，能够帮助用户查找包括期刊论文、学位论文、书籍、预印本、文摘和技术报告在内的学术文献。

除了 Google Scholar 以外，学术搜索引擎还有微软学术搜索、Scirus、CiteSeer、Socolar 等。

Scirus 学术搜索引擎是互联网上较全面、综合性较强的科技文献搜索引擎之一，由爱思唯尔科学出版社（Elsevier Science Publisher）开发，于 2001 年 4 月推出。Scirus 可检索超过 3 亿个条目，检索结果包括预印本、专利、网页等，还可以提供一些相关的新闻条目。

CiteSeer 学术搜索引擎又名 ResearchIndex，是 NEC 研究院在自动引文索引（autonomous citation indexing，ACI）机制的基础上建设的一个学术论文数字图书馆。目前，在 CiteSeer 数据库中可检索超过 50 万篇论文，这些论文涉及的内容主要是计算机领域。该系统提供完全免费的服务（包括下载 PostScript 或 PDF 格式的论文全文），并支持注册用户为结果添加标签。

Socolar 学术搜索引擎旨在为用户提供重要的开放存取（open access，OA）资源的一站式检索服务，收录文章总数超过 2000 万篇，提供多学科领域和多语种的资源。

在学术研究中，可以根据以下因素选择并使用学术搜索引擎：

（1）根据搜索引擎自身的特点，包括优点和缺点进行选择。

（2）根据学科专业进行选择。例如，使用 PubMed 来检索医学专业领域的学术资源，使用 CiteSeer 来搜索计算机领域的学术资源。

5.5.8 搜索引擎技术应用于档案领域的前景

上述搜索引擎相关技术可应用于档案信息检索中。例如，网络名人关系检索相关技术可应用于家谱档案检索的结果展示中，当检索一个人物时，检索结果自动展示与其相关的人物关系网络图。[11]

基于元搜索引擎的档案异构数据库整合与服务集成能够实现对各种异构档案数据库资源的一站式跨库检索。相对于传统的档案搜索引擎，元搜索引擎能够提供跨库检索功能进而实现对各种档案异构数据库资源的互操作，档案利用者无须逐个登录档案数据库检索界面进行访问。其应用过程为：首先，元搜索引擎将档案利用者提交的对档案异构数据库信息资源的检索请求进行处理，并将处理过的检索请求通过 Web 处理接口访问子搜索引擎；其次，子搜索引擎通过检索各自的档案数据库中所保存的馆藏档案数据资源，将检索结果按照元搜索引擎所要求的格式进行转换，使其原先档案数据库的异构性数据在此转换为同构性数据；最后，元搜索引擎按档案利用者所需的服务方式对检索结果进行排序，并做去重处理，使得检索结果达到档案利用者的要求。[10]

5.6 云检索

5.6.1 云检索的相关概念

云检索技术是以云计算为技术支撑的检索技术，可以理解为在云环境下，根据实际制订的检索方法，在有序分布的巨型云端数据库中抓取所需信息的过程。传统的检索技术因计算能力有限，面对越来越多的数据已经捉襟见肘，但利用云计算的成果，云检索概念从理论源头上突破了传统检索技术的瓶颈，成为检索技术领域的重大突破。云检索分为狭义和广义两种模式。[12]

狭义的云检索是指 IT 基础设施所提供的一种检索技术，用户可在云标签数据库中进行检索。一个基本的狭义的云检索模型必须包括传输数据流的网络设备、云存储系统、用户回馈接口（即界面数据库系统）、云查询界面四个元素，此处考虑到接口数据库所发挥的重要作用，可以将用户回馈接口延伸为界面数据库系统。在狭义的云检索系统中，根据四大基本元素的相互影响，可得出如图 5-16 所示的系统结构。其中，发挥关键作用的传输数据流的网络设备和云存储系统对系统内其他模块实施影响；与用户相联系的云查询界面和发挥沟通作用的界面数据库系统受基础要素的影响，并相互产生影响。

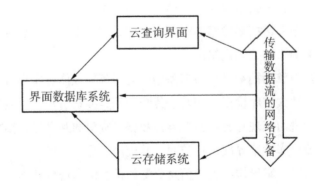

图 5-16 狭义上的云检索系统结构

云存储系统具有其自身独特的优势：以分布式共享的方式存储数据，动态、灵活地按需分配软硬件资源，打破了传统存储系统在存储容量和存储性能上难以扩展的瓶颈。

界面数据库系统所起的作用是把查询系统和存储系统有机地结合起来，它不仅是沟通云查询界面和云存储系统的桥梁，信息处理人员和技术人员的纽带，更能方便终端用户参与到检索系统的构建中。

在云查询界面中，云检索借用符号标记的技巧，在用户输入检索命令后，查询系统向服务器请求更准确的云计算结果，把一些专门通过智能匹配检索出的结果进行特殊标记，比如，用明显的"云朵"符号标记。

广义的云检索是一种服务的交付和使用模式，它将检索对象分散在许多个对用户透明的节点上，利用庞大的云计算能力将一切努力隐藏在用户接口的背后，把检索内容细化为一个个相互关联又相对独立的云标签，并通过高速传输的网络为用户提供服务。一个完整的云检索系统的运行，还包括上游的云采集系统、云加工系统，以及由接口数据库细化而来的提问处理模块、资源获取模块、用户回馈模块。其结构模型如图5-17所示。

云采集系统把网络中的海量数据经由网络机器人转化成数据流存储到多个节点数据文件中，供给云加工系统进行进一步加工处理。它是系统的最低端，也是最需要宏观协调的一个部分。各个子采集系统间有重点地分工采集，不仅节约了大量的成本，也为下一环节有重点地资源加工提供了方便，简化了云加工前的分类工作。

云加工系统在注重分工协调的前提下，要对不同类型的资源执行不同深度的标引，比如，对于核心期刊上的权威文章，会抽取更多的关键词。但标引深度的增加又意味着标引文件块规模的增加，从而相应地增加了时间，这种反比关系说明标引深度的增加不是盲目的。另外，应该注意的是，各个云加工子系统要尽量使各个加工程序在统一的系统平台上进行，如同样格式的关键词索引表、倒排索引库，以便后期云检索系统中兼容工作的有效开展。

提问处理模块是对用户的检索语句进行分析处理的模块。从检索表达式的要素来看，该模块分为形式上的处理和内容上的处理两大类。在形式上，这一模块的职能主要包括对检索提问长度和格式进行规范。如果是复杂的提问式，应先进行分解处理，从中提取出能够反映提问内容的短语，并用词组的形式表达出来；如果遇到带有否定词的检索表达式，还应该对其进行肯定转换；对标点符号要区别对待；等等。在内容上，依据处理过程中对自然语言概念分析的深入程度，可将提问处理模块分为对语法、语义和语句的分析。

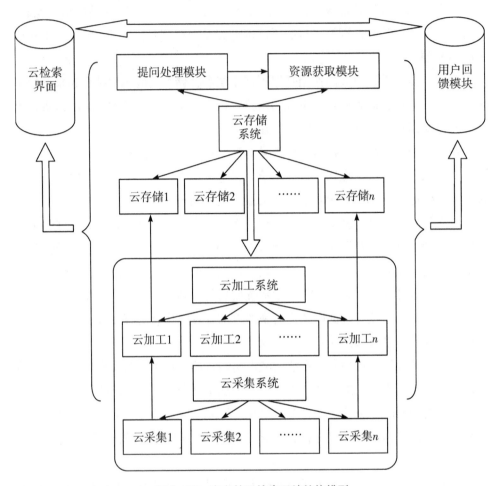

图 5-17　广义的云检索系统结构模型

资源获取模块是一个不同于传统资源获取概念的模块，它能够对查询结果提供各种可供选择的处理，对检索接口进行优化，甚至提供结果内容的编辑功能和知识整合的创新功能。这些都更新了传统的资源获取模块的功能，顺应了云检索发展的趋势。

用户回馈模块中的很多创新思想都是受用户回馈思想启发而来的。对于整个庞大的云检索系统而言，用户回馈模块不同于传统意义上的单线回馈平台，尽管用户所接触到的仅仅是生命周期最前端的查询接口，但其所有的回馈信息能够从查询接口进入系统内部的各个部分，为其他环节的改进和创新提供灵感，甚至可供用户直接参与进来，亲身参与信息建设和技术建设，这就要求该模块具有非常完善和强大的平台功能。除此之外，回馈系统的设计也有很多技巧，应注重利用用户心理学的知识把用户引导到主动客观地回馈实际问题的环境中去。

5.6.2 云检索技术应用于档案领域的前景

云计算环境下的数字档案馆可以将不同档案馆的信息集中到一个大的"资源池"里面,馆际间的"信息壁垒"被打破,实现跨库检索。"资源池"里的信息可以按需分配,就像生活中的水、电、燃气那样,用户可以通过支付一定的费用获得自己所需的信息资源,免去了用户在查找、利用档案信息资源时反复打开多个数字档案馆界面的麻烦。用户只需进入其中一个档案馆的网页便能查询到与之合作的档案馆的馆藏内容,真正实现一站式跨库检索。并且云计算具有超越所有单个计算机的计算能力与信息处理能力、存储容量巨大、虚拟化、扩展性高、价格低廉等优点,可较好地提升档案信息检索效率。[13,14]

1. 哪些信息可以与地图进行融合,并借助地图检索技术进行检索利用?
2. 基于内容的图像信息检索的原理是什么?有哪些特征可作为检索线索?
3. 从本章介绍的搜索引擎技术中选择一种,设想其在档案信息检索中的应用场景。
4. 开发网络档案信息检索系统应注意哪些问题?

【参考文献】

[1] 路其忠. 数字档案馆信息检索服务问题研究 [D]. 保定:河北大学,2017.

[2] 江欹楠. 档案信息检索技术研究 [D]. 哈尔滨:哈尔滨工程大学,2013.

[3] 马长林,宗培岭. 档案馆信息化建设探论 [M]. 上海:上海社会科学院出版社,2006.

[4] 王芳. 数字档案馆学 [M]. 北京:中国人民大学出版社,2010.

[5] 江媛媛. "以图搜图"技术在照片档案管理中的应用研究 [J]. 档案与建设,2018(6):38-41.

[6] 李佳. 谈测绘档案的网络检索 [J]. 山西档案,2010(1):39-40.

[7] 郑贵滨. 基于内容的音频信息检索技术研究 [D]. 哈尔滨:哈尔滨工业大学,2006.

[8] 季春. 音频信息检索技术的发展及应用 [J]. 现代情报,2007(1):157-160,163.

［9］钱万里. 传统声像档案的数字化处理［J］. 档案与建设，2007（8）：22-24.

［10］王雪萍. 浅谈档案异构数据库整合与服务集成的技术实现［C］//国家档案局. 档案与文化建设：2012年全国档案工作者年会论文集（上）. 成都，2012.

［11］姜赢，张婧，朱玲萱. 基于本体的家谱知识图谱模型及检索系统［J］. 电子设计工程，2017，25（12）：161-165.

［12］魏可，单蓉蓉. 云检索系统的要素分析和结构研究［J］. 图书馆学研究，2011（23）：72-77.

［13］肖文建，张宁宁. 云计算环境下数字档案馆建设面临的机遇与挑战［J］. 档案时空，2017（4）：12-15.

［14］高华. 依托云服务系统的档案快速检索技术研究［J］. 四川档案，2015（2）：31-32.

第6章 数字档案信息利用技术

本章对档案信息利用过程中正在应用或将来有可能应用的数据挖掘技术、信息抽取技术、虚拟现实技术、大数据技术等信息技术进行介绍。首先,分别对数据挖掘技术、信息抽取技术、虚拟现实技术的概念、方法及其在档案领域的应用等方面进行阐述;然后,对海量档案信息利用所依赖的大数据技术进行介绍。

6.1 数据挖掘技术

本节首先介绍数据挖掘的一般过程及其主要的技术方法，然后重点对 Web 挖掘的三种类型进行详细介绍，最后列举数据挖掘技术在档案领域的应用。

6.1.1 数据挖掘概述

数据挖掘的定义有狭义和广义之分。狭义的数据挖掘是指知识发现（knowledge discovery in database，KDD）过程中的一个特定步骤，是用专门算法从数据中抽取模式，然后通过解释、评价和转换形成最终用户可理解的知识。由于 KDD 的其他步骤对数据挖掘的运行性能和结果的正确性影响很大，因此，通常所说的数据挖掘包括 KDD 的全过程，也称为广义的数据挖掘。我们可以将数据挖掘理解为是从大量的、不完全的、有噪声的、模糊的、随机的数据集中识别有效的、新颖的、潜在有用的以及最终可理解的模式的过程。

6.1.1.1 数据挖掘的一般过程

数据挖掘过程由多个步骤构成，各步骤及序列关系如图 6-1 所示。

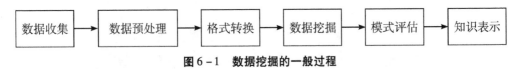

图 6-1 数据挖掘的一般过程

（1）数据收集。指通过各种方式广泛收集待分析对象的数据，建立必要的数据库与数据表，为数据挖掘做准备。

（2）数据预处理。指对收集到的数据进行诸如去噪、质量控制等操作，从而确保数据能够真实地反映待挖掘的对象。

（3）格式转换。指将经过去噪的数据进行一定的格式转换，使其适应数据挖掘系统或数据挖掘软件的处理要求。

（4）数据挖掘。指利用数据分析软件或调用挖掘方法对数据进行挖掘分析，挖掘出需要的各种规则、趋势、类别、模型等。

（5）模式评估。指对挖掘的规则、趋势、类别、模型等进行评估，从而保证发现模式的正确性。

（6）知识表示。指将分析所得到的知识集成到业务信息系统的知识组织结构中去。

6.1.1.2 数据挖掘的技术方法

数据挖掘技术方法通常可以分为两大类：一类是统计型，常用的技术有概率分析、相关性分析、聚类分析和判别分析等；另一类是人工智能中的机器学习型，通过训练和学习大量的样品集得出需要的模式或参数。数据挖掘的应用的最终目标是发现有价值的知识和信息，不同的方法有相似的思路和步骤，但也存在很大的差别。由于各种方法有其自身的功能特点以及应用领域，因此，数据挖掘技术的选择将影响最后结果的质量和效果。通常可将多种技术结合使用，形成优势互补。数据挖掘的主要技术方法对比见表6-1。[1]

表6-1 数据挖掘的主要技术方法对比

技术方法	基本思想	主要功能和特点
关联分析	关联分析是指从大量的数据集中发现有用的依赖性或关联性的知识	"货篮"分析是关联分析中最常用的形式，用支持度和置信度两个属性值来度量
决策树	决策树主要是基于数据的属性值进行归纳分类	决策树常用于归纳分类。其最大的优点是可将分类规则解读成"if-then"的形式，易于理解，比较直观；其缺点是处理复杂的数据时，分支数多，管理起来难度大
遗传算法	遗传算法是一种基于生物进化过程的组合优化方法，是生物学和计算机科学结合的产物	遗传算法广泛应用于自动控制、机器学习、模式识别等领域。遗传算法对问题的输入信息要求较少，具有高效性和灵活性的特点
贝叶斯网络	贝叶斯网络基于后验概率的贝叶斯定理，是建立在对数据进行统计处理基础上的方法	贝叶斯网络具有分类、聚类、预测和因果关系分析的功能。其优点是易于理解，预测效果较好；缺点是对发生频率很低的事件预测效果不好
神经网络	神经网络类似于人类大脑重复学习的方法，该方法需要先给出一系列的样本进行神经网络学习和训练，从而产生区别各种样品的不同特征和模式	神经网络具有优化计算、聚类和预测等功能。其优点是复杂问题预测效果好，噪声数据承受能力高；缺点是难以理解，即无法对规则进行解释
统计分析	统计分析的理论基础主要是统计学和概率论的原理，是一种基于模型的方法，包括回归分析、因子分析和判别分析等	统计分析方法主要应用于聚类分析、因子分析等。其优点是结果精确，易于理解

6.1.2 Web 挖掘概述

Web 数据挖掘（Web data mining）是指利用数据挖掘技术，自动地从网络文档以及服务中发现和抽取蕴涵的、未知的、有潜在应用价值的信息的过程。简单来说，就是从大量的 Web 文档集合 C 中发现隐含模式 P 的过程。

Web 数据有三种类型：HTML 标记的 Web 文档数据、Web 文档内连接的结构数据和用户访问数据。按照对应的数据类型，Web 挖掘可分为内容挖掘、结构挖掘以及使用（日志）挖掘，如图 6-2 所示。

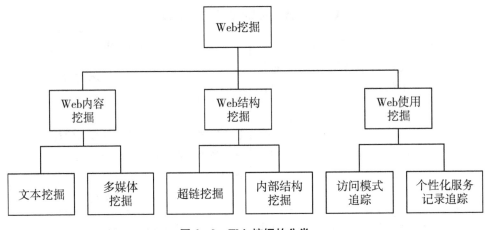

图 6-2 Web 挖掘的分类

6.1.2.1 Web 内容挖掘

Web 内容挖掘是指从大量的 Web 页面描述数据中发现信息，进而抽取知识的过程。Web 内容挖掘按挖掘对象可划分为对文本文档（Text、HTML、XML 等）的挖掘和对多媒体文档（Image、Audio、Video 等）的挖掘。Web 文本挖掘是一个新的跨学科研究领域，涉及机器学习、数据挖掘、统计学、信息获取、自然语言理解等学科知识。Web 文本挖掘可以实现对 Web 上大量文档集合的内容进行关联分析、摘要、分类、聚类、趋势预测等操作。[2]

Web 内容挖掘主要包括文本分类、文本聚类、自动摘要、关联分析、分布分析和趋势预测六种相关技术。

1. 文本分类

文本分类是指按照预先定义的主题类别，为文档集合中的每个文档确定一个类别。例如，Yahoo 采用人工分类，大大减少了索引的页面数目；利用自动文本分类技术则可以对大量文档进行快速、有效的分类。大型搜索引擎都采用自动分类技术。

传统文本分类的算法主要有以下四种：

（1）决策树。其基本原理是根据数据属性对数据进行分类。该算法所得到的分类模型表示是一棵树的形式，因此被称为决策树。

（2）K 邻近算法（K – Means）。其基本原理是判断一个待分类对象的类别时，在已知类别的训练集合中找出一个最相似的对象，根据这个对象所属的类别来推断待分类对象的类别。

（3）朴素贝叶斯分类法。这是以贝叶斯理论为基础，在已知先验概率与条件概率的情况下的一种模式识别方法。朴素贝叶斯分类法基于独立性假设，即一个属性对给定类的影响独立于其他属性。

（4）支持向量机。其基本原理是构造一个最优的超平面划分正例和负例。所谓最优就是力求样例离划分面有最大间隔，因而间隔与间隔边界上的训练数据有关，这些相关的决定间隔的训练数据被称为支持向量。支持向量机是针对二分类任务，对多分类问题可推广。

2. 文本聚类

文本聚类是对并没有事先定义好的类，完全依据文本间的相似度（距离），把文本聚合到一个或多个类中，最终使类间文本相似度（距离）尽量大，类内文本相似度（距离）尽量小。搜索引擎根据"聚类假设"，即与用户查询相关的文档通常会聚类得比较靠近，而与用户查询不相关的文档离得比较远，利用文本聚类技术将搜索引擎的检索结果划分为若干个簇，用户只需要考虑那些相关的簇，因而大大减少了所需要浏览的结果数量。如图 6 – 3 所示，Carrot 2 就是一个开

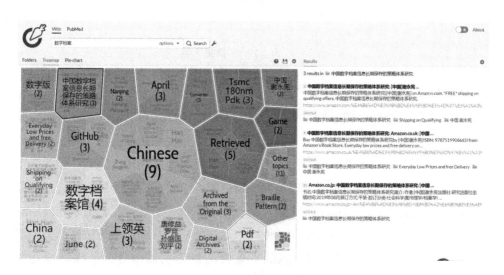

图 6 – 3　Carrot 2 搜索引擎搜索结果示例

（图片来源：https://search.carrot2.org/#/search/web）

源搜索结果分类引擎,它能够自动地把搜索结果组织成一些专题进行分类。

K-Means 是著名的划分聚类算法。它的简洁和高效使得它成为聚类算法中被广泛使用的一种。给定一个数据点集合和需要的聚类数 K(用户指定),K-Means 根据距离函数反复地把数据分到 K 个类中,直到聚类结构稳定为止。K-Means 算法简捷有效,容易实现;但也存在着对异常值敏感、用户需要事先指定聚类数目 K 等问题。K-Means 聚类流程如图 6-4 所示。

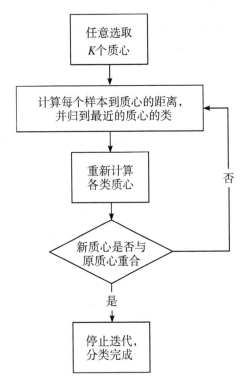

图 6-4　K-Means 聚类流程

3. 自动摘要

自动摘要是指从文档中抽取关键信息,用简洁的形式对文档内容进行摘要或解释,这样,用户不需要浏览全文就可以了解文档或文档集合的总体内容。自动摘要有篇首截取法、上下文截取法、论题句抽取法、修辞结构树法等。篇首截取法认为文档首部表意能力最强,因此截取篇首若干字符作为全篇的摘要;上下文截取法将检索词出现位置的上下文若干字符截取下来,形成摘要;论题句抽取法将具有论断、结论表达特征的语句抽取出来形成摘要;修辞结构树法将原文依据修辞结构的分析结果进行缩减,删除不重要的修饰构成部分,形成缩减后的摘要。[2]

目前自动摘要的工具主要有上海交通大学研制的"中英文自动摘要系统"。

TextAnalyst 是市场上可用的主要的文本摘要工具，易于使用，可以对非结构化文本进行精确的摘录和总结，且独立于语言，可以用于英语、法语、德语、西班牙语、意大利语、俄语和荷兰语文本的自动摘要。

4. 关联分析

关联分析又称为关联挖掘，是指在交易数据、关系数据或其他信息载体中，查找存在于项目集合或对象集合之间的频繁模式、关联性、相关性[①]或因果结构。关联分析是一种简单实用的分析技术，用于发现存在于大量数据集中的关联性或相关性，从而描述一个事物中某些属性同时出现的规律和模式。

关联分析是从大量数据中发现项目集合之间有趣的关联性和相关性。关联分析的一个典型例子是"货篮"分析。该例子通过发现顾客放入其购物篮中的不同商品之间的联系，分析顾客的购买习惯。了解哪些商品频繁地被顾客同时购买，这种关联的发现可以帮助零售商制订营销策略。其他的应用还包括价目表设计、商品促销、商品的摆放和基于购买模式的顾客的划分。从数据库中可关联分析出诸如"由于某些事件的发生而引起另外一些事件的发生"之类的规则。如分析出"67%的顾客在购买啤酒的同时也会购买尿布"，因此，通过合理的啤酒和尿布的货架摆放或捆绑销售可提高超市的服务质量和效益。又如，分析出"'C 语言'课程优秀的同学，在学习'数据结构'时为优秀的可能性达88%"，那么，就可以通过强化"C 语言"的学习来提高教学效果。

5. 分布分析

分布分析是研究数据的分布特征和分布类型，可由定量数据或定性数据来区分基本统计量。分布分析是比较常用的数据分析方法，也可以比较快地找到数据规律，让使用者对数据有清晰的结构认识。

数据的分布描述了各个值出现的频繁程度。表示分布最常用的方法是直方图（histogram），这种图用于展示各个值出现的频数或概率。频数指的是数据集中一个值出现的次数，概率就是频数除以样本数量 n。频数除以 n 即可把频数转换成概率，称为归一化（normalization）。归一化之后的直方图称为概率质量函数（probability mass function，PMF），这个函数是值到其概率的映射。

图 6-5 为用 CNKI 指数分析工具得到的"情感分析"主题相关研究随时间的分布图。该图反映出 2007—2017 年"情感分析"主题中文相关研究呈现持续增长的态势。

[①] 频繁模式指给定数据中反复出现的联系。关联性和相关性在统计学上存在差异。（见官鑫等《医学论文中"相关性分析"和"关联性分析"的正确使用》，载《学报编辑论丛》2016 年）

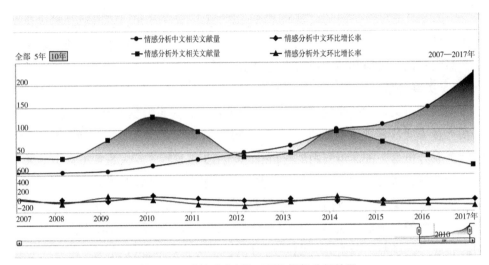

图 6-5　"情感分析" CNKI 指数分析结果

（图片来源：https：//kns.cnki.net/kns/brief/default_result.aspx?islist=1&code=CIDX&singleDBName=%e6%8c%87%e6%95%b0）

6. 趋势预测

趋势预测是指通过对文档的分析，得到特定数据的取值趋势。趋势预测已被广泛应用于各个领域。例如，在金融领域中，可通过观察金融市场的变化趋势进行贷款偿付预测和客户信用分析。Wuthrich 等人[3]通过分析 Web 上出版的权威性经济文章，对每天的股票市场指数进行预测，取得了良好的效果。

6.1.2.2　Web 结构挖掘

Web 数据不同于文本和数据库，有用的知识不仅包含在 Web 页面内容中，还包含在 Web 页面间的链接结构和 Web 页面文档内部的结构之中。Web 结构是一个有向图 G，$G=(V, E)$，其中，V 是页面的集合，构成图的顶点；E 是页面之间的超链集合，构成图的边：a～e 代表不同的 Web 页面，组成了 V，a～e 之间的有向线段表示页面之间的超链，组成了 E，如图 6-6 所示。在图 6-6 中，不仅顶点（页面）包含了主题信息，而且边（超链）也包含了大量潜在的语义，对其进行分析构成了 Web 挖掘的重要内容，即结构挖掘。

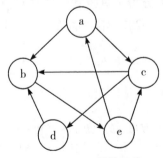

图 6-6　Web 结构示意

Web 结构挖掘是从万维网上的组织结构和链接关系中推导知识。由于超文本文档间的关联关系，万维网不仅可以揭示文档中所包含的信息，同时也可以指示文档间的关联关系所代表的信息。利用这些信息，可以通过对页面进行排序来发现重要的页面。挖掘 Web 结构的目的是找到隐藏在一个个页面之后的链接结构模型，可以用这个模型对 Web 页面进行重新分类，寻找相似的网站，评价网站的社会关系及其对应用的影响。

　　文档之间的链接反映了文档之间的引用关系，一个页面被引用的次数体现了该页面的重要性。Web 结构挖掘的典型算法包括 PageRank 算法和 HITS 算法两种。

1. PageRank 算法

　　PageRank 的主要思想是一个网页的反向链接网页的重要程度决定了该网页的重要性，即从优质网页链接过来的网页必定还是优质网页。如图 6-7 所示，图中 A～F 指网页，数字表示 PageRank 值。PageRank 的计算公式为：

$$PR(i) = d * \sum_{j \in B(i)} \frac{PR(j)}{N(j)} + \frac{1-d}{m}$$

式中：$PR(i)$、$PR(j)$ 为网页 i、j 的 PageRank 值；d 为用户随机点击一个页面的概率，通常设为 0.85；$B(i)$ 为指向网页 i 的所有网页集合；$N(j)$ 为网页 j 指向的网页个数；m 为网页总数。[4]

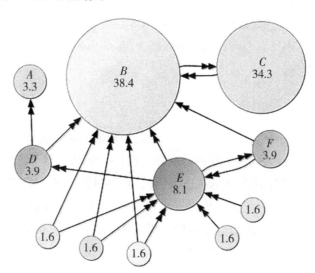

图 6-7　PageRank 算法示意

2. HITS 算法

　　HITS 算法认为网页的重要性应该依赖于用户提出的查询请求，而且对于每一个网页，应该将其 Authority 权重（由网页的出链或外链，即 outlink 决定）和 Hub 权重（由网页的入链，即 inlink 决定）分开来考虑。通过分析页面之间的超链接结构，可以发现如图 6-8 所示两种类型的页面。[5]

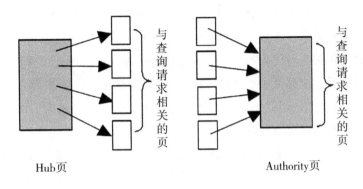

Hub页：一个指向权威页的超链接集合的Web页；
Authority页：被许多Hub页指向的权威的Web页

图6-8　Hub 页和 Authority 页

因此，一个 Hub 页应该指向许多权威页，而被许多 Hub 页指向的一定是权威页。在 HITS 算法中，网页的 Authority 权重和 Hub 权重有相互增强的关系。具体算法如下：[5]

（1）根据用户查询请求，首先用一个现有的商业搜索引擎进行查询，取其部分查询结果（约 200 个）作为算法的根集，记为 R_δ。

（2）将 R_δ 进行扩充，对于 R_δ 中的每一个节点，将所有指向该节点或该节点所指向的网页补充进来，形成基集，记为 S_δ。

（3）计算 S_δ 中每一个网页的 Authority 权重和 Hub 权重，最后根据权威级别的大小返回给用户。

6.1.2.3　Web 使用挖掘

虽然 Web 是一个复杂的、异质的、动态的和庞大的信息源，但每个 Web 服务器都保留了具有良好结构的用户访问日志文件，记录了用户访问网站和交流的信息。Web 使用挖掘也称为 Web 日志挖掘，是通过对 Web 日志记录的挖掘，发现用户访问 Web 页面的模式，从而进一步分析和研究 Web 日志记录中的规律，以期改进 Web 站点的性能和组织结构，提高用户查找信息的质量和效率，并通过统计和关联分析找出特定用户与特定地域、特定时间、特定页面等要素之间的内在联系。[2]

Web 使用挖掘的基本流程包括数据预处理、模式识别和模式分析。[2]

（1）数据预处理。由于本地缓存、代理服务器和防火墙等因素的存在，Web 服务日志中的数据准确性较低，因此，直接对日志文件进行挖掘变得很困难。在实施数据挖掘之前，要对这些日志文件进行一些预处理，包括数据净化、用户识别、会话识别、页面过滤、路径补充等一系列工作，为下一步的识别工作做准备。

(2) 模式识别。即应用路径分析、关联规则挖掘、时序模式发现、聚类和分类等算法来识别和发掘一些规则或模式。

(3) 模式分析。这是使用挖掘的最后一步，目标是消除一些无关的规则或模式，抽取出用户感兴趣的规则或模式。

根据应用的不同，Web 使用挖掘分为两种主要倾向：一般访问模式跟踪和个性化使用记录追踪。一般访问模式跟踪通过分析 Web 访问日志来理解访问倾向，获得用户群体的共同行为和共同兴趣，以改进站点的组织结构和网络服务质量。个性化使用记录追踪倾向于分析单个用户的倾向、偏好以及个人习惯，以便为每个用户定制符合其个人特色的 Web 站点、资源以及信息呈现方式等。[6]

6.1.3　数据挖掘和 Web 挖掘在档案领域的应用

近年来，数据挖掘、网络挖掘技术得到了长足发展，其应用也在越来越多的行业领域得到重视。数字档案馆领域理论上存在大量的数字资源可供挖掘，因此，众多学者也在探讨或尝试将数据挖掘、网络挖掘技术应用于档案领域，深挖档案的应用价值，提升档案服务水平。数据挖掘和 Web 挖掘应用于档案领域能够优化档案网站结构，促进网络档案用户的分析和研究，提供档案个性化利用服务。

6.1.3.1　优化档案网站结构

档案网站所拥有的信息量是提供网络档案服务的前提，而科学合理的网站结构则是用户能够方便快捷地获取所需信息的保证。档案网站不仅在建设过程一开始就需要了解用户的需求，构建科学合理的网站结构，以方便用户的访问，更需要在运行过程中不断地了解和分析用户的访问模式和偏好，面向用户优化网站结构，实现网络档案服务的最优化。Web 使用模式挖掘技术则是实现这一目标的利器。[7]

利用 Web 使用模式挖掘技术中的路径分析技术可以分析用户访问路径，判定其频繁访问路径，也可以发现用户期望位置（目标页面所在的位置），以及其他一些有用的信息，如从哪个页面开始访问、访问几个页面后离开等。根据频繁访问路径，可以把一组频繁访问的页面直接链接；而发现用户期望页面，则可以将该页面的链接放在网站首页的醒目位置，从而改善站点结构，提高站点的服务质量。还可以根据单位时间访问频度、访问量的时间分布等，改进系统的性能和结构。此外，利用 Web 使用模式挖掘技术中的关联分析技术可以获得页面之间的关联关系。

6.1.3.2 促进网络档案用户的分析和研究

提供档案利用是档案工作的最终目的，而用户的分析和研究对做好档案利用工作有着举足轻重的作用。在网络环境下，要充分做好网络档案服务工作，就必须加强对网络档案用户的分析和研究。Web 使用模式挖掘技术通过对用户浏览网站的使用数据进行收集、分析和处理，能够促进对网络档案用户的分析和研究。具体表现在以下三个方面：[7]

（1）利用聚类技术了解用户的特征。利用聚类技术对具有相似浏览行为的网站访问者进行分组，并分析同一组中访问者的共同特征，可以帮助档案网站的组织者更好地了解用户的特征，向他们提供更合适的服务。用户访问档案网站的浏览行为可用用户 ID、访问节点 URL 和访问次数来描述，以访问节点 URL 为行、用户 ID 为列、用户访问次数为元素值构成 URL – ID 关联矩阵。矩阵的列表示用户对档案网站中所有 URL 的访问情况。因为每一列实质上是用户访问站点的个性化子图，故具有相似访问子图的访问者即为相似用户群体。通过聚类分析可以识别用户的访问动机和访问趋势等，进而了解其特征，这样能够将那些经常访问相同页面的用户群体划分出来，这些用户具有相同的使用习惯和网上行为，可以对他们开展特定的宣传策略或提供个性化定制服务。

（2）利用序列分析技术了解用户的兴趣。在 Web 服务器日志里，用户的访问是以时间为单位记载的，经过数据过滤和事务识别以后是一个间断的时间序列。序列分析技术就是根据这些序列所反映的用户行为，挖掘出用户访问过程中时间序列的模式。例如，通过评价用户对档案网站内同一页面浏览所花的时间，以及访问有关联页面的时间间隔等，可以判断出用户对哪些档案信息资源有兴趣。

（3）利用分类技术发现潜在的用户。在传统的档案服务中，潜在用户是指有利用档案的需求但尚未利用档案的用户。在网络环境下，潜在用户则是相对于档案网站的已注册用户而言的。对一个档案网站来说，了解、关注已注册用户群体非常重要，但从众多的访问者中发现潜在用户群体同样非常关键。如果发现某些用户为潜在用户群体，就可以对这类用户实施一定的策略，使他们尽快成为注册用户。具体进行时，首先对客户进行分类规则发现、识别出各类的公共属性，然后对一个新的客户依据分类规则进行正确分类，并确定其是否为潜在的客户。

6.1.3.3 提供档案个性化利用服务

（1）采集基本信息，挖掘用户需求。对用户信息进行数据挖掘主要有两方面内容：一是如何提取用户的信息需求，二是获得用户需求数据后如何利用挖掘技术对这些数据进行处理。有两种方法：①直接调查法。指设置一些与用户对话的窗口，由用户配合完成数据的收集过程。采用该方法所获得的用户信息详细、可靠。首先，在用户注册时，除了收集必要的用户个人信息外，还可以适当设置用户分类信息以及个人偏好的信息获取方式等；然后，收集用户使用结束后的信息反馈，利用一系列关联分析等数据挖掘方法，进一步挖掘现有数据，以掌握用户需求和利用的变化规律，逐步完善个性化服务。②跟踪用户的行为推测用户兴趣。这一方法不需要用户主动配合，只要记录用户访问服务器时在服务器上留下的日志文件，如包括访问者的 IP 地址、用户类别等一些关于用户访问记录的物理信息。深度挖掘这些信息，能够了解用户的访问路径等，便于档案人员主动把握用户需求，从而更加高效地提供档案利用服务。[8]

（2）统计检索和浏览记录，提供人性化服务。利用统计分析的方法，统计用户在档案检索时使用的检索词，并通过分析，不断调整和完善数据库中的检索关键词，以提高查全率；同时，可以针对不同文化层次的档案用户提供个性化的检索界面和相应的检索帮助；可以设立"人工在线帮助"窗口，给遇到问题的用户及时提供帮助。"在个性化检索中，既能对用户提出的要求提供最贴切的信息服务，还能依据个体个性特征，主动收集个体可能感兴趣的信息，甚至预测个体可能的个性发展，提前收集相应的信息，最后以个性化方式显示给个体"[8]，这样能提高用户的查准率。同时，统计网页的访问频率、访问时间、访问路径以及同一时段还访问了哪些站点等，了解用户的使用习惯和利用兴趣，并运用数理统计和关联规则等方法，针对不同用户改进页面和网站结构的设计，修改网页之间的链接，产生动态推荐超级链接列表。"把用户想要的东西以更快更有效的方式提供给用户，把挖掘分析结果放入以用户注册时的用户名为单位的个性化数据库，当用户再次进入系统时，系统可以自动根据个性化数据库提供给其符合信息需求的页面"[8]，这有助于发掘用户在使用时的知识盲点和对于界面友好程度的反馈，提供人性化服务。

（3）关联用户兴趣，提供高效服务。关联规则生成可用于找出在某次服务器会话中经常一起出现的相关网页，这些网页之间可能并没有超链接可以直接访问，但往往是用户关心的内容。因此，可以通过数据挖掘找到同类用户的共同关注点，主动向用户推荐。在档案的个性化利用服务中，用户兴趣关联规则的挖掘可使检索更加高效。

（4）编研用户兴趣专题，主动提供服务。在传统的档案工作中，虽然也有各式各样的利用需要，但受到条件限制，档案利用多限于用户上门查询以及档案部门被动提供服务，档案服务的个性化难以真正地全面进行。通过对用户兴趣的统计，档案人员可以了解当前社会普遍关注的热点、公民个人利益等一些关系民生和社会发展的问题，利用数据库中的馆藏资源进行主题分类，搜罗分散在各档案馆中的各类载体档案，形成出版物或开展主题活动，如《淮海路百年写真》《奉贤收藏》等书籍的编研出版等，记录历史，切合民生，主动满足用户兴趣并提供利用。

6.2 信息抽取技术

本节主要对信息抽取技术进行介绍，包括信息抽取技术与信息检索技术的比较，信息抽取的评价指标、分类、关键技术、相关活动、类型等，并介绍了典型信息抽取的系统 GATE 以及信息抽取技术在档案领域的应用。

6.2.1 信息抽取技术概述

信息抽取技术是指从一段文本中抽取指定的事件、事实等信息，形成结构化的数据并存入数据库，供用户查询和使用。也就是从文本中抽取用户感兴趣的事件、实体或关系，被抽取出来的信息以结构化的形式描述，然后存储在数据库中，为情报分析和检测、比价购物、自动文摘、文本分类等应用提供服务。[9]

6.2.1.1 信息检索和信息抽取比较

从功能方面来看，信息检索是从大量文献集（数据库）中找出相关子集的过程。该过程仅仅从文献集（数据库）中找出相关的文件（数据）并简单地显现给用户。而信息抽取系统则需要从文本中直接获得用户感兴趣的事实信息[10]，如图6-9、图6-10所示。

从处理技术的角度来看，信息检索系统通常利用统计及关键词匹配等技术，

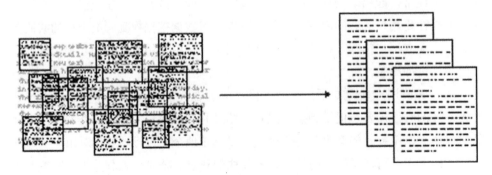

图6-9 信息检索过程示意

图 6-10 信息抽取过程示意

把文本看成词的集合（bags of words），不需要对文本进行深入分析理解；而信息抽取往往要借助自然语言处理技术，对文本中的句子以及篇章进行分析处理后才能完成。

从适用领域来看，由于采用的技术不同，信息检索系统通常是领域无关的；而信息抽取系统则是领域相关的，只能抽取系统预先设定好的有限种类的事实信息。

另外，信息检索与信息抽取又是互补的。为了处理海量文本，信息抽取系统通常以信息检索系统（如文本过滤）的输出作为输入；而信息抽取技术又可以用来提高信息检索系统的性能。二者的有机结合能够更好地服务于用户的信息处理需求。

6.2.1.2 信息抽取系统的评价指标

信息抽取系统的评价沿用经典的信息检索（IR）评价指标，即召回率 R（recall）和准确率 P（precision），但稍稍改变了其定义：

$$P = A/(A+B)$$
$$R = A/(A+C)$$

在信息检索评价指标中，A 表示系统检索到的相关文件，B 表示系统检索到的不相关文件，C 表示系统未检索到的相关文件。即 $A+B$ 为系统所有检索到的文件总数，$A+C$ 为系统所有相关的文件总数。而信息抽取评价指标对其定义做了稍微改变，其中，A 表示抽出的正确信息点数，$A+B$ 表示所有抽出的信息点数，$A+C$ 表示所有正确的信息点数。

为了综合评价系统的性能，通常还计算召回率和准确率的加权几何平均值，即 F 指数，它的计算公式如下：

$$F = \frac{(\beta^2+1)PR}{\beta^2 P + R}$$

式中：β 是召回率和准确率的相对权重。当 $\beta=1$ 时，二者同样重要；当 $\beta>1$ 时，准确率更重要一些；当 $\beta<1$ 时，召回率更重要一些。

6.2.1.3 信息抽取的分类

根据文本的结构化程度，可以将信息抽取分为结构化文本抽取、半结构化文本抽取和自由文本抽取三种。

1. 结构化文本抽取

结构化文本是指按照一定格式严格生成的文本，如数据库中的文本信息等。由于这类文本具有严格的字段长度、字段类型等规则限制，因此，文本格式规范，数据类型一致。对此类文本的信息抽取较容易实现，准确率通常也能达到很高的水平。

2. 半结构化文本抽取

半结构化文本是介于结构化文本和自由文本之间的一种文本形式。这类文本与自由文本相比，虽然具有一定的结构化，但其结构化程度无法达到结构化文本的水平。例如，互联网上海量的网页资源就属于半结构化文本。网页的源文件通常以 HTML 置标语言对文本内容进行分割和标识，是具有一定的结构化程度的；但是，分割所用标签并未进一步对分割内容进行数据类型、数据长度等方面的限定，因此，其结构化程度不及结构化文本。对半结构化文本的分析难度大于结构化文本，小于自由文本。

3. 自由文本抽取

自由文本是指文本中文字合乎自然语法规则的文本，如新闻报道、科技文献、政府文件等。对自由文本进行信息抽取需要运用许多自然语言处理知识，所以，在信息抽取技术的三种处理对象中，自由文本信息抽取系统的构建是比较复杂和困难的。自由文本信息抽取系统的构建主要有两种方法，即知识工程方法和机器学习方法。知识工程方法依靠人工编写抽取模式，使系统能处理特定知识领域的信息抽取问题；机器学习方法根据训练文本是否经过人工标注，又可分为有监督的机器学习方法和无监督的机器学习方法。[9]

6.2.1.4 信息抽取中的关键技术

1. 命名实体识别

命名实体是文本中基本的信息元素，是正确理解文本的基础。狭义地讲，命名实体是指现实世界中的具体的或抽象的实体，如人、组织、公司、地点等，通常用唯一的标志符（专有名称）表示，如人名、组织名、公司名、地名等。广义地讲，命名实体还可以包含时间、数量表达式等。命名实体识别的方法主要分为基于规则的方法和基于统计的方法。[10]

2. 句法分析

句法分析是计算机理解自然语言的基础，通过句法分析得到输入的某种结构表示，如完整的分析树或分析树片段集合。

3. 篇章分析与推理

一般来说，用户关心的事件和关系往往散布于文本的不同位置，其中涉及的实体通常可以有多种不同的表达方式，并且还有许多事实信息隐含于文本之中。为了准确而没有遗漏地从文本中抽取相关信息，信息抽取系统必须能够识别文本中的共指现象，进行必要的推理，以合并描述同一事件或实体的信息片段。因此，篇章分析、推理能力对信息抽取系统来说是必不可少的。

4. 知识获取

作为一种自然语言处理系统，信息抽取系统需要强大的知识库支撑。在不同的信息抽取系统中，知识库的结构和内容是不同的，但一般来说，都应具备以下三个要素：①词典。用以存放通用词汇以及领域词汇的静态属性信息。②抽取模式库。用以存放抽取模式规则，可以有附加的（语义）操作，通常也划分为通用部分和领域（场景）专用部分。③一个概念层次模型。通常是面向特定领域或场景的，是通用概念层次模型在局部的细化或泛化。除此之外，可能还有篇章分析和推理规则库、模板填充规则库等。

6.2.2　信息抽取的相关活动

6.2.2.1　MUC

MUC（message understanding conference，消息理解会议）是20世纪80年代末由美国国防部高级研究计划局（Defense Advanced Research Projects Agency，DARPA）发起的。MUC的目标是对自由文本进行分析，标识出某一特定类型的事件，并将有关这一事件的信息填写到相应的数据模板中。其作用在于对信息抽取技术的方法研究以及系统评价等都起到重要的促进作用。MUC关注的是对电子邮件信息的抽取和对新闻文章信息的抽取，主题涉及恐怖活动、国际风险投资、企业成功管理经验等。

6.2.2.2　MET

MET（multilingual entity task，多语种实体评价任务）也是DARPA发起的一个测评项目，主要是针对中文、日文以及西班牙文等多语种新闻文献进行命名实体抽取。MET-1和MET-2测试分别于1996年和1998年进行。

6.2.2.3　ACE

ACE（automatic content extraction，自动内容抽取）项目由美国国家安全局

(NSA)、美国商务部技术管理部门（NIST）以及美国中央情报局（CIA）共同主管。它主要关注三种信息内容抽取：网络上的在线新闻、通过 ASR（自动语音识别）得到的广播新闻和通过 OCR（光学字符识别）得到的报纸新闻。其目的在于，在自动化内容抽取的基础上，为链接分析、自动摘要等打下基础，并且能够抽取相应信息给分析师，提高信息分析能力。

6.2.2.4 DUC

DUC（document understanding conferences，文本理解会议）是在 DARPA 的 TIDES（translingual information detection, extraction, and summarization program，跨语言信息识别、抽取和总结项目）基础上发起的一个对"文本概括"进行研究测评的项目。会议系统测评主要由美国商务部技术管理部门（NIST）负责管理。

6.2.3 信息抽取的类型

MUC 根据信息抽取内容以及所抽取信息的集聚水平的不同，将信息抽取分为以下六种主要类型。[11]

6.2.3.1 命名实体识别信息抽取

命名实体识别（named entity recognition，NER）是信息抽取最基本的类型。此类信息抽取需要系统能够识别出实体名，并将相应的实体名进行归类。MUC 测评识别和抽取人名、组织名、日期、时间、地点、货币数量、百分数等，并在文本中对这些信息进行标注。NER 具有非常直接的实用价值。在对文本中的名称、地点、日期等进行标注后，即提供了对这些信息进行检索的可能。对于许多语言处理系统，NER 都是其中一个很重要的组件。

【例 6.1】The shiny red rocket was fired on Tuesday. It is the brainchild of Dr. Big Head. Dr. Head is a staff scientist at We Build Rockets Inc.

NER: entities are "rocket", "Tuesday", "Dr. Head" and "We Build Rockets".

6.2.3.2 多语种实体识别任务信息抽取

多语种实体识别任务（multi-lingual entity task，MET）信息抽取除了需要能够对英文命名实体进行识别之外，还需要能够对多语种的命名实体进行识别，如可以对中文、日文或西班牙文进行命名实体识别。

6.2.3.3 模板元素信息抽取

模板元素（template elemen，TE）信息抽取需要从文本的任何地方将与组织、人物或其他实体相关的基本信息抽取出来,并将这些信息作为实体的属性进行聚集,形成实体对象。在 MUC 测评中,TE 系统需要能够从文本中抽取特定类型的实体信息,并将这些信息填写到预先定义的属性模板中。例如,对人物实体的模板元素信息抽取,需要信息抽取系统能够抽取出预先定义的人物的名称、职务、国籍等属性。

如例 6.1 中:

  TE: the rocket is "shiny red" and "Dr. Head's brainchild".

6.2.3.4 参照信息抽取

参照(coreference,CO)信息抽取涉及在进行 NER 或 TE 任务时,从文本中标识出对同一实体的不同表达方式。CO 可以将散布在文本中不同地方的同一实体的描述信息连接起来。分析实体在文本中不同地方出现的情况,以及分析实体在不同场合与其他实体之间的关系有助于情节信息的抽取,为模板元素信息抽取和情节模板信息抽取打下基础。

如例 6.1 中:

  CO: "it" refers to the rocket; "Dr. Head" and "Dr. Big Head" are the same.

6.2.3.5 模板关系信息抽取

模板关系(template relation,TR)信息抽取需要在模板元素信息抽取的基础上标识出模板元素之间的关系。例如,职员和组织之间的关系(employee_of),产品和生产企业之间的关系(product_of),以及公司和地区之间的关系(location_of)。

如例 6.1 中:

  TR: Dr. Head works for We Build Rockets Inc.

6.2.3.6 情节模板信息抽取

情节模板(scenario template,ST)抽取某一事件中的事件信息,并将事件信息与某个组织、人物或其他实体相关联。ST 需要标识出特定事件及事件的相关属性,包括将事件中的各个实体填充到事件的相应角色中,通过各个对象之间的关系,能够还原出整个事件的"原型"。

如例 6.1 中:

  ST: a rocket launching event occurred with the various participants.

6.2.4 信息抽取系统介绍

信息抽取技术已经获得较为广泛的应用。经过多年迭代后技术相对成熟，相关抽取工具软件的选择也较多。目前，在学术界最具代表性的信息抽取系统是GATE。

GATE是英国谢菲尔德大学承担的信息抽取项目，是纯Java语言的开源软件，支持对XML、RTF、E-mail、HTML、SGML以及纯文本文档类型信息的抽取。

GATE项目认为，典型的信息抽取包括如下三个过程。

6.2.4.1 预处理

预处理过程并不能实现信息抽取，而是信息抽取的前提。该过程具体包括文本格式的检查（format detection）、特征标记（tokenisation。数字、括号等）、分词（word segmentation）、句法分割（sentence splitting）、语法标记（POS tagging）等。通过这些预处理步骤，文本将被分解为有一定语言意义的语言片段，对这些语言片段进行标记，文本能够被转换为更易于被信息抽取系统处理的模式。

6.2.4.2 命名实体探测

命名实体探测过程实现对命名实体的探测，并通过参照（如辞典），实现实体之间的联系。[11]在这一过程中，通常需要借助辞典实现对人物、组织、地点、时间等命名实体的探测。辞典中也可能会包括一些相应的指示词（如Ltd.提示公司名称），用以指示相应的实体内容。一些系统还具有语义标记的功能。例如，GATE中的ANNIE示范系统按照JAPE（Java annotations pattern engine）书写的规则，能够对实体进行更深入的语义标注。

6.2.4.3 事件探测

事件探测过程是在命名实体探测过程的基础上实施的过程，它抽取某一事件中的事件信息并将之与某个组织、人物或其他实体相关联，构造出事件的概貌。事件探测过程需要完成句法分析、模板填充、模板合并、模板关联和事件探测等步骤。

图6-11为使用GATE系统进行文本抽取后的结果界面。用户可在右侧区域选择需要高亮显示的实体类型，中间正文区则会以相应颜色高亮显示文本中抽取出的相应类型实体实例。

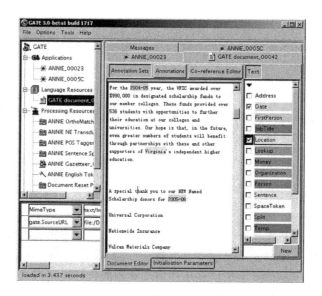

图 6-11　GATE 进行文本抽取后的结果界面

6.2.5　信息抽取技术在档案领域的应用

许多与文本、信息和知识的获取、加工、分析、管理相关的应用领域都可以利用信息抽取技术。因此，在数字档案馆的建设中，信息抽取技术也具有很好的应用前景。[11]

6.2.5.1　自动标引及元数据获取

数字档案馆拥有海量信息资源，检索不仅与关键词相关，更需要有效的揭示方式。其内容标引和元数据加工环节可以充分利用信息抽取技术，以提高加工效率，提升服务质量。

6.2.5.2　大型知识库、数值库建设

数字档案包含丰富而真实的知识单元和重要数据，可通过信息抽取的方法来构建相应的主题知识库、数值库。充分挖掘和整理数字档案馆资源，可为多途径、高效率开展档案利用服务提供基础。

6.2.5.3　档案网站信息资源整合

利用信息抽取技术进行档案网站信息资源整合的工作原理是利用 Robot（机器人）或 Spider（蜘蛛）等自动代理软件，定期或不定期地在各指定的档案网站上漫游，顺着超文本之间的链接跟踪各档案网站上新加入的页面、节点。当

Robots 或 Spiders 发现新的网址、网页信息后，即对其进行自动抽取、标引、归并、排序，创建可按关键词查询的数据库，使用户能轻易地查找到所需要的信息。当用户输入检索词后，搜索引擎会自动进行搜索，将符合用户要求的信息以超文本方式显示出来。其主要特点是非人工构建，自动化程度高，并可提供位置检索、概念检索、截词检索、嵌套检索等。其优点是所收录的信息量巨大，耗费人力资源较小，信息更新速度快，适合特性检索；缺点是检索结果较为庞大，查准率不高。[12]

6.2.5.4　用户精准查询

在档案的查询利用过程中，用户未必要用到一份档案中的全部材料，可能只需要检索和利用其中一项材料或者一页内容、一条数据，那么，如何在短时间内在体量庞大的数十种材料中定位到用户想要利用的目标性内容，是档案利用服务中迫切需要解决的问题之一。对这一需求，可引入人工智能技术中的图像识别技术和信息抽取技术等，对档案利用过程中无法通过直接查找来定位身份证明文件等精细化利用问题，研发档案图文智能定位与精细化检索工具，实现对存量数字化图像内容的批量智能自动识别预处理和精确查找定位。[13]

6.3　虚拟现实技术

本节主要对虚拟现实相关的技术进行简单介绍，并列举虚拟现实技术在档案领域的实际应用，介绍虚拟现实技术应用于档案服务中的特点。

6.3.1　虚拟现实技术概述

虚拟现实（virtual reality，VR）技术是以计算机技术为核心，生成在视、听、触感等方面与一定范围的真实环境近似的数字化环境的技术。VR 技术是人类在探索自然、认识自然过程中创造、产生并逐步形成的一种用于认识自然、模拟自然，进而更好地适应和利用自然的科学方法和技术。用户借助必要的装备与数字化环境中的对象进行交互，可获得身临其境的感受和体验。[14]

6.3.1.1　虚拟现实技术原理

当人们观察现实世界时，由于双眼的位置不同，因此看到的图像略有不同，这种差别能让人感知深度，让事物看起来立体。VR 技术正是利用这种视觉差异，替人的双眼安排不同的画面，从而让人们感觉到画面的立体性。VR 系统通常由软件和硬件两部分组成，软件主要用于构造虚拟场景、图形显示、输入输出接口，而硬件主要用于建立人机之间的知觉反馈。[15]

VR 系统中涉及的软件技术包括眼球追踪技术、大空间定位技术、三维图形实时成像技术等。眼球追踪技术的原理是当人的眼睛看向不同方向时，眼部会有细微的变化，这些变化会产生可以提取的特征，计算机可以通过图像捕捉或扫描提取这些特征，从而实时追踪眼球的变化，预测用户的状态和需求，并进行响应。大空间定位技术是通过捕捉使用者的运动轨迹，计算出人们在空间中任意时刻的坐标值的技术。三维图形实时成像技术是指将特定对象的三维模型经过几何变换、透视、扫描转换、渲染着色等处理后，在设备上实时显示具有"真实感"图像的技术。该技术的关键是图像的实时生成，它关系到显示效果的真实性和可信性。VR 系统中的硬件主要包括头部定位传感器、立体显示仪、连接传感器以及操纵装置等设备。传感器用于测量使用者身体的移动信息，连接装置则起到数据传输的作用，操纵装置用于控制和反馈虚拟系统与使用者之间的交互信息。基于立体显示仪和交互设备，使用者可改变他在虚拟世界所看到的景象。当使用者移动时，他在虚拟场景中也会以同样的方式移动；当使用者向左（右）观察时，系统就会识别这一动作，并立刻渲染出左（右）边的场景，使虚拟景象能够随着使用者目光的移动而不断变化。[15]

6.3.1.2 VRML

新一代的 Web 语言——虚拟现实建模语言（virtual reality modeling language, VRML）是一个三维造型和渲染的图形描述性语言，它把一个虚拟世界看作一个"场景"，而把"场景"中的一切都看作"节点"，通过描述 Internet 和 WWW 上的超链接来构建虚拟世界。由于 VRML 综合了现有三维软件的景象描述语言的优点，为虚拟环境的建立提供了良好的规范，因此得到了许多软件开发商的支持。VRML 可以实现灵活高效地创建三维场景、实时的图形渲染、基于事件的交互的功能。[16]

6.3.1.3 Web 3D 技术

基于 Web 3D 技术的开发软件及技术非常多，基于图像的 Web 3D 虚拟现实技术主要以 Java 技术和 Flash 技术为代表。基于几何建模的常用技术有 Cult 3D、Viewpoint、Quest 3D、Java 3D、Superscape、Shockwave 3D 等近 30 种 Web 3D 格式软件。其中，由瑞典 Cycore 公司开发的 Cult 3D 是应用最广泛的实时 Web 3D 技术。运用 Cult 3D 技术制作出的文件具有文件量小、真实互动性强、可跨平台运用的优点，此外，还能在 Cult 3D 场景中加入音效和操作指引。用户使用鼠标可直接移动、旋转、放大或缩小 3D 作品。Cult 3D 对硬件要求相对较低，即使是低配置的台式电脑或笔记本电脑，用户也能流畅地浏览 Cult 3D 作品。对于一般的浏览器，只需安装一个插件即可浏览。[17]

6.3.1.4　360°全景技术

360°全景技术是基于静态实景图像在计算机上能够实现的桌面级虚拟现实技术，用户在网上能够进行 360°的全景观察，通过交互操作实现自由浏览，从而体验三维的虚拟现实视觉世界。相比于动态视频和三维建模的方式，360°全景技术具有展示全面、真实感强、无视角死区、生成对象更真实可信、数据量小、花费低等优势。[17]

6.3.1.5　虚拟漫游技术

虚拟漫游是虚拟现实技术的重要应用，它实现了对三维景观的数字化和虚拟化，将真实的场景在屏幕上显示出来，因此，系统每秒必须产生 10 帧以上的图像，由于人对图像产生速度的变化比较敏感，还要求图像帧生成的速度尽量一致。虚拟漫游的实现涉及一些相关算法，其主要目的就是在规定的时间内绘制出对应于当前视点的图像帧。随着三维虚拟漫游应用的不断发展，漫游场景变得越来越庞大，地形数据也越来越复杂，因此，对实时渲染和自动漫游速度的要求也就越来越高。[18]

6.3.2　虚拟现实技术在档案领域的应用

6.3.2.1　应用实例

2016 年 11 月 11 日，美国国家航空航天局（NASA）与"阿波罗计划"在 USAToday 网站上发布了一个名为 VRtuallyThere 的每周系列视频，用户进入这一板块，就可借助虚拟现实技术，360°直观地体验身处月球表面的感觉。[19]

2016 年 12 月 1 日美国推出的"铭记珍珠港"应用程序使用了虚拟现实技术，用户可通过与幸存者唐宁在虚拟现实环境中交流，与当时的文物、标志性照片和档案视频进行交互，将自己置身于那个毁灭性场景中。如此一来，用户就能体会到"珍珠港事件"中幸存者的感觉，根据叙事者（幸存者）的观点进行深度思考，大大增强了真实感受。

英国国家档案馆汇集第一次世界大战的馆藏和网络资源，选取档案中鲜为人知的故事，发布"大沃顿"虚拟小镇，用户进入后能穿越历史，置身于"一战"时英国国内生活的真实空间。

青岛市档案馆借助 3D 虚拟技术和互联网技术推出了虚拟展览。在"青岛：1945 年日军投降仪式的台前幕后"这一专题展览中，虚拟展厅分为照片资料展厅、报纸资料展厅、档案资料展厅、电影厅四个区域，通过原始的档案、照片和电影，介绍了 1945 年日军投降的那段历史。这是青岛档案馆推出的首个虚拟展览，给观众以在线亲临档案展厅的全新体验。[17]

苏州园林档案馆的网上展厅运用 360°全景技术，将园林档案馆古色古香的环境呈现得淋漓尽致。网上展览中设置了导航，包括正门、一楼内景、学术报告厅、内庭院、展厅一、展厅二、二楼内景、阅档室、阅览室九个部分，参观者可以通过移动鼠标找到自己感兴趣的内容，交互感十分强烈。

6.3.2.2 虚拟现实技术应用于档案服务中的特点

1. 重视用户的主观体验

虚拟现实具有"3I"特征，即"immersion"（沉浸）、"interaction"（交互）和"imagination"（想象），应用于档案服务中能增强用户的主观体验。具体表现为："沉浸"带领用户回到过去，还原档案中的历史原貌；"交互"是与用户模拟互动，增强用户对档案内容的真实感受；"想象"为用户构造无限空间，实现档案挖掘目的。[19]

2. 在线服务向在场服务转变

虚拟现实具有的"沉浸""交互"和"想象"特征不仅能增强用户的体验感，还能使档案服务方式由在线向在场转变。在线服务是指用户通过互联网环境满足各种需求的线上服务，在场服务是指用户直接融入沉浸式场景的体验服务。与在线服务相比，在场服务的用户体验感更好，参与程度更深。

3. 多主体联动支持全方位服务

要应用虚拟现实技术创新档案服务，须落实虚拟现实产业链的关键之处——硬件和内容。硬件层面要考虑虚拟现实服务需要的设备供应、平台搭建等支持，内容层面要考虑资源开发、运营维护等问题。这些任务由档案馆独立承担显然难度过大，寻求合作是目前主要的解决方法。

4. 实物档案保护

实物档案具有不可再生性、无法替代性、不可逆转性等特征，一旦损毁将无法弥补。由于实物档案的载体形态各异、材质多样、易被损坏、备份困难等特点，现有的实物档案的保护措施仍不完善。虚拟现实技术准确地把握了实物档案保管的特殊性，成为对其进行合理妥善保管的前提和基础。通过虚拟现实技术在网络平台上的利用，可尽量减少对实物档案实体的调用，减少发生毁坏、磨损、丢失等现象，达到对实物档案实体的保护作用。另外，虚拟现实技术可将实物档案进行备份，解决了实物档案难以备份的问题。实物档案通过虚拟现实技术手段得以真实地、完整地保存下来。[20]

大数据技术

沃尔玛在对消费者购物行为进行分析时发现，男性顾客在购买婴儿尿布时，常常会顺便搭配几瓶啤酒犒劳自己。如今，"啤酒+尿布"的数据分析结果已成为大数据应用的经典案例。2012年3月，腾讯推出QQ圈子，按共同好友的连锁反应摊开用户的人际关系网，把同学、同事朋友圈分门别类，这也是大数据应用的有趣案例。

随着以博客等社交网络、基于位置的服务（LBS）等为代表的新型信息发布方式的不断涌现，以及云计算、物联网等技术的兴起，数据正以前所未有的速度不断地增长和累积，大数据时代已经来到。那么，究竟何为大数据？大数据本身是一个比较抽象的概念，目前尚未有一个公认的定义，维基百科对大数据的定义是：指利用常用软件工具捕获、管理和处理数据所耗时间超过可容忍时间的数据集。也就是说，大数据是数据量特别大，种类特别多，无法用传统数据库工具进行管理的数据集。

6.4.1 大数据的特点

大数据的特点从早期的"3V""4V"，到现在变为"5V"，具体如下：[21]

（1）数据体量巨大（volume）。指收集和分析的数据量非常大，从TB级别跃升到PB级别。

（2）速度快（velocity）。数据增长速度快，获取数据的速度快，则处理速度也要快，因为需要对数据进行近实时的分析。以视频为例，连续不间断的监控过程中，可能有用的数据仅仅有一两秒。这一点和传统的数据挖掘技术有着本质的不同。

（3）数据类别多样（variety）。大数据来自多种数据源，数据种类和格式日渐丰富，包含结构化、半结构化和非结构化等多种数据形式，如网络日志、视频、图片、地理位置信息等。

（4）数据真实（veracity）。指数据的准确性和可信赖度高，即数据质量高。

（5）价值密度低，商业价值高（value）。犹如大浪淘沙，千锤百炼，才能获取到大量信息中部分有价值的信息。

6.4.2 数据库和大数据的区别

传统数据库和大数据的区别就好像"池塘捕鱼"和"大海捕鱼"。"池塘捕鱼"代表着传统数据库时代的数据管理方式,而"大海捕鱼"则对应着大数据时代的数据管理方式。"鱼"是待处理的数据,"捕鱼"环境条件的不同导致"捕鱼"方式有着根本性差异,这些差异见表6-2。[22]

表6-2 数据库和大数据的区别

项目	传统数据库	大数据
数据规模	通常以MB为基本单位	通常以GB,甚至TB、PB为基本单位
数据类型	以结构化数据为主	包含着结构化、半结构化以及非结构化的数据,并且半结构化和非结构化的数据所占份额越来越大
模式和数据关系	先有模式,才会产生数据	难以预先确定模式,模式只有在数据出现后才能确定,而且模式随着数据量的增长而不断演变
处理对象	数据仅作为处理对象	将数据作为一种资源来辅助解决其他诸多领域的问题
处理工具	一种或少数几种就可以应对	不可能存在一种工具处理大数据,需要多种不同处理工具应对

6.4.3 大数据的主要应用

6.4.3.1 企业内部大数据应用

在市场方面,企业利用大数据关联分析,能更准确地了解消费者的使用行为,挖掘新的商业模式;销售规划方面,通过大量数据的比较,可优化商品价格;运营方面,可提高运营效率和运营满意度,优化劳动力投入,准确预测人员配置要求,避免产能过剩,降低人员成本;供应链方面,利用大数据进行库存优化、物流优化、供应商协同等工作,可以缓和供需之间的矛盾,控制预算开支,提升服务。[23]

在金融领域,企业内部大数据的应用得到了快速发展。例如,招商银行通过数据分析,识别出其信用卡高价值客户经常出现在星巴克、DQ(冰雪皇后)、麦当劳等场所后,开展"多倍积分累计""积分店面兑换"等活动吸引优质客户;构建客户流失预警模型,向流失率等级前20%的客户发售高收益理财产品予以挽留,使得其金卡客户流失率降低了15个百分点;通过对客户交易记录进行分析，有效识别出潜在的小微企业客户，并利用远程银行和云转介平台实施交叉销售，取得了良好成效。

当然，大数据最典型的应用还是在电子商务领域。淘宝数据魔方是淘宝平台上的大数据应用方案，通过这一方案服务，商家可以了解淘宝平台上行业的宏观情况、自己品牌的市场状况、消费者行为情况等，并可以据此做出生产、库存决策；与此同时，更多的消费者也能以更优惠的价格买到心仪的宝贝。而阿里信用贷款则是阿里巴巴通过掌握的企业交易数据，借助大数据技术自动分析判定是否给予企业贷款，全程不会出现人工干预。

6.4.3.2 电子政务大数据应用

大数据的发展，将极大地改变政府现有管理模式和服务模式。具体而言，就是依托大数据的发展，节约政府投入，及时有效地进行社会监管和治理，提升政府的公共服务能力。例如，作为大数据的强力倡导者，美国前总统奥巴马在竞选总统时，与其团队创新性地将大数据应用到竞选活动中，通过对近两年搜集、存储的海量数据进行分析挖掘，寻找和锁定潜在的己方选民，运用数字化策略定位拉拢中间派选民，筹集选举资金，成为将大数据价值与魅力发挥得淋漓尽致的典型。

借助大数据，还能逐步实现立体化、多层次、全方位的电子政务公共服务体系，推进信息公开，促进网上电子政务的开展，创新社会管理和服务应用，增强政府和社会、百姓的双向交流、互动。[21]

6.4.3.3 物联网大数据应用

智慧城市是一个基于物联网大数据应用的热点研究项目。美国迈阿密戴德县就是一个智慧城市的样板。迈阿密戴德县与 IBM 的智慧城市项目合作，将 35 种关键县政工作和迈阿密市政工作紧密联系起来，帮助政府决策者在治理水资源、减少交通拥堵和提升公共安全方面制定决策时获得更好的信息支撑。IBM 使用云计算环境中的深度分析向戴德县提供智能仪表盘应用，帮助县政府各个部门实现协作化和可视化管理。智慧城市应用为戴德县带来多方面的收益，如戴德县的公园管理部门 2013 年因及时发现和修复"跑冒滴漏"的水管而节省了约 100 万美元的水费。[23]

6.4.3.4 医疗健康大数据应用

医疗健康数据是持续、高增长的复杂数据，蕴涵的信息价值也丰富多样。对其进行有效的存储、处理、查询和分析，可以开发其潜在价值。对医疗大数据的应用将会深远地影响人类的健康。

美国西奈山医疗中心是美国最大、最古老的教学医院，也是重要的医学教育和生物医药研究中心。该医疗中心使用来自大数据创业公司 Ayasdi 的技术，分析大肠杆菌的全部基因序列，包括超过 100 万个 DNA 变体，以了解为什么菌株会对抗生素产生抗药性。Ayasdi 的技术使用了一种全新的数学研究方法，即拓扑数据分析，以了解数据的特征。

微软的 HealthVault 是一个出色的医学大数据的应用，它是 2007 年发布的，目标是希望管理个人及家庭的医疗设备中的个人健康信息。现在已经可以通过移动智能设备录入并上传个人健康信息，还可以通过第三方机构导入个人病历记录。此外，通过提供 SDK 以及开放的接口，支持与第三方应用的集成。

在加拿大多伦多的一家医院，对早产婴儿，每秒钟有超过 3000 次的数据读取。通过对这些数据进行分析，医院能够知道哪些早产儿出现问题并且有针对性地采取措施，避免早产婴儿夭折。[21]

6.4.3.5 社交网络大数据应用

由于在线社交网络大数据代表了人的各类活动，因此，对于此类数据的分析得到了更多关注。在线社交网络大数据分析是从网络结构、群体互动和信息传播三个维度，基于数学、信息学、社会学、管理学等多个学科的融合理论和方法，为理解人类社会中存在的各种关系提供的一种可计算的分析方法。目前，在线社交网络大数据的应用包括网络舆情分析、网络情报搜集与分析、社会化营销、政府决策支持、在线教育等。

美国加利福尼亚州圣克鲁斯警察局是美国警界最早应用大数据进行预测分析的试点，通过分析社交网络，可以发现犯罪趋势和犯罪模式，甚至可以对重点区域的犯罪概率进行预测。2013 年 4 月，美国计算搜索引擎 Wolfram Alpha 通过对 Facebook 中 100 多万名美国用户的社交数据进行分析，试图研究用户的社会行为规律。分析发现，大部分 Facebook 用户在 20 岁出头时开始恋爱，27 岁左右订婚，30 岁左右结婚，而 30～60 岁，婚姻关系变化缓慢。这个研究结果与美国人口普查数据几乎完全一致。总体而言，在线社交网络大数据应用可以从以下三方面帮助人们了解人的行为，以及掌握社会和经济活动的变化规律：①前期警告。通过检测用户使用电子设备及服务中出现的异常，在出现危机时可以更快速地应对。②实时监控。通过对用户当前行为、情感和意愿等方面的监控，可以为政策和方案的制定提供准确的信息。③实时反馈。在实时监控的基础上，可以从某些社会活动获得群体的反馈信息。

实验设计

1. 利用 R 语言进行自动分类和自动聚类操作，实验数据可以自己设计，也可以通过互联网获取。

2. 下载和安装 GATE 软件，并进行英文新闻的信息抽取实验。

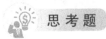

1. 虚拟现实技术还可以应用于数字档案馆档案服务的哪些方面？
2. 数字档案是大数据吗？大数据技术可以为数字档案馆带来哪些方面的改变？
3. 探讨一种或几种数据挖掘/Web 挖掘技术在档案领域的应用可能，以及能带来的好处。

【参考文献】

[1] 黄解军，潘和平，万幼川. 数据挖掘技术的应用研究 [J]. 计算机工程与应用，2003（2）：45-48.

[2] 朱丽红，赵燕平. Web 挖掘研究综述 [J]. 情报杂志，2004（7）：2-5.

[3] Wuthrich B, Cho V, Leung S, et al. Daily stock market forecast from textual web data [C]. SMC '98 Conference Proceedings, 1988 IEEE International Conference on Systems, Man, and Cybernetics (Cat. No. 98CH36218), 1988 (3): 2720-2725.

[4] Arasu A, Cho J, Garcia-Molina H, et al. Searching the Web [J]. ACM Transactions on Internet Technology, 2001, 1 (1): 2-43.

[5] 杨炳儒，李岩，陈新中，等. Web 结构挖掘 [J]. 计算机工程，2003 (20): 28-30.

[6] 涂承胜，鲁明羽，陆玉昌. Web 挖掘研究综述 [J]. 计算机工程与应用，2003 (10): 90-93.

[7] 刘洪. Web 使用模式挖掘及其在网络档案服务中的应用 [J]. 档案学通讯，2007（5）：62-65.

[8] 魏思思. 基于数据挖掘技术的档案个性化利用服务初探 [J]. 兰台世界，2012（14）：18-19.

[9] 刘迁，焦慧，贾惠波. 信息抽取技术的发展现状及构建方法的研究 [J]. 计算机应用研究，2007（7）：6-9.

[10] 李保利，陈玉忠，俞士汶. 信息抽取研究综述 [J]. 计算机工程与应用，2003 (10): 1-5, 66.

[11] 张智雄. 信息抽取技术及其在数字图书馆中的应用前景分析 [J]. 现代图书情报技术，2004（6）：1-5, 23.

[12] 王斌，吴建华. 档案网站信息资源整合方法与方案："档案网站信息资源普查与整合研究"系列论文之二 [J]. 档案学通讯，2010（1）：61-67.

[13] 陈会明, 史爱丽, 王宁, 等. 人工智能在档案工作中的应用实践与挑战: 以北京市市场监督管理局为例 [J]. 档案与建设, 2019 (7): 53-56.

[14] 赵沁平, 周彬, 李甲, 等. 虚拟现实技术研究进展 [J]. 科技导报, 2016, 34 (14): 71-75.

[15] 魏秀芳, 沈显明. 虚拟现实技术在档案展陈中的应用探讨 [J]. 中国档案, 2019 (3): 74-75.

[16] 陈华, 陈福民. 基于 VRML 的虚拟现实系统的研究 [J]. 计算机工程, 2001 (7): 83-85.

[17] 刘婷, 高研, 程熙. 虚拟现实技术在网上档案展览中的应用研究 [J]. 档案学研究, 2012 (5): 47-49.

[18] 周演, 陈天滋. 三维虚拟漫游技术的研究 [J]. 计算机工程与设计, 2009, 30 (5): 1207-1211.

[19] 黄霄羽, 展晓鸣. 国外档案服务创新的亮点: 应用 VR (虚拟现实) 技术 [J]. 北京档案, 2018 (3): 40-43.

[20] 邓羽. 虚拟现实技术在实物档案管理中的应用初探 [J]. 兰台世界, 2013 (2): 24-25.

[21] 方巍, 郑玉, 徐江. 大数据: 概念、技术及应用研究综述 [J]. 南京信息工程大学学报: 自然科学版, 2014, 6 (5): 405-419.

[22] 孟小峰, 慈祥. 大数据管理: 概念、技术与挑战 [J]. 计算机研究与发展, 2013, 50 (1): 146-169.

[23] 张引, 陈敏, 廖小飞. 大数据应用的现状与展望 [J]. 计算机研究与发展, 2013, 50 (S2): 216-233.

第7章　数字档案信息安全技术

本章重点介绍数字档案信息安全技术。数字档案信息安全包括承载数字档案信息相关设备安全、数字档案数据安全、信息系统及其网络平台安全等方面。本章主要从物理安全技术、网络安全技术、系统安全技术以及数据安全技术四个方面对数字档案信息安全技术进行介绍。

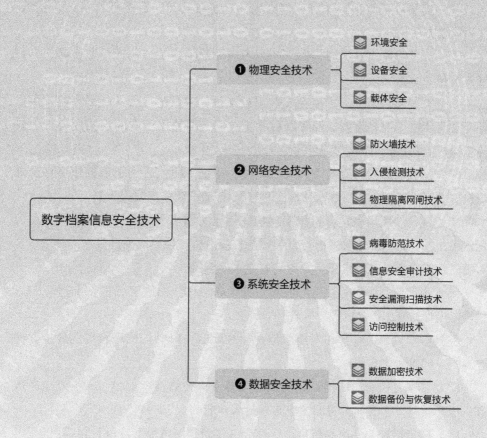

7.1 物理安全技术

物理安全是指存储档案信息的库房、计算机设备及管理人员工作场所内外的环境条件必须满足档案信息安全的要求。对于各种灾害、故障，要采取充分的预防措施，万一发生灾害或故障，应能采取应急措施，将损失降到最低。物理安全包括环境安全、设备安全和载体安全三方面。[1]

7.1.1 环境安全

环境安全是指对数字档案馆系统所在环境的安全保护，是保证服务器和各种电子设备安全运行的重要因素。具体应注意以下九点：[1]

（1）周围环境方面。库房应建在电力、水源充足，自然环境清洁，通讯、交通运输方便的地方。

（2）无危险建筑。库房周围100米内应无危险建筑，包括易燃易爆、有害气体等存在的场所。

（3）安装监控系统。库房应安装监控系统，对系统运行的外部环境、操作环境安装监控（视）设施，及时发现异常。可根据使用目的的不同配备红外线传感器、监视摄像机等监视设备。

（4）防火。库房内应安装火灾自动报警系统，配置适用于档案库房和计算机机房的灭火器材，如卤代烷1211和1301自动消防系统或灭火器。

（5）防水。库房和计算机机房内应无渗水、漏水现象。库房和机房上层有用水设施的，需加防水层；有暖气装置的，应沿机房地面周围设排水沟，应注意对暖气管道定期检查和维修，并应装有漏水传感器。

（6）温度控制。库房和机房应有空调设备，库房温度应保持在14～20 ℃，机房温度保持在18～24 ℃。

（7）湿度控制。库房相对湿度应保持在50%～65%，机房相对湿度应保持在40%～60%。

（8）洁净度控制。库房、机房及其设备应保持清洁、卫生，人员进出库房和机房要换鞋，库房和机房门窗应具有封闭性能。

（9）防雷措施。库房和机房须有符合《建筑物防雷设计规范》（GB 50057—2010）的防雷措施。在雷电频繁区域，须装设浪涌电压吸收装置。[1]

7.1.2 设备安全

设备安全是指对数字档案馆系统设备安全的保护。包括以下四点：[2]

（1）不间断供电。设备必须使用不间断电源（uninterruptible power system，UPS）。这是一种含有储能装置，以逆变器为主要组成部分的恒压恒频不间断电源，主要用于给单台计算机、计算机网络系统或其他电力电子设备提供不间断的电力供应。最好有备用电源和自备发电机，以保证持续发电。

（2）防盗。机房应该有良好的防盗门禁措施和监控措施，确保设备不会被盗。[2]

（3）防静电。设备应安装防静电装置。当采用地板下布线方式时，可铺设防静电活动地板；当采用架空布线方式时，应采用静电耗散材料作为铺垫材料。通信设备的静电地板、终端操作台地线应分别接到总地线母体汇流排上，定期（如每周）对防静电设施进行维护和检验。

（4）抑制和防止电磁泄漏。计算机信息的辐射泄漏，是指计算机设备在工作时，其主机和计算机外部设备所产生的电磁辐射，计算机的电源线、信号线以及地线所产生的传导辐射。计算机系统或设备，包括主机、磁盘机、磁带机、显示器、打印机等，在其工作过程中都会产生不同程度的电磁泄漏。常使用的抑制和防止电磁辐射的技术包括 Tempest 技术（低辐射技术）、"电子烟雾"干扰、电磁屏蔽技术、线路滤波、距离防护等。[3]

7.1.3 载体安全

数字档案是以脱机方式存储到磁带、光盘等介质上的，要保证其脱机载体存储的安全性，就要做到以下三点：

（1）载体应直立摆放，并满足避光、防尘、防变形的要求，远离强磁场和有害气体等。

（2）挑选优质的设备。要针对数字档案信息自身的特殊性来选择符合实际的存储介质。目前档案室使用的存储介质主要有光盘、磁带、硬盘、缩微胶卷等。对于珍贵的数字档案信息，可转到纸张和缩微胶片上保存。缩微胶片被认为是可接受的档案信息存储载体，其保存期至少为 300 年。

（3）定期检测和拷贝。定期检测采用等距抽样或随机抽样的方式进行，样品数量以不少于 10% 为宜，以一个逻辑卷（指在某台设备某个逻辑池里划分出来的逻辑存储单元）为单位。首先进行外观检查，确认载体表面是否有物理损坏或变化，外表涂层是否清洁或有无霉斑出现等。然后进行逻辑检测，采用专用或自行编制的检测软件对载体上的信息进行读写校验。通过检测发现有出错的载体，须进行有效的修正或更新。应每 4 年拷贝 1 次，且原载体继续保存的时间不少于 4 年。

7.2 网络安全技术

数字档案馆网络安全是指保护数字档案馆的局域网、政务网和互联网等网络不受攻击和不被病毒传染，确保档案信息网络服务的可用性。网络安全技术主要包括防火墙技术、入侵检测技术以及物理隔离网闸技术。[4,5]

7.2.1 防火墙技术

防火墙就是在网络边界上建立的相应的网络通信监控系统，用来保障计算机网络的安全，是加强内部网之间安全防御的一个或一组系统。它由一组硬件设备（包括路由器、服务器）及相应的软件构成。[6] 其核心思想是在一个不安全的网络环境下构造一种相对安全的内部网络环境，它要求所有进出网络的数据流都必须有安全策略和计划的确认和授权，并将内外网络在逻辑上分离，如图 7-1 所示。

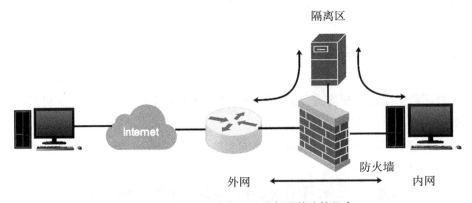

图 7-1　防火墙与内部网和外部网的连接示意

7.2.1.1 防火墙的作用

防火墙被越来越多地应用于专用网络与公用网络的互联环境之中，尤其以接入 Internet 为最甚。安装防火墙主要有以下七个作用：[7,8]

（1）简化安全管理。在一个没有防火墙的网络环境中，网络的安全性取决于每一台主机的功能，所有主机通力合作才能达到较高的安全性。而在有防火墙的网络中，网络的安全性由防火墙决定，只需对防火墙进行加固即可提高网络的安全性。

（2）强化内部网络的安全性。防火墙可以限制非法用户，比如黑客、网络破坏者等进入内部网络，禁止存在安全脆弱性的服务和未授权的通信进出内部网络，并抗击来自各种路线的攻击。

（3）对网络存取和访问进行记录、监控。作为单一的网络接入点，所有进出信息都必须通过防火墙，因此，防火墙适用于收集关于系统和网络使用与误用的信息并做日志记录。在防火墙上可以很方便地监视网络的安全，并在出现安全隐患时报警。

（4）限定内部用户访问特殊站点。防火墙通过用户身份认证来确定合法用户，并通过事先确定的安全检查策略来决定内部用户可以使用哪些服务，可以访问哪些网站。

（5）限制暴露用户点，防止内部攻击。利用防火墙对内部网络的划分，可实现网络中网段的隔离，防止影响一个网段的问题在整个网络传播，从而限制局部重点或敏感网络的安全问题对全局网络造成的影响，并保护一个网段不受来自网络内部其他网段的攻击。

（6）网络地址转换（network address translation，NAT）。由于防火墙可以作为部署NAT的逻辑地址，因此，可以用来缓解地址空间短缺的问题，并消除机构在变换互联网服务提供商（internet service provider，ISP）时带来的重新编址的麻烦。

（7）支持虚拟专用网（virtual private network，VPN）。防火墙还支持具有Internet服务特性的企业内部网络技术体系VPN。通过VPN将企事业单位在地域上分布在世界各地的LAN或专用子网有机地连成一个整体，不仅省去了专用通信线路，而且为信息共享提供了技术保障。[7]

7.2.1.2 数字档案管理中的防火墙技术

防火墙技术能够有效地确保数字档案内容的真实、可靠，保证信息在存储、传输过程中的安全、保密，防范对数字档案的非法访问和随意改动。随着防火墙技术的逐步成熟和普及，数字档案的原始性和真实性可以得到更加可靠的保障。目前，在数字档案的安全管理中用到的防火墙技术主要有数据包过滤技术、代理服务技术、状态监测防火墙技术。[6]

（1）数据包过滤技术。数据包过滤技术是依据系统事先建立的过滤表，根据数据包的源IP地址、目的IP地址、传输协议类型（TCP、UDP、ICMP等）、协议源端口号和协议目的端口号等对数据包实施有选择地通过的技术。这种防火墙可以禁止外部非法用户对内部的访问，也可以禁止其访问某些服务类型。数据包过滤技术的防火墙安装在网络的路由器上，网络之间的各个路由器根据其自身备有的一份被称为"黑名单"的访问表对通过路由器的各种数据进行检查和过滤，凡是符合要求的就放行，不符合的就拒绝。因为路由器对任何网络都是必需的，几乎所有的商用路由器都提供此项过滤功能，所以这种安装在路由器上的防火墙比较简单、易行。全世界的网络上的防火墙有80%是这种类型的。

（2）代理服务技术。代理型防火墙由代理服务器和包过滤路由器组成，是目前较流行的一种防火墙。它将过滤路由器和软件结合在一起，过滤路由器负责网络互联，并对数据进行严格选择，然后将筛选过的数据传送给代理服务器；代理服务器起到外部网络申请访问内部网络的中间转接作用，主要控制哪些用户能访问哪些服务类型。代理型防火墙的优点是安全性较高，可以针对应用层进行侦测和扫描，对付基于应用层的侵入和病毒都十分有效。其缺点是对系统的整体性有较大的影响，而且代理服务器必须针对客户机可能产生的所有应用类型逐一设置，大大增加了系统管理的复杂性。此外，代理对操作系统和应用层的漏洞也是脆弱的，不能有效检查底层的信息。

（3）状态监测防火墙技术。监测型防火墙能够对各层的数据进行主动、实时的监测，在对这些数据加以分析的基础上，能够有效地判断出各层中的非法侵入。同时，监测型防火墙产品一般还带有分布式探测器，这些探测器安置在各种应用服务器和其他网络的节点之中，不仅能够检测来自网络外部的攻击，对来自网络内部的恶意破坏也有极强的防范作用。据权威机构统计，在针对网络系统的攻击中，有相当比例的攻击来自网络内部。因此，监测型防火墙不仅超越了传统防火墙的定义，而且在安全性上也超越了数据包过滤技术和代理服务技术。[8,6]

7.2.1.3 防火墙在保护数字档案信息方面的作用

对于档案馆的网站来说，合理利用防火墙技术，充分发挥防火墙的作用是保护数字档案信息资源的有效手段之一。当某个档案馆的局域网连入因特网，而局域网中又存在重要的档案信息资源时，设置防火墙就可以有效防止跨越权限的数据访问，这样既可以拒绝外界用户随意访问馆内资源，又可以限制馆员在内部不同计算机之间的互相访问，使信息资源被安全利用。另外，通过设置防火墙，档案馆的工作人员可以将安全的档案管理软件及管理系统放置在防火墙保护系统中，集中实施安全保护，对非法访问档案馆网站的行为进行及时控制。因为防火墙能够将非法的访问记录下来，所以可以针对这些记录进行分析和统计，以供日后进行更加有效的防范。目前，我国许多档案部门已经使用了防火墙技术，无论是硬件防火墙还是软件防火墙，都已被档案界广泛应用。

7.2.2 入侵检测技术

入侵检测技术是防火墙技术的合理补充和延伸。它通过从计算机网络中的关键点收集信息，并分析这些信息，查看网络中是否存在违反安全策略的行为。[9] 入侵检测系统由软件与硬件组成，通过对系统的运行状态进行监视，发现各种攻击企图、攻击行为或攻击结果，以保证系统资源的机密性、完整性和可用性。

7.2.2.1 入侵检测的分类及方法

入侵检测技术主要分为异常入侵检测和误用入侵检测两大类型。异常入侵检测是指能够根据异常行为和使用计算机资源情况来检测入侵。异常入侵检测试图用定量方式描述可接受的行为特征，以区分非正常的、潜在的入侵性行为。误用入侵检测是指利用已知系统和应用软件的弱点攻击模式来检测入侵。异常入侵检测是检查与正常行为相违背的行为，而误用入侵检测能直接检测不利的或不可接受的行为。

异常入侵检测方法依赖于异常模型的建立，不同模型构成不同的检测方法。异常入侵检测主要包括基于特征选择、贝叶斯推理、贝叶斯网络、模式预测、贝叶斯聚类、机器学习、数据采掘、神经网络以及统计等方法。

误用入侵检测按预先定义好的入侵模式以及观察到的入侵发生的情况进行模式匹配来检测。误用入侵检测方法主要包括基于条件概率、状态迁移分析、键盘监控、专家系统、模型误用推理及 Petri 网状态转换等。[10]

7.2.2.2 入侵检测的实现

入侵检测的第一步是信息收集，内容包括系统、网络、数据及用户活动的状态和行为信息。入侵检测利用的信息一般来自以下四个方面：

（1）系统和网络日志文件。日志中包含发生在系统和网络上的不寻常和不期望活动的证据，这些证据指出有人正在入侵或已成功入侵了系统。通过查看日志文件，能够发现成功的入侵或入侵企图，并很快地启动相应的应急响应程序。

（2）目录和文件中不期望的改变。网络环境中的文件系统有很多软件和数据文件，包含重要信息的文件和私有数据文件经常是黑客修改或破坏的目标。目录和文件中不期望的改变（包括修改、创建和删除），特别是那些在正常情况下被限制访问的，很可能就是一种入侵产生的指示和信号。

（3）程序执行中不期望的行为。系统中执行的程序是由一个或多个进程来实现的。一个进程的执行行为由它运行时执行的操作来表现，操作执行的方式不同，进程执行利用的系统资源也就不同。操作包括计算、文件传输、设备和其他进程,以及与网络间其他进程的通信。一个进程出现了不期望的行为可能表明黑客正在入侵系统。黑客的操作行为与正常操作不同,黑客可能会将程序或服务的运行分解,从而导致运行失败,或者是以非用户或管理员意图的方式操作。

(4) 物理形式的入侵信息。包括两个方面的内容:一是未授权的对网络硬件的连接,二是对物理资源的未授权访问。黑客会想方设法地突破网络的周边防卫,如果他们能够在物理上访问内部网,就能安装他们自己的设备和软件。

对上述四类情况收集到的有关系统、网络、数据及用户活动的状态和行为等信息,一般通过模式匹配、统计分析和完整性分析三种技术手段进行信号分析。

(1) 模式匹配。模式匹配就是将收集到的信息与已知的网络入侵和系统误用模式数据库进行比较,从而发现违背安全策略的行为。

(2) 统计分析。统计分析方法先给系统对象(如用户、文件、目录和设备等)创建一个统计描述,统计正常使用时的一些测量属性(如访问次数、操作失败次数和延时等)。测量属性的平均值将被用来与网络、系统的行为进行比较,当任何观察值在正常值范围之外时,就认为有入侵发生。

(3) 完整性分析。完整性分析主要关注某个文件或对象是否被更改,通常包括文件和目录的内容及属性,它在发现被更改的、被特洛伊化的应用程序方面特别有效。[9]

7.2.2.3 数字档案馆入侵检测技术保护

数字档案馆网络安全体系的监控和响应环节可以通过入侵检测来实现。入侵检测系统在检测和加强数字档案馆系统安全性方面扮演着重要角色。数字档案馆入侵检测技术通常配置为分布式模式,分别基于主机和网络。主机是在数字档案馆内需要进行监视的服务器主机上安装监视模块,提供跨平台的入侵监视解决方案;网络是在数字档案馆内需要监视的网络路径上放置监视模块,检测其所在网段上的网络流量,提供跨网络的入侵监视解决方案。

数字档案馆入侵检测系统的操作模式可分为实时模式和基于时间间隔的模式。实时模式可以对不断到来的信息流立即进行分析,基于时间间隔的模式则是将时间间隔内的信息存储起来以备将来分析。数字档案馆入侵检测系统可以采用实时模式和基于时间间隔的模式相结合的方式对入侵进行检测。

7.2.3 物理隔离网闸技术

物理隔离是指内部网不得直接或间接地连接公共网和低安全网络。物理隔离的目的是避免内网受到攻击,保证内网的信息安全;只有使内网和外网物理隔离,才能真正保证系统内网不受来自外网的黑客攻击,以及避免内网中有意或无意的泄密事件的发生。物理隔离网闸是一种有多种控制功能的专用硬件，用来隔断网络之间的连接，同时还可以在网络之间进行数据安全交换的网络安全设备。[11]

7.2.3.1 物理隔离网闸的组成及工作原理

物理隔离网闸的硬件由安全隔离切换装置（高速数据缓存区）、内部处理单元和外部处理单元三部分组成。

（1）安全隔离切换装置。由控制计算机、高速数据缓存和数据通道等部分组成。主要功能是响应内外部处理单元发送或接收原始数据的请求，控制数据通道开关的状态。安全隔离切换装置与内外部处理单元的连接就像一个单刀双掷开关，常态时只能与其中一个连接，从而实现内网与外网的隔离。

（2）内部处理单元。由内网处理计算机、内网接口和数据存储器等部分构成。主要功能是提供与内网连接的软硬件接口，对接收的数据进行解析、重组、原始数据提取、防病毒检测以及过滤等，确保数据安全后将安全隔离切换装置向外网转发或者将原始数据重组后向内网转发。

（3）外部处理单元。外部处理单元与内部处理单元结构相同，功能也相差不大，区别是外部处理单元在确认数据安全后等待安全隔离切换装置向内网转发或将原始数据重组后向外网转发。

物理隔离的原理是，内网或外网的应用数据到达内网或外网处理系统并进行处理后，如果需要通过物理隔离控制器到达另一方，就要对应用数据进行签名验证，确认无误后将数据还原成原始应用数据，写入高速数据缓存，写入动作完成后，安全隔离切换装置断开与这一方的连接，然后接通另一方的处理系统，另一方的处理系统读出数据并完成动作后，安全隔离切换装置与其断开，恢复与这一方的连接。[11]

7.2.3.2 数字档案馆物理隔离网闸技术保护

数字档案馆物理隔离网闸可以从物理上隔离并阻断具有潜在攻击性的一切连接，使黑客无法入侵、无法攻击、无法破坏，实现数字档案馆的真正安全。数字档案馆的物理隔离网闸技术可以部署于涉密网与非涉密网之间、内网与外网之间、办公网与业务网之间以及内网与专网之间，从而达到有效保护数据的目的。

7.3 系统安全技术

系统安全技术是用以保证数字档案馆系统的稳定性、可靠性、可控性并且保护其中的电子文件安全的技术，防止电子档案被非法泄漏、修改、删除，保证电子文件的正常访问。系统安全技术主要包括病毒防范技术、信息安全审计技术、安全漏洞扫描技术以及访问控制技术。

7.3.1 病毒防范技术

网络病毒是一种具有破坏性的程序，它通过复制自身以感染更多的计算机。网络病毒感染一般是从用户工作站开始的，而网络服务器是病毒潜在的攻击目标，也是网络病毒潜藏的重要场所。网络服务器在网络病毒感染事件中起着两种作用：一是它可能被感染，造成服务器瘫痪；二是它也可以成为病毒传播的"代理人"，在工作站之间迅速传播病毒。因此，计算机病毒的防范是数字档案馆安全建设中重要的一环。[12]

7.3.1.1 病毒防范技术分类

病毒防范技术中普遍使用的是防病毒软件。防病毒软件从功能上可以分为单机防病毒软件和网络防病毒软件两大类。单机防病毒软件一般安装在单机上，对本地和本工作站连接的远程资源采用分析扫描的方式检测、清除病毒；而网络防病毒软件则主要注意网络病毒，一旦病毒入侵网络或者从网络向其他资源传播，网络防病毒软件就会立刻检测到病毒并加以删除。

网络防病毒技术包括预防病毒、检测病毒和消杀病毒三种技术。①预防病毒技术。该技术通过自身常驻系统内存，优先获得系统的控制权，监视和判断系统中是否有病毒存在，进而阻止计算机病毒进入计算机系统及对系统进行破坏。这类技术有加密可执行程序、引导区保护、系统监控与读写控制等功能。②检测病毒技术。该技术是通过对计算机病毒的特征，如自身校验、关键字、文件长度的变化等进行判断的技术。③消杀病毒技术。该技术通过对计算机病毒的分析，开发出具有删除病毒程序并恢复文件的软件。网络防病毒技术的具体实现方法包括对网络服务器中的文件进行频繁扫描和监测、在工作站上使用防病毒芯片以及对网络目录和文件设置访问权限等。

7.3.1.2 数字档案馆的病毒防范手段

数字档案馆的病毒防范手段主要是使用防病毒过滤软件。其中，以下三个关键区域是病毒防范的主要位置：

（1）客户端系统。数字档案馆中的每个终端都应安装防病毒过滤软件，并且要实时更新软件的特征库，确保防病毒过滤软件为最新版本。

（2）服务器系统。数字档案馆服务器一旦染上病毒，会迅速在整个网络内传播，因此，对数字档案馆服务器系统的保护比对客户端系统的保护更为重要。数字档案馆管理人员在保证防病毒过滤软件特征库为最新版本的前提下，还应定期对服务器系统进行漏洞检测、日志审计、风险分析等操作。

（3）内容过滤器。因特网是目前大多数病毒传播的途径，在从数字档案馆网络访问外网或被外网访问时，实现电子邮件以及 Web 流量的内容过滤非常有必要。因此，定期更新病毒库，将有利于防范最新病毒造成的危害。传统的防病毒策略是基于点的、被动式的保护，而新型的防病毒策略则强调多层次保护、集中式管理、病毒爆发预防和主动防御。

除了安装防病毒过滤软件外，在网络边界可以采用防病毒网关防止病毒入侵。防病毒网关是一种网络设备，用于保护网络内进出数据的安全，主要有病毒查杀、关键字过滤、垃圾邮件阻止等功能；同时，部分设备也具有一定的防火墙的功能。

7.3.2 信息安全审计技术

信息安全审计主要是指对系统中与安全有关的活动的相关信息进行识别、记录、存储和分析。[13] 信息安全审计系统能够严密监视网络中、系统内发生的各类操作，发现其中异常的操作和破坏性的尝试，并对违规操作进行报警和阻断。同时，信息安全审计系统又是一个高度安全的系统，任何黑客或内部人员都无法改变它的记录。即使网络意外瘫痪，审计系统的记录仍旧保持完整。

数字档案馆可使用网络安全审计系统以及数据库审计系统对数字档案的信息安全进行审计。

网络安全审计系统通过网络旁路的方式，监听、捕获并分析网络数据包，还原出完整的协议原始信息，并准确记录网络访问的关键信息。它能实现网络访问记录、邮件访问记录、上网时间控制、禁止访问不良站点等功能。

数据库审计系统应用于数字档案馆，可以加强档案基础数据库的安全，通过对用户访问档案数据库行为的实时记录、分析和汇报，帮助系统数据管理员事前规划预防、事中实时监视、警告违规行为、事后生成合规报告、事故追根溯源；同时，可以加强内外部网络行为监管，保证档案数据的安全。

对数字档案馆的重要位置还应进行监控操作，包括警告标题、击键控制、流量分析、趋势分析以及使用其他监控工具。通过将发生的事件的相关信息记录到数据库或日志文件中，实现对数字档案馆信息的审计跟踪。最后，审计报告将在审计跟踪结束后生成。审计报告应具有清晰、简洁和客观的结构或设计，报告中应包含审计的目的、审计的范围以及审计发现或揭示的结果；同时，应记录时间、日期以及特定系统等有关环境的具体细节。

7.3.3 安全漏洞扫描技术

漏洞扫描器可以自动检测网络环境中远程或本地主机安全方面的弱点。漏洞扫描系统是一种自动检测远程或本地主机安全脆弱点的程序，通过使用扫描系统，系统管理员能够发现所维护的 Web 服务器各种 TCP 端口的分配、提供的服务、Web 服务软件版本以及这些服务和软件呈现在因特网上的安全漏洞；同时，漏洞扫描系统还能从主机系统内部检测系统配置上的缺陷，模拟系统管理员进行系统内部审核的全过程，发现能够被黑客利用的问题。根据扫描系统所发现的信息，系统管理员可以及时填补安全漏洞，避免入侵者攻击。扫描器一般采用模拟攻击的形式对网络上目标计算机可能存在的安全漏洞进行逐项检查，目标可以是工作站、服务器、交换机、数据库应用等各种对象，然后根据扫描结果向系统管理员提供周密可靠的安全性分析报告，为提高网络安全的整体水平提供重要依据。[14]

数字档案馆安全漏洞扫描技术可以帮助数字档案馆安全管理人员快速分析和修补系统漏洞，从而构建一个更加安全的系统环境。数字档案馆使用漏洞扫描程序，可以测试数字档案馆系统中已知的安全脆弱点，生成详细的分析报告，报告可指出系统中可能存在的安全漏洞以及建议应用的安全补丁和配置步骤。按照不同的技术、特征、报告方法以及监听模式，数字档案馆安全漏洞扫描技术可以分为不同的类型。不同的漏洞扫描产品之间由于采用技术的差异性，漏洞检测的准确性差别较大，这就决定了生成报告的有效性也有很大差别。数字档案馆安全管理人员应经常使用不同的漏洞扫描程序对数字档案馆里的系统进行扫描测试，并对相应的漏洞进行及时修复；同时，需要随时更新漏洞扫描程序的漏洞库，以保证漏洞扫描程序生成的报告的实时性。

7.3.4 访问控制技术

访问控制技术是确定合法用户对计算机系统资源所享有的权限，以防止非法用户的入侵和合法用户使用非权限内资源，它的主要任务是保证数字档案不被非法使用、破坏，敏感数字档案不被窃取，是维护网络安全、保护数字档案信息安全的重要手段。[12]数字档案馆主要从账户管理、访问权限、身份认证以及监控账户和日志四个方面对用户进行访问控制，以保证系统的保密性、完整性、可用性和使用的合法性。

7.3.4.1 账户管理

数字档案馆用户账户管理涉及创建、维护和关闭用户账户。如果没有正确定义和维护用户账户，那么数字档案馆系统就无法执行身份验证、提供授权或跟踪问责等操作。

（1）账户创建。数字档案馆用户账户创建要通过制定安全策略进行保护，所有新建账户的用户都需经过培训；拥有高权限的账户被创建时，需经过档案管理部门的审核。

（2）账户维护。数字档案馆账户维护工作涉及更改账户的权限和特权。在对数字档案馆账户进行维护时，应当进行严格的身份审核。

（3）账户关闭。当数字档案馆某个账户不再使用时，应将该账户禁用并删除，在相应的数据表中将其相关信息进行处理，必要时可对该账户信息进行备份存储。[5]

7.3.4.2 访问权限

系统用户权限的管理和角色分配与档案管理的业务功能、操作流程、档案数据的管理层次密切相关。一般情况下用户分为三大类，即管理级用户、业务级用户和浏览级用户。管理级用户负责系统整体数据备份、日常维护、系统模块设置、公共字典维护、用户定义及用户权限设置等；业务级用户负责各个业务岗位上数据的录入、修改、删除、统计、检索等操作，该类用户对系统中的数据具有完全的存取、访问权限，每个用户的操作功能和访问数据内容的权限将根据其业务职能的不同而有所区别；浏览级用户主要是通过因特网查询已经开放的档案信息，绝不允许对系统中的数据进行修改和删除。为每个账户设置相应的访问权限，有利于系统的安全管理。[15]

数字档案馆用户权限的控制应遵循以下原则：

（1）最小特权原则。规定数字档案馆用户应当只被授权访问那些完成其指定工作任务所需的权限，也就是说，应当阻止数字档案馆用户访问那些与其工作任务无关的内容。当用户只能访问、修改其工作任务要求访问、修改的那些数据文件时，数字档案馆系统中的文件完整性就受到了保护。

（2）"知其所需"访问。在数字档案馆特定的分类级别或安全域内，某些档案资源可能会被划分或间隔化，这些档案资源对常规的访问有所限制，只有当用户能够提出与工作任务相关的合理访问理由，或能够证明"知其所需"访问的正当性，才会被授予访问权限。"知其所需"访问由数字档案馆主管部门依照审批手续决定，并且只授予有限时间的访问权限。[5]

7.3.4.3 身份认证

在访问控制中,重要的环节就是身份认证,通过身份认证,计算机网络能确认操作者的身份。身份认证主要采用以下三种方式:

(1) 口令认证。口令认证是最常用的认证方式。在档案系统中,使用口令应当有一定的要求,如长度、大写字母、小写字母、数字、特殊字符及其混合;不同系统要求有不同的口令,这样才能保证口令不易被破解。

(2) 认证令牌。认证令牌是一种小设备。用户输入一个规定信息,认证令牌就根据规则输出一个口令;每次生成不同的口令,并在使用一段时间后就失效。认证令牌一般在一些安全性要求比较高的数字档案馆系统中选择使用。

(3) 证书认证。数字证书是一个计算机文件,它证明了证书持有者与公开密钥的关联。数字档案馆在接收电子档案时,可以要求提供者提供它的数字证书,以便数字档案馆确认其真实身份。在安全性要求比较高的数字档案馆系统中,可以要求登录用户使用个人数字证书,确保登录用户没有被假冒,防止非法访问,以便对个人在系统中的行为进行有效管理。[5]

7.3.4.4 监控账户和日志

建立数字档案馆事件记录和系统日志,能够捕获事件、更改消息以及描述系统上所发生活动的其他数据。数字档案馆可以使用这些信息得出需要调查事件的结论,在外部攻击者使用某个脆弱的服务获得账户时,管理人员可以取信服务器在事件记录和系统日志中记录的与这个事件相关的某些信息。数字档案馆服务器以及防火墙中都设置了一定的访问控制机制,并实时记录访问信息;这些日志信息同时被备份到数据服务器中,以防被删除。[5]

7.4 数据安全技术

数据安全技术可以保护数字档案信息的机密性、完整性、一致性和不可抵赖性,使用的主要技术包括数据加密技术以及数据备份与恢复技术。

7.4.1 数据加密技术

数据加密技术(data encryption technology)是指利用密码学里的相关技术,将一段明文信息经过加密密钥和加密函数处理进行替换或移位,变成不易被其他人读取的、没有任何意义的密文，信息接收方则可以通过解密密钥和解密函数对此密文进行还原，从而实现信息的隐蔽传输。数据加密技术是保障计算机网络数据安全的核心技术。具体如图7-2所示。

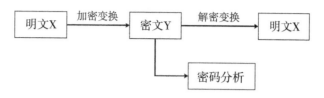

图7-2 加密算法与解密算法

数据加密技术可以保证数字档案内容的非公开性，保证数字档案信息传输的保密性、完整性和档案利用双方的身份认证。目前，数字档案领域常用的加密技术为数字签名技术和数字水印技术。

7.4.1.1 数据加密技术种类

常见的数据加密技术主要包括对称加密技术和非对称加密技术两种。[16]

（1）对称加密技术。对称加密又称为共享密钥加密，是指信息发送方和接收方使用相同的密钥进行加密和解密数据，这要求通信双方在安全传输密文之前必须商定一个公用密钥，如图7-3所示。因此，只有在密钥未被双方泄露的情况下，才能确保传输数据的安全性、机密性和完整性。[17]对称加密技术是最常用的数据加密技术。常用算法主要有DES、AES和IDEA。其中，DES数据加密标准算法是一种对二元数据加密的算法，它是一个对称的64位数据分组密码，密钥为任意56位，剩余8位为奇偶校验码。DES加密速度快、效率高，加密范围广泛，已成功应用于银行电子资金转账领域。

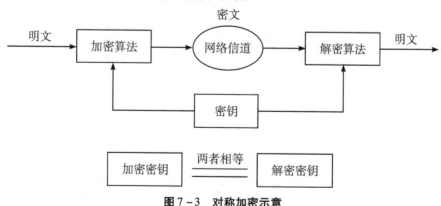

图7-3 对称加密示意

（2）非对称加密技术。非对称加密是指信息发送方和接收方使用不同的密钥进行加密和解密数据，密钥被分解为公开密钥（加密）和私有密钥（解密），而现有的技术和设备均未能由公钥推出私钥[18]，如图7-4所示。非对称加密技术以密钥交换协议为基础,通信双方无须事先交换密钥便可直接安全通信,消除了密钥的安全隐患,提高了传输数据的保密性。[17] 非对称加密技术的数据加密算法主要有 RSA、Diffie-Hellman、EIGamal、椭圆曲线等算法,典型的 RSA 算法可以抵抗当前已知的所有密码的攻击,是应用最广泛的著名的公钥算法。非对称加密技术不仅适用于数据加密,还可以进行身份认证和数据完整性验证,广泛用于数字证书、数字签名等信息交换领域。

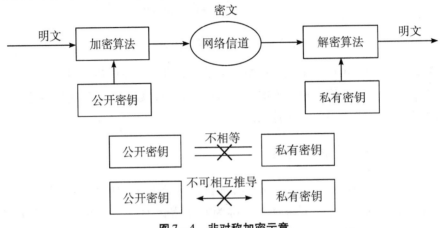

图 7-4 非对称加密示意

7.4.1.2 数字摘要技术

数字摘要也叫散列函数(即哈希算法, hash function)或单向转换(one-way transform)函数,用于数据认证与数据完整性验证。哈希算法用于任一报文且转换为一个固定长度的数据,即报文摘要(finger-print)。不同报文很难有同样的数字摘要,这与不同的人有不同的指纹类似。

数字摘要的具体过程如下(如图 7-5 所示):

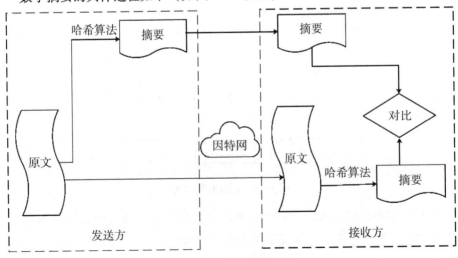

图 7-5 数字摘要过程

(1) 对原文使用哈希算法得到数字摘要。

(2) 将数字摘要与原文一起通过网络通信发往接收方。

(3) 接收方将收到的原文应用单向哈希算法产生一个新的数字摘要。

(4) 将新数字摘要与发送方数字摘要进行比较。[19]

7.4.1.3 数字信封技术

数字信封技术结合对称加密和非对称加密的优点,使用两个层次的加密来获得非对称加密的灵活性和对称加密的高效性。

数字信封的具体过程如下(如图7-6所示):

(1) 发送方对要发送的数据用对称加密算法的密钥加密生成密文并传送给接收方,这个密钥不必事先约定,可以随机产生。

(2) 发送方用接收方的非对称加密算法中的公钥对对称密钥加密后形成数字信封并发送给接收方。

(3) 接收方接收到数字信封后,用自己的非对称加密算法中的私钥解密得到对称密钥。

(4) 接收方用对称密钥对收到的密文解密得到明文,即原始的数据信息。[20]

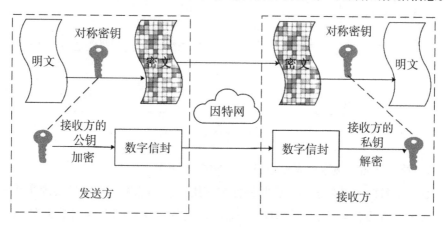

图7-6 数字信封过程

7.4.1.4 数字签名技术

数字签名是为了验证信息的完整性、真实性,证明信息在传送或存储过程中未被篡改、删除等,是笔迹签名的模拟,能够证实是作者本人的签名并有签名的日期和时间;在签名时必须能对内容进行鉴别;签名必须能被第三方证实。数字签名主要采用公钥加密技术,其基本原理是信息提供者利用自己的私钥对信息进行加密,其他任何人都可以使用信息提供者的公钥解密后阅读,而不知道私钥的人无法伪造密文。[21]

1. 数字签名原理

数字签名的具体过程如下（如图7-7所示）：

（1）发送方将被发送的文件用哈希编码加密产生一定长度的数字摘要。

（2）发送方用自己的私钥对摘要再加密，这就形成了数字签名。

（3）发送方将原文和加密的摘要同时传送给接收方。

（4）接收方用发送方的公钥对摘要进行解密，同时对收到的文件用哈希编码加密产生另外一个摘要。

（5）接收方将解密后的摘要与收到的文件在接收方重新产生的摘要相互对比。若两者一致，则说明传送过程中信息未被破坏或篡改过；否则就有伪造假冒的嫌疑。[18]

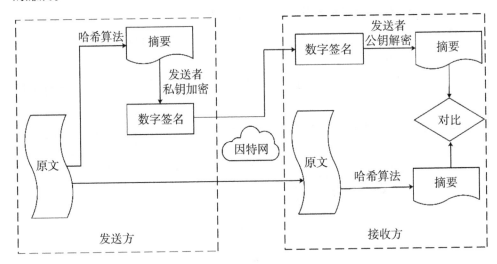

图7-7 数字签名过程

2. 数字签名在数字档案信息安全保护中的作用

数字签名技术对数字档案有两种保护作用：一是能确定数字档案确实是由发送方A签名并发出来的，因为只有A知道自己的私钥，别人要知道A的私钥必须攻破离散对数的数学难题，所以别人假冒不了发送方A的签名；二是数字签名能保证数字档案信息的完整性，因为数字签名的特点是它代表了数字档案的特征，其电子文件如果发生改变，数字签名的值也将发生变化，不同的文件将得到不同的数字签名。从上述方案描述和分析可见，数字签名技术能有效保证以下三点：①接收方B能够核实发送方A对数字档案的签名；②发送方A事后不能抵赖对数字档案的签名；③接收方B及其他恶意实体不能伪造对数字档案的签名。因此，数字签名技术能有效保证数字档案信息的真实性、完整性和机密性，确保数字档案在传输过程中未被恶意删除或篡改，保证数字档案原始的价值和意义。[21]

7.4.1.5 数字水印技术

数字水印是以可感知或不可感知的形式嵌入数字多媒体产品（如文本、音频、视频、图形和图像等）中的，用于版权保护、内容检验或作为提供其他信息的信号。数字水印技术是水印生成、嵌入、抽取、检测和攻击等过程的统称。该技术是20世纪90年代中期信息安全领域的一项发明，是用信号处理的方法在数字化的多媒体数据中嵌入隐蔽的水印标记，并使人的感知系统察觉不出来，隐藏的水印标记只有通过专用的检测器或程序才能提取出来。这是一种最新的多媒体保密技术。与伪装术相反，水印中的隐藏信息能够抵抗各类攻击，即使水印算法是公开的，攻击者要毁掉水印仍十分困难。数字水印技术在信息隐藏，特别是在数字档案管理中将会得到广泛的应用。

1. 数字水印技术分类

数字水印按作用可划分为鲁棒性水印和脆弱性水印。鲁棒性水印主要应用于数字作品中，标志著作版权信息，需要嵌入的水印能够抵抗常见的编辑处理、图像处理和有损压缩，在历经有意或无意攻击后水印不被破坏，仍能被检测出来并提供认证。脆弱性水印主要用于完整性保护，判断多媒体信号是否被篡改，对篡改处能自动标记出来，它需要抵抗常见的有损压缩，如JPEG、JPEG2000和噪声等。

数字水印按载体可分为图像水印、视频水印、音频水印、文本水印和图形水印等。

数字水印按检测要求可分为明水印和盲水印。在检测过程中需原数据的技术称为明水印，其鲁棒性较强。不需要原数据的检测技术称为盲水印，此种水印技术应用较广，尤其针对无法获得原图像的网络应用；但对水印技术的要求较高。

数字水印按内容可分为有意义水印和无意义水印。有意义水印是可视图像，无意义水印为随机码。有意义水印的优势在于，如果由于受到攻击或其他原因致使解码后的水印破损，人们仍然可以通过视觉观察确认是否有水印。但对于无意义水印来说，如果解码后的水印序列有若干码元错误，则只能通过统计决策来确定信号中是否含有水印。

数字水印按用途可分为版权保护水印、篡改提示水印、票据防伪水印、隐蔽标识水印等。

数字水印按可视性可分为可见水印和不可见水印。[22]

2. 通用数字水印框架

数字水印系统的通用模型包括三个部分：水印嵌入、水印提取和水印检测。嵌入算法的目标是使数字水印在不可见性和鲁棒性之间找到一个较好的折中。提取或检测算法主要是设计一个相应于嵌入过程的检测算法。检测的结果或者是提取得到原水印（如字符串或图像等），或者是得到基于统计原理的结果以判断水印存在与否。检测方案的目标是使错判与漏判的概率尽量小。为了给攻击者增加去除水印的难度，目前大多数水印制作方案都在水印加入、提取时采用了密钥，只有掌握密钥的人才能读出水印。[23]如图7-8所示。

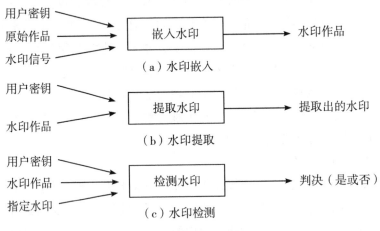

图7-8　通用数字水印框架

3. 数字水印处理后的数字档案的特点

通过对数字水印处理后的数字档案进行分析可以看出，该数字档案具有明显的防篡改和防伪造功能、不可抵赖功能、身份认证功能等诸多优势。具体表现为以下特点：

（1）安全性。通过技术性的专门算法嵌入在数字档案信息数据中的数字水印由于具有较强的隐蔽性，一般情况下是难以被觉察的，更不易被擦除、篡改和伪造；同时，由于具备较低的误测率，数字水印会随着原始数据信息的变化而改变，从而在一定的技术手段支持下，会很容易地检测到原始数据变更与否。当然，数字水印对重复添加同样有着一般技术所缺乏的较强的抵抗性。

（2）隐蔽性。数字水印信息被技术性地嵌入数字档案中是不可感知的，当然，被保护的数字档案原始性数据信息也不会受到影响，仍可被正常地有效使用和利用。虽然易感知水印，如图像水印等，可以被人的肉眼察觉和感知，但这种对水印信息的感知只是停留在数据信息的表面而已，被嵌入的水印信息状况如何，是否被篡改，肉眼仍无法确定，换句话说，只有靠专业的技术手段才可以把隐蔽的信息读取出来。

（3）鲁棒性。数字档案信息不同于传统的实体档案，其利用的效率显而易见。这就要求数字档案信息数据在传输、复制、粘贴、修改等形式的利用过程中，或者说不管经受任何形式的信号处理，数字档案本身的原始信息数据都不会被破坏，仍保持其原始性、真实性、完整性等特性。而数字水印技术正是实现这一功能的关键性技术。

（4）可证明性。数字水印数据信息被技术性地嵌入数字档案当中，根据需要，可随时提取和验证，以判断数字档案有关存储信息是否有效、真实和完整，甚至可以用特殊的技术手段来控制被保护数字档案数据信息的传播以及被非法复制、粘贴、伪造等。[24]

4. 数字水印技术在数字档案馆中的应用

数字化档案在网上传播时要防止被非法利用、复制、篡改，更要能被鉴别出真实性。数字水印技术为档案管理提供了一种切实可行的解决途径，其在数字档案中的应用主要包括以下五个方面：

（1）档案内容认证。在数字档案馆中，普通的纸质档案通过扫描变成电子文档（如 PDF、JPG 等格式），形成数字档案。在这些数字档案中，包含一些签发的红头文件，如高校文书档案中的行政类和党群类文件。在没有形成电子文档以前，普通纸质文件认证的方法一般是鉴别文件的纸张、印章或钢印是否符合规范和标准，其缺点是无论纸张、印章还是钢印都很容易被伪造。特别是印章，虽然各部门对印章的管理和制作有严格规定，但社会上还是有不少违法假印章出现，有些甚至达到以假乱真的地步。这说明传统方法存在很大漏洞。使用数字水印技术则可以有效地解决这个问题。将数字水印作为被嵌入的信息载体，将某些防伪信息添加到红头文件中，使得文件不仅有印章或钢印，而且有难以察觉的数字水印信息，从而使文件很难再被伪造。

（2）给档案加标题与注释。不论是从资源管理者还是从用户的角度而言，对数字档案馆中的各类档案资源进行一定的注释都是必要的。数字水印技术可以将一些数字档案的标题、注释等内容以水印形式嵌入该档案作为隐式注释。例如，对一些影像档案来说，附上该档案照片或者视频的标题、作者、注释等内容不仅不会影响档案本身的价值，而且注释附加在档案中，不容易丢失和混淆，用户在参照时更为方便，甚至注释信息可以用于资源的检索。对其他形式资源的处理也是同样的道理，因为不同的人对事物的看法总会存在差异，用户使用时参照各种不同角度的看法对他本身而言是很有益处的。

（3）知识产权保护。数字档案馆作为互联网上的一个信息系统，其数字化资源很容易被非法复制和篡改，却很难被发现和控制。数字水印技术为这种问题提供了很好的解决方法。版权保护是当前数字水印最主要的应用领域。在数字档案载体中加入合法用户信息的水印（如签名、商标图像等），可以防止其他部门对该数字档案宣称拥有所有权，并可以作为起诉非法侵权者的证据，从而保护档案用户的合法权益。这种应用要求其水印具有非常高的鲁棒性。

（4）数字档案的安全保护。数字化技术在为档案馆带来一系列好处的同时，也产生了对数字档案的保护问题。由于数字档案可以被任意地复制、存储，甚至重新仿制，因此数字档案的非法获取更为简单。这就迫使我们对数字档案进行有效的保护。数字档案馆是文档、图像、音频、视频等综合的多种媒体信息的数字化工程，需要综合数字水印技术对档案馆中数字化档案进行版权及完整性保护。数字水印一般具有不可感知性、鲁棒性，可以用水印的这些特性来保护档案信息安全。将一些鲁棒水印嵌入数字档案后，非法用户是不可能去除这种水印的，除非该档案被破坏得非常厉害，以致失去了利用价值；当它被非法使用或被篡改后，仍然可以检测到嵌入的水印，从而证明档案的归属。而鲁棒水印经过JPEG压缩、镜像、旋转、剪裁和噪声等攻击后，依然可以被提取出来，这样可以对数字档案信息安全进行有效保护，防止数字档案被任意复制、非法使用等。

（5）数字档案馆网页保护。要建立数字档案馆，其门户网站是必不可缺的。制作网站需要花费大量的人力、物力。如果网站受到攻击，档案的信息安全将会受到威胁。数字水印技术的发展及应用将会对数字档案馆的网站信息安全起到不可低估的保护作用。档案馆网页管理者可以通过定时检测隐藏在网页中的水印来判定网页是否被攻击或篡改过。如果该网页被攻击、篡改，其中的水印一定会被破坏，当使用专用的检测器或阅读器来提取时就会报警，提醒修复网页。具有鲁棒性的水印和其他技术结合，可以实现自动恢复；将水印技术和密码签名技术相结合，还可以提供服务器的完整性保护和客户端的数据认证，构造综合的数据安全系统。[25]

7.4.2 数据备份与恢复技术

数据备份是数据维护工作的组成部分，它能在各种不可预料的灾难来临时，通过系统的存储备份资料使得数据信息得以保全。

7.4.2.1 数据备份方法

（1）硬件备份。目前数据备份常用的存储介质有硬盘、磁带、光盘等，它们具有不同的优缺点。将这些存储介质进行备份后，当数据遭到破坏或丢失时，虽然能通过备份资料恢复关键信息数据，但是只能够保留备份前的关键数据，而其后的数据将会丢失，从而造成一定的损失，这部分丢失的数据必须进行人工补充和修复。这种方式成本低，投入少，比较适合于那些对数据要求不高同时经费又相对紧张的机构；它的缺点是存储介质本身的质量问题经常会影响到存储与备份的效果。

（2）双机容错备份。该方式的基本架构分为两种模式：双机互备援模式和双机热备份模式。所谓双机互备援模式，就是两台主机都是工作机，在正常情况下，两台工作机均为信息系统提供支持，同时互相监视对方的运行情况。当其中一台主机出现异常时，另一台主机就主动接管异常机的工作，以达到不停机的目的。而双机热备份模式则是一台为主机，处在工作状态，另一台为从机，当作备份机，并时刻监视主机的运行。当主机出现异常时，从机就主动接管主机的作业和 IP 地址，继续支持信息的运转。双机容错备份是目前最有效的数据库备份方法，它的优点是可以做到数据零丢失，缺点是成本比较高。[26]

7.4.2.2 数据备份与恢复策略

（1）完全备份（full backup）。它是每天对整个操作系统和应用程序生成的数据进行备份，当发生丢失数据的灾难时，只要用灾难发生前一天的备份数据就可恢复。完全备份的优点是简单直观，容易被人理解。但它也有明显的不足之处：首先，由于每天都对系统进行完全备份，因此，在备份数据中存在着大量重复的内容，如操作系统和应用程序，这样就占据和浪费了大量的存储空间，增加了存储和管理成本；其次，所需备份的数据量相当大，备份时间也较长。

（2）增量备份（incremental backup）。它无须对所有的数据进行备份，而只是对上一次备份后新增和修改过的数据进行备份。增量备份的优点是没有重复的备份数据，既节省了存储空间，又缩短了备份时间。它的不足之处是：数据恢复较为烦琐，而且可靠性也较差，任何一次备份出了问题都会导致备份恢复失败。例如，如果系统在星期四早晨发生故障，丢失了大量数据，那么现在就需将系统恢复到星期三晚上的状态。这时，管理员首先要找出星期一那盘完全备份的磁带进行系统恢复，然后再找出星期二的磁带来恢复星期二的数据，最后再找出星期三的数据来恢复星期三的数据。很明显，这比第一种策略要麻烦得多。

（3）差量备份（differential backup）。它是先进行一次完全备份，然后只要把与第一次完全备份新增加或改变的数据进行备份即可。例如，在星期一，网络管理员按惯例对系统进行完全备份；在星期二，假设系统内只多了一个教学设备资产清单，管理员只需将这份清单备份下来即可；在星期三，系统内又多了一份设备产品目录，于是管理员要将这份目录连同星期二那份清单一并备份下来。由此可以看出，这种备份的优点是无须每天都做系统完全备份，节省存储介质的空间，备份所需时间短，数据恢复操作方便。[26]

7.4.2.3 数字档案馆数据备份方式

（1）磁带档案数据定期备份方法。这种方法是每隔一段时间就对磁带上的数据备份一次。相隔时间的长短根据数字档案信息的增量大小和实际需要制订。一些国家规定对磁带数据 12 个月必须备份一次。磁带存储器一般被用作后援存储器。为了解决海量数据存储与检索问题，近几年出现了随机存取高速磁带存储器。例如，新型的蛇型磁带 DLT 就是目前很先进的高速存储器。这种磁带可以承受 50 万次以上的扫描，相当于连续读写 3.5 年。即使这样优良的磁带存储器，相对于档案数据的长期保存而言，其使用寿命仍然是短暂的。磁带定期备份仍是保存档案数据的重要措施。

（2）远程数据库备份方式。这种方式是将数字档案信息传送到远程备份中心计算机上制作备份磁带和备份光盘，也称为磁带库备份方式或光盘库备份方式。备份磁带和备份光盘也可存放在备份中心。备份中心一般应设在计算机软硬件技术和网络通信设施优良的机构，如图书馆、档案馆、计算中心等，备份中心选定后应相对稳定。

（3）远程镜像磁盘备份方式。这种方式是通过高速光纤线站和磁盘控制技术将镜像磁盘延伸到远离生产机的地方，用这种方式可以同步进行数字档案备份，也可以异步进行数字档案备份。镜像数据和主磁盘数据完全一致。

（4）网络数据备份方式。这种方式是对数字档案的重要目标文件的更新进行监控和跟踪。在监控的同时，将更新的目标数据及时通过网络传送到备份系统，再对磁盘进行更新，一旦发现新的档案信息，立即进行镜像备份处理，从而及时完成档案数据的备份。[27]

实验设计

1. 通过搜索引擎查找对称加密典型算法 DES、非对称加密典型算法 RSA、数字摘要典型算法 MD5 的应用程序，利用这些软件进行对称加密、非对称加密、数字摘要的应用实验。

2. 使用上述非对称加密、数字摘要软件，模拟数字信封的实现过程。

思考题

1. 可采用哪些技术来保障数字档案馆数字信息传送的安全性？
2. 大数据环境下，如何确保信息的安全性？
3. 数字签名的技术原理是什么？数字签名在数字档案馆中有哪些应用？
4. 数字档案馆系统的外网、内网分别面临哪些安全风险？

【参考文献】

［1］田淑华. 电子档案信息安全管理研究［D］. 太原：中北大学，2009.

［2］袁浩川，徐帅. 干部数字档案信息安全管理之物理防护［J］. 电脑知识与技术，2013，9（10）：2289－2290.

［3］吕立波. 计算机电磁辐射泄密的主要原因、途径及其防护措施［J］. 警察技术，2002（5）：19－20.

[4] 李丽新, 袁烨. 网络安全技术浅析 [J]. 现代情报, 2007 (10): 121-122.

[5] 林林. 论数字档案馆安全保护技术体系的构建 [J]. 档案学研究, 2015 (3): 105-110.

[6] 王茹熠. 防火墙技术在数字档案安全管理中的应用 [J]. 兰台世界, 2010 (6): 15-16.

[7] 宿洁, 袁军鹏. 防火墙技术及其进展 [J]. 计算机工程与应用, 2004 (9): 147-149, 160.

[8] 戴蓉, 黄成. 防火墙的分类和作用 [J]. 电脑编程技巧与维护, 2011 (4): 104-105.

[9] 郭继坤, 郝维来, 董军. 防火墙与入侵检测技术 [J]. 信息技术, 2003 (3): 10-12.

[10] 蒋建春, 马恒太, 任党恩, 等. 网络安全入侵检测: 研究综述 [J]. 软件学报, 2000 (11): 1460-1466.

[11] 王新. 数字档案馆信息安全体系研究 [D]. 苏州: 苏州大学, 2012.

[12] 吕榜珍. 数字档案的长期安全保存策略 [J]. 档案学通讯, 2006 (4): 52-54.

[13] 张世永. 信息安全审计技术的发展和应用 [J]. 电信科学, 2003 (12): 29-32.

[14] 向碧群, 黄仁. 漏洞扫描技术及其在入侵检测系统中的应用 [J]. 计算机工程与设计, 2006 (7): 1301-1304.

[15] 薛四新, 王玉, 孙宇华. 数字档案安全应用研究 [J]. 档案学研究, 2003 (5): 44-46.

[16] 张健. 加密与鉴别技术在数字档案传输中的应用 [J]. 云南档案, 2008 (6): 18-20.

[17] 朱闻亚. 数据加密技术在计算机网络安全中的应用价值研究 [J]. 制造业自动化, 2012, 34 (6): 35-36.

[18] 郭立新. 基于数字签名的数字档案信息安全管理研究 [J]. 信阳师范学院学报: 自然科学版, 2009, 22 (4): 615-617.

[19] 刘伟. 浅谈数字摘要技术原理及应用 [J]. 福建电脑, 2010, 26 (10): 108-109.

[20] 邓子云. 数字信封技术及其应用研究 [J]. 华北水利水电学院学报, 2006 (1): 77-79.

[21] 戴玲, 田友亮. 基于数字签名的电子档案保护技术 [J]. 档案天地, 2013 (12): 43-45.

[22] 王绍卜. 基于数字水印技术的电子档案安全管理研究 [J]. 兰台世界, 2007 (8): 19-21.

[23] 于帅珍. 数字水印技术及应用 [J]. 大众科技, 2008 (6): 28-30.

[24] 舒雪冬. 基于数字水印技术的电子档案安全维护与应用 [J]. 经济研究导刊, 2013 (17): 243-244.

[25] 邓磊. 数字档案馆中数字水印技术的应用扩展 [J]. 兰台世界, 2012 (2): 15-16.

[26] 徐惠琴. 现代高校数字化档案备份探析 [J]. 兰台世界, 2011 (12): 30-31.

[27] 刘荣. 数字档案馆的信息安全与容灾系统的建立 [J]. 档案学研究, 2003 (3): 48-50.

第8章　数字档案信息长期保存技术

本章重点对数字档案信息长期保存技术进行介绍。首先，对数字档案信息长期保存的技术路线、文件格式、元数据管理等进行阐述；其次，针对数字档案信息长期保存技术的更新、迁移、仿真等常用技术进行介绍；最后，对当前的云存储、区块链这两种新型的长期保存技术进行阐述，展望未来数字档案信息长期保存技术的发展趋势。

8.1 数字档案信息长期保存的技术需求

与传统纸质档案相比，数字档案由于需要计算机、存储器、网络、数据库及系统等载体与工具来承载与使用，因此其长期保存方式对技术有了更多需求。本部分将从技术路线、文件格式、存储载体、元数据管理和软件功能等方面对数字档案信息长期保存的技术需求进行阐述。[1]

8.1.1 技术路线

技术路线需求主要包括更新、迁移、仿真、封装和再生五个方面的内容。信息更新的目的是防止因信息存储介质的物理性能发生变化而导致档案信息丢失。其原理为在原有技术环境下对信息数据进行实时重写，从而将数据流从旧的存储介质转移到新的存储介质中。信息迁移技术是指持续性地将档案信息从一种技术环境转移到另一种技术环境，因此，基于字符的信息可从一个存储介质转移到另一个存储介质中。仿真是指用一个计算机系统模拟另一个计算机系统，从而使得前后两者的功能完全相同，即前者接收与后者相同的数据，且执行与后者相同的程序。封装则是指通过规范档案文件的封装过程，提供统一的封装格式，从而保证档案及其元数据的完整合一。再生即再生性保护，指的是将过时的存储在磁性载体或者光盘上的电子档案，适时转换到缩微品或者纸张上的一种保护措施。此外，还包括按需迁移（migration on request）、通用虚拟计算机（universal virtual machine，UVC）、风干（dessication）、底层抽象格式（underlying abstract form，UAF）等技术方式。

以上几种技术为当前较为常见的长期保存的技术方法，通常需要根据实际的适用场景和应用范围进行综合运用。

8.1.2 文件格式

在档案数字化过程中，信息可能会因参数及格式选择不当而造成一定的损失。以音频、视频档案数字化为例，数字化过程中的采样参数与存储格式对档案质量影响较大，如选择 MPEG、WMV、MP3 等格式在形成文件的同时就已经对音频、视频档案造成了一定的压缩和破坏。基于此，文件格式的规范与统一也是数字档案长期保存的技术需求之一。我国出台了一些关于档案数字化标准及规范的文件，如《纸质档案数字化规范》（DA/T 31—2017）、《缩微胶片数字化技术规范》（DA/T 43—2009）等。但目前还存在以下问题：①缺乏对照片、音频和视频档案数字化加工的标准规范；②标准建设集中在某些重点领域，整体的标准规范体系尚未建成。

从进馆之初就对数字档案格式进行限制和规范，能够从源头上保证数字档案符合长期保存的格式生成、管理和存储要求。因此，档案部门须限制文件生成格式，建立并引导生成标准格式的数字档案，以避免后续不必要的格式转换。适合长期保存的数字文件格式有三种类型：一是首选的开放格式，同时也是格式转换的目标格式；二是可以转换为首选格式的开放格式；三是可接受的开放格式。在格式标准建设策略上，可参考其他国家档案馆的做法。如澳大利亚国家档案馆将入馆的非开放文件格式转换为基于开放标准的文件格式，[2]其图像、音频、视频等非结构化数字档案长期保存格式标准见表8-1。

表8-1 澳大利亚国家档案馆图像、音频、视频等非结构化数字档案长期保存格式标准

格式类别	首选的开放格式	可以转换为首选格式的开放格式	可接受的开放格式
图像-光栅	可移植网络图形格式（.png）	位图文件（.bmp、.gif、.pcx、.pnm、.ras、.xbm） Photoshop文件（.psd） 标签图像文件（.tiff） 微软静态光标文件（.cur）	开放文件图形（.odg） 联合图像专家小组（.jpeg） 可移植文档格式（.pdf）
图像-矢量图	尚未执行	Adobe Illustrator（.ai） Encapsulated PostScript（.eps）	可缩放矢量图形（.svg）
音频	开源无损音频压缩编码（.flac）	音频交换文件（.aiff） 广播波形文件（.bwf） MPEG-2 Audio Layer 3（.mp3） Speex（.spx） Vorcis（.ogg、.ga） 波形音频文件（.wav）	—
视频-视频流	尚未确定视频文件按当前格式保存	Flash Movie File（.swf） Motion JPEG/JPEG 2000 Real Video（.rv、.rmvb） Windows Media Video（.wmv）	Theora（.ogg、.ogv） 原始视频

(续上表)

格式类别	首选的开放格式	可以转换为首选格式的开放格式	可接受的开放格式
视频－容器	尚未确定	音频、视频交错格式（.avi） 高级串流格式（.asf） 流媒体格式（.flv） MPEG 视频（MPEG-2、MPEG-4） Quick Time 影片格式（.mov） Real Media 文件格式（.rm）	Ogg（.ogv） Matroska 多媒体封装格式（.mkv）
视频－音频流	开源无损音频压缩编码（.flac）	高级音频编码（.aac） MPEG-2 Audio Layer 3（.mp3） Real Media（.ra、.ram）	—

此外，由于格式转换有可能改变数字档案的表现形式和结构，因此，其真实性、完整性和可靠性有待保障。目前，已经有数字签名、数字水印技术可提供数字档案的认证性保护，以防止数字档案被篡改的操作；但在数字档案长期保存过程中，还需要有其他新的技术手段提供更有效的防篡改保护措施。

8.1.3 存储载体

与纸质档案载体相比，数字信息档案载体的寿命要短得多，因此，一般而言，数字档案的保存周期要长于存储载体的生命周期，导致数字档案的长期保存受制于存储载体的技术发展。目前，数字档案的存储载体主要包括磁性载体、光学载体和电载体三种，其中，光学载体中光盘是当前我国各档案机构数字档案长期保存的主要存储介质。这与国家标准《电子文件归档与管理规范》（GB/T 18894—2002）的颁布有密切关系。[3] 当前，电子文件较为常见的存储方式可分为如下六种：

（1）在线存储。指电子文件直接保存在信息系统中，可通过应用软件进行实时访问。在目前的技术条件下，硬盘及以硬盘为基础的各类存储系统（如磁盘阵列、NAS 存储等）为这类存储形式的主流存储载体。

（2）近线存储。对于实时性访问要求较低的数据可采用近线存储方式。在以往的解决方案中，以光盘为存储载体的光盘库等设备多用于近线存储；随着硬盘成本的下降和安全性的提升，硬盘存储载体逐渐成为近线存储的主流载体。

（3）异地（容灾）存储。一般通过网络直接将数据传输到远程的存储设备中。这种存储方式同样以硬盘为主要存储介质。

（4）在线备份。该方式与在线存储搭配使用，通过定期将数据备份到本地备份设备中，降低在线存储存在的数据丢失等安全风险。目前采用的主流介质为磁带机（库）设备（以磁带为载体），也可以采用虚拟带库设备（以硬盘为载体）。

（5）本地备份、异地保存。包括两种存储方式：一种是直接将在线备份到磁带上的数据送往异地保存；另一种是除了在线备份外，在本地另外制作一个备份送往异地进行保管，这种存储方式大多采用光盘作为存储介质进行备份，同时，为了避免数据损坏或被篡改，要求使用一次性写入只读光盘。

（6）异质备份。针对特别重要的电子文件，采取以电子文件长期保存、安全保管为目的的多形式备份，如将电子文件由数字信号转换为模拟信号存储在缩微胶片中。异质备份可在总体上降低对技术的依赖，因此，该存储方式也是目前我国档案馆常用的存储策略之一。2012年的一次调查显示，我国省级、副省级档案馆中已有83%采用两种以上的存储载体，其中30%采用三种以上的存储载体。[2]

8.1.4　元数据管理

元数据作为描述数据的数据，对于维护数字档案资源的真实性、完整性、安全性、有效管理以及查询和利用等方面均具有重要作用，其本身以及与其相关的技术是数字档案长期保存的关键。数字档案信息长期保存对元数据的技术需求有如下几点：

（1）标准化。元数据标准化是数字档案信息长期保存的基本条件，具体包括元数据元素的选取、元数据保存框架的建立等方面的标准化和规范化。例如，如果档案信息包唯一标识符的构成规则没有规范的标准，与唯一标识符相关联的档号、题名、编码、档案信息包等要素就很难去定位、识别和解析，从而增加了数字档案对象长期保存的难度。我国档案部门在制定数字档案的元数据标准时，可参考都柏林核心元数据标准、元数据编码与传输标准、PREMIS 保存元数据体系等国际上较为成熟的元数据标准。

（2）易于捕获。易于捕获是指元数据要便于获取，即数字档案信息长期保存所需要的元数据不依赖于人工添加，可以以自动捕获的方式从系统、数字资源本身、其他描述记录等目标对象获取。这种自动生成的元数据一方面可以有效保证数字档案信息的真实可靠，另一方面可以提高数字档案信息长期保存的效率。

（3）易于识别。易于识别是指数字档案信息对象能够被元数据发现和识别。体现在两个方面：一是需要保证元数据能够对不同层次的数字档案对象进行综合描述，保证从单个文件到全宗的时间、唯一标识符、关键词、存储格式等方面都能够被有效描述到；二是需要保证元数据的设置能够有效识别和检索用户所需的最小的数字档案对象。此外,由于数字档案信息中包含大量的敏感信息,这些信息小到个人隐私,大到国家安全,因此,如何使用元数据识别数字档案资源中的敏感信息也需要受到重视。

(4) 灵活性。灵活性包括可扩展性、可更改性和可封装性三个特性。可扩展性是指元数据根据数字档案信息长期保存和发展研究过程的不断深入,以及不同机构部门的需求,可实现在数量、语义化表达等方面的扩展。可更改性是指当元数据对数字档案对象的描述出现误差或无法满足用户需求,又或是元数据的格式需要进行调整和转换时,可以通过人为方式进行修改和完善。例如,由于环境的变化,对获取的信息要求更加具体或者更加具概括性,可以通过对元数据进行调整和修改,如增加额外的关键词或描述符等,来满足使用需求。可封装性是指数字档案对象保管机构可通过封装方式将元数据与数字档案原文信息进行打包并移交。在封装过程中,需要保证元数据没有损坏和遗失,以保证元数据和与其描述的数字档案对象一对一绑定。目前业界较为广泛应用的 OAIS 元数据参考模型在实现元数据的灵活管理方面较为出色,该模型支持档案保管机构在数字档案资源的接收、存取等过程中通过对信息包的处理来实现对元数据的灵活管理。[4]

8.1.5 软件功能

软件功能需求是数字档案信息长期保存等方面技术需求的固化,是理论研究成果转向实际应用的关键。数字档案长期保存系统功能在需要满足常规的收集、整理、存储和利用等功能基础上,还需要注意以下几点:①确保形成可信数字档案资源;②支持元数据自动获取和管理;③完善封装功能;④确保静态存储数字档案的有效管理;⑤完善迁移功能。[5]目前,软件功能模块大致可分为数字档案保存策略管理、存储环境管理、备份载体管理、文件入库、文件检测、格式转换、文件迁移、文件提取和系统管理等部分。各部分具体功能和作用见表 8-2。

表 8-2 软件功能各部分管理需求

功能模块	具体功能及作用
保存策略管理	对数字档案的封装格式,数字档案和元数据的关联方式,数字档案信息的存储路径、存储方式和备份策略等进行设置
存储环境管理	对数字档案各类存储、备份设置和存储策略进行登记和更新,管理各类存储设备的可用存储空间
备份载体管理	按照备份要求生成逻辑盘,并在权限允许的条件下下载逻辑盘中的数据,进行物理组盘操作

（续上表）

功能模块	具体功能及作用
文件入库	将按批次检测合格的 AIP 数据包导入保存库中，并按照保存策略中设置的规则进行数据存储
文件检测	根据保存策略中设置的检测指标和检测周期对长期保存在库中的数据进行检测，检测项目包括真实性、完整性、可用性和安全性等方面
格式转换	根据保存策略中设置的格式策略对长期保存在库中的文件执行格式转换操作
文件迁移	建立并维护存储载体信息登记库，对数字档案的存储载体进行跟踪管理，并适时发起文件迁移请求
文件提取	支持在文件提取前按照工作流的方式完成审批操作，提取信息作为业务元数据的一部分，并补充到数字档案信息中
系统管理	支持基于角色的权限控制模型，对系统中的任何操作进行日志记录，以便日后分析

8.2 数字档案信息长期保存技术的类型

数字档案的增长带来了保存方面的问题。与物理材料不同，数字档案无法避免所谓的"良性疏忽"，往往会受到硬软件或格式过时、服务器崩溃或其他灾难性事故等方面的影响。因此，如果不对其进行主动保存，大部分以电子方式编码和编写的数字信息可能会永久丢失。目前已经提出了数字档案长期保存的策略，但没有任何一种可以适用于所有的数据类型。数字档案信息长期保存的常见技术包括更新、迁移、仿真、封装、再生性保护等。

8.2.1 更新技术

8.2.1.1 更新技术的概念

更新（refreshing）技术是指将数字档案从一个物理存储介质移动到另一个相同类型的物理存储介质，以避免存储介质过时或降级（例如，从较旧的 CD-RW 转移到新的 CD-RW）的技术。在更新过程中，数据大小不会改变。

8.2.1.2 更新技术的适用性

更新技术对计算机软硬件的依赖较大,能够防止由存储介质的物理变化引起的档案数据丢失问题,因此,该技术是成功的数字保存策略的必要组成部分。然而,该技术存在以下局限性:

(1) 简单的更新无法满足用户对信息检索的要求,无法维护档案信息的结构特性、检索及展示能力。

(2) 直接更新可能会使数据相关的结构、链接或环境信息丢失,其有关的编码、压缩和加密信息也无法同时进行更新或转移。

(3) 更新技术是否能够应用,取决于存储介质的新旧格式、软硬件系统的兼容性。此外,更新后的数字信息需要由专门的软硬件才能够进行读取。因此,如果这些软硬件环境没有得到保留,其更新后的数字信息无法被读取。

(4) 针对媒介寿命的问题,尽管当前已经开发出使用周期长达 100 年的光盘,但在提高媒介的稳定性、容量和寿命以降低存储信息成本的问题上仍然需要持续努力。

8.2.2 迁移技术

8.2.2.1 迁移技术的概念

迁移(migration)技术是指将数据从一种软件或硬件配置转换为另一种软件或硬件配置的技术,或从一代计算机技术转换为下一代计算机技术。其目的是保留数字对象的基本特征和完整性,同时,有助于满足客户端不断变化的检索、显示和利用数字档案信息的能力。

8.2.2.2 迁移技术的策略

迁移的策略主要包括两种:一是将数字信息从稳定性较低的媒体转移到稳定性较高的媒体,从对软件依赖性较强的格式转换为对软件依赖性较弱的格式;二是将数字信息从各种不同的格式迁移到易于管理的最简单且符合标准的格式。

8.2.2.3 迁移技术的适用性

从理论上看,迁移不仅解决了数据迁移的问题,而且避免了物理存储介质、数字编码和格式过时等问题,提高了数字档案的保存能力,较适用于与软件无关的格式产生的文本文件或简单、通用的平面文件。

需要注意的是,迁移过程并不要求绝对保持原始的数据原貌,而是保存数据内容之间的关系，故迁移技术会造成版式、链接、结构和交互关系等信息发生一定程度的损失，而持续的迁移过程所带来的累积损失会更大，因此，迁移并不适用于超文本文件和多媒体文件。

除此之外，迁移的局限性还包括：

（1）迁移可能使数字信息失去原有的表现形式与固有特性，降低保存与使用价值。

（2）迁移的工作量较大，由于每一次技术的更新换代都会带来迁移需求，因此，大型数据库系统的迁移压力会更大，而迁移本身的操作负担甚至超过了存储系统的负担。

（3）迁移的费用较为高昂，在迁移过程中很难预料应该进行多大量级的格式转换，需要多少资金支持。[6]

8.2.3 仿真技术

8.2.3.1 仿真技术的概念

仿真（emulation）技术是指用一个计算机系统去模拟另一个计算机系统，使两者功能完全相同的操作。该技术可以使一个计算机系统执行另一个计算机系统所编写的程序，从而不必重写程序。仿真需要建立仿真器来翻译代码和指令程序，以便在另一计算机环境中正确执行。

8.2.3.2 仿真技术的适用性

仿真技术适用于超文本、多媒体等复杂的并且依赖特殊软硬件而又无法在新、旧技术平台中进行迁移的数字信息。仿真技术是通过保存数字信息所利用的软硬件环境来保障对数字信息的可利用性，而在技术更新迅速的当下，努力开发一个执行过时的软硬件系统显然是不合适的，因此，其在具体应用上仍然有待改进。

8.2.4 封装技术

8.2.4.1 封装技术的概念

封装（encapsulation）技术起源于1996年澳大利亚维多利亚州档案馆（PROV）的维多利亚州电子文件策略（Victorian electronic records strategy，VERS）项目，是在对数字档案进行包装的过程中，将该数字档案所需要的运行环境

（包括硬件和软件）一起打包，从而实现在其他环境下运行该程序包的技术。

VERS 采用封装技术构建数字对象，不但封装了信息内容和元数据信息，还封装了认证及数字签名的信息与方法，从而实现数字对象自我访问控制和安全管理。我国于 2009 年发布的首个电子文件封装标准规范《基于 XML 的电子文件封装规范》（DA/T 48—2009）便是受 VERS 元数据及其封装标准影响，其核心内容包括封装包格式描述、版本、被签名对象、电子签名模块和锁定签名。

8.2.4.2 封装技术的适用性

封装技术一方面能够将档案数据和档案元数据可靠地组织在一起，以规范的逻辑结构，通过创建程序包，解决电子文件格式和管理系统的硬件时效问题；另一方面，其中的数字签名等加密技术能够起到电子文件的凭证作用，保证数字档案的真实性。封装技术是数字档案交换、长期保存和利用的最佳形式。

8.2.5 再生性保护技术

8.2.5.1 再生性保护技术的概念

再生性保护（regenerative protection）技术是指将某些过时的数字信息适时转移到缩微品或纸质媒介中，从而对档案信息进行保护。由于国内外使用缩微胶片保存信息已有近 20 年的丰富经验，且缩微胶片的理论寿命长达 500 年之久，因此，一般认为，将信息转移到缩微品上会更可靠一些。

8.2.5.2 再生性保护技术的适用性

再生性保护技术为数字档案信息长期保存提供了路径，但其局限性较为明显，如有声信息和部分多媒体信息无法转移到胶片或纸张上；此外，胶片和纸张两种载体表现形式的局限性会使得数字信息失去原有的风格。

8.3 数字档案信息长期保存的相关新兴技术

随着信息社会的不断发展和档案信息的爆炸式增长，传统的数字档案信息存储技术越来越难以较好地适应档案工作现代化的需要和用户日益复杂的个性化需求。因此，新型技术在档案信息化中的尝试与应用受到越来越多的重视。其中，云存储技术和区块链技术在数字档案长期保存的可能应用上被寄予厚望。云存储技术以云计算为基础，是信息化深层次发展的产物，可提供海量、统一和安全的网络存储功能；而区块链技术存储数据时的不可更改性保证了数据的永久真实性。

8.3.1 云存储技术

2006年，Google公司首席执行官埃里克·施密特（Eric Emerson Schmidt）首次提出云计算（cloud computing）概念后，依托于此的云存储（cloud storage）技术一经提出便得以迅速发展，并逐步在全球各行业普及与广泛应用。2016年，《中华人民共和国国民经济和社会发展第十三个五年规划纲要》中指出："加强行业云服务平台建设，支持行业信息系统向云平台迁移。"目前，云存储技术在我国电子政务、网络安全、智能家居、线上教育、智慧医疗等行业得到广泛应用，在较大程度上促进了这些行业的发展。

8.3.1.1 云存储的概念

云存储技术是云计算技术发展到一定程度时开发出来的网络存储技术。云计算是分布式计算（distributed computing）、并行计算（parallel computing）和网格计算（grid computing）发展的产物，其原理是通过网络将庞大的计算处理程序自动拆分成无数个小的子程序，交由多台服务器，组成庞大的系统，通过自动任务分配和复杂计算分析之后，将处理结果传回给用户。到目前为止，云计算已形成三种服务类型——基础设施即服务（infrastructure as a service，IaaS）、平台即服务（platform as a service，PaaS）与软件即服务（software as a service，SaaS），如图8-1所示。

图8-1　IaaS、PaaS和SaaS

云存储与云计算较为类似，其定义包括两方面：

（1）在面向用户的服务形态方面，云存储提供按需服务的应用模式。当用户获得相应权限时，可以通过网络连接云端存储资源，满足随时随地在云端存储和访问用户数据的需求。

（2）在服务构建层面，云存储是一种通过集群应用、网格技术或分布式文件系统，应用软件集合网络中大量不同类型的存储设备并形成系统，对外提供按需归档、整合与分发来自不同物理硬件中虚拟存储卷中数据的存储技术服务。

8.3.1.2 云存储的特征

云存储技术包括分布式并行扩展结构、虚拟化感知、分层存储和智能空间分配四个主要特征。

（1）分布式并行扩展结构。云存储采用横向扩展（scale-out）的方式，可以根据需求动态、灵活地进行扩展。云存储的节点之间通常会通过网络进行连接，当需要扩展时，只需将新节点并入网络中即可。可以看出，网络在云存储中非常关键，选择何种网络和云存储应用的环境有着紧密联系。

（2）虚拟化感知。云存储适用于云计算的环境，而云计算的两大特点为按需服务和动态扩展。如虚拟机可以在不同的物理主机之间迁移，极大提高了服务器的可用性，可满足不同计算需求。这要求云存储具备虚拟化感知的能力，在前端的虚拟应用发生迁移后能够继续提供同样的服务。

（3）分层存储。在系统没有分层存储能力的时代，归档的实现十分困难，尤其是对于结构化的数据；有了分层存储能力后，系统便可以自动地在后台实现数据的归档，根据数据的重要性和访问的需求在不同的存储能力层中进行迁移。

（4）智能空间分配。在云计算的环境中，上层的个性化应用需求是难以把握的。固定的空间分配能力既不符合用户"按需"的使用要求，也不符合运营者的资源利用要求。因此，云存储内部需要具备智能空间分配的能力，以满足不同客户、不同类型应用的需求。

8.3.1.3 云存储的种类

从数据存储与访问方式的角度，可将云存储分为数据块级云存储、文件级云存储和对象级云存储三种。

1. 数据块级云存储

数据块级云存储（block storage）也称为块存储，其一般体现形式是卷或者硬盘，使用或读取数据的主体是可以读写块设备的软件系统。传统的块存储设备（block device）包括硬盘、U盘或者 iSCSI（即 Internet 小型计算机系统接口）设备等，首次使用需要经过格式化操作，并创建一个文件系统，才能进行文件存储与读取。数据块级云存储由于只负责数据读取和写入，能够提供高速、持久、可靠的数据块存储访问服务，访问速度在三种云存储类型中是最快的，但只能被一个系统独占使用。目前较典型的数据块级云存储应用包括亚马逊 AWS 的 EBS、阿里云的盘古系统等。

2. 文件级云存储

在传统的文件级存储中，使用或读取数据的主体是自然人，最常见的是电脑系统盘的目录。而文件级云存储（file storage）通过网络文件系统访问协议提供文件级的存储访问服务。在云存储时代，文件级云存储不但具备上述其他云存储的特征，而且突破了传统网络附加存储（NAS）访问空间的限制，提供高达 PB 级的全局命名空间的访问能力。与数据块级云存储相比，这种存储形式的访问速度属于中等，但可以被多个系统共同访问。目前较典型的文件级云存储应用包括亚马逊 AWS 的 EFS 等。

3. 对象级云存储

对象级云存储（object storage）通过广域网的面向对象的访问协议来获取对象级的存储访问服务，其面向的用户并非人类，而是计算机的程序应用，计算机后端对接的即为对象存储。对象级云存储将一切文件视为对象，面向的是海量的各种尺寸、不同格式的对象内容。与另外两种存储方式相比，这种方式的访问速度最慢，但便于共享。生活中较常见的对象级云存储有百度云盘等。

8.3.1.4 云存储的结构模型

云存储技术组合了网络设备、存储设备、服务器、应用软件、公用访问接口、接入网和客户端程序等部分，其架构可分为存储层、基础管理层、应用接口层和访问层，如图 8-2 所示。

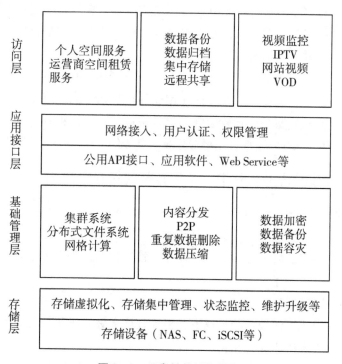

图 8-2 云存储的结构模型

（1）存储层。存储层是云计算最基础的部分。存储设备类型主要可分为两类：一类是 FC 光纤通道、网络附加存储（NAS）、Internet 小型计算机系统接口（iSCSI）等 IP 存储设备，另一类是小型计算机系统接口（SCSI）和服务器附加存储（SAS）等直接附加存储（DAS）设备。云存储设备数量庞大，分布在不同地域，彼此之间通过广域网、互联网或 FC 光纤通道网络进行连接，各存储设备上安装了统一的存储设备管理系统，可实现存储设备的逻辑虚拟化管理、集中管理等。

（2）基础管理层。基础管理层是云存储中最核心的部分，同时也是最难实现的部分。基础管理层通过集群系统、分布式文件系统和网格计算等技术，实现云存储中多个存储设备之间的协同工作，从而使多个存储设备共同对外提供同一种服务，以提供更强的数据访问性能。

云存储系统通过集群文件 OS 实现后端存储设备的集群工作，利用内容分发系统（CDN）、P2P 数据传输技术和数据压缩技术，可以更高效地存储、使用云存储中的数据，该过程占用空间更少，传输带宽占用更低，从而对外提供更为高效的服务。

数据加密技术保障了数据存储和传输过程中的安全性。通过数据备份和容灾技术，可以避免云存储中的数据丢失，从而确保云存储数据的安全性和稳定性。

（3）应用接口层。应用接口层是云存储中最灵活多变的部分。不同的云存储运营单位可根据实际业务类型开发不同的应用服务接口，以提供不同的应用服务。任何一个授权用户都可以通过网络接入、用户认证和权限管理接口的方式登录云存储系统，并享受云存储服务。

（4）访问层。云存储运营单位的不同会导致提供的访问类型和访问手段也不同。相应地，云存储使用者采用的应用软件客户端不同，享受的服务类型也不同，如个人空间租赁服务、运营商空间租赁服务、数据远程容灾和远程备份、视频监控应用平台、IPTV 和视频点播应用平台等。[7]

8.3.1.5　云存储技术在数字档案信息长期保存中的优势

"云"概念一经提出，就受到图书馆和档案界的关注。云存储技术将主数据或备份数据放到单位外部不确定的存储池中，而不是放在本地数据中心或专用远程站点中，能够满足数字档案共享、存储、管理和维护等需求。云存储具备以下优势。

1. 可靠的存储架构

云存储在现代存储技术的支撑下，很大程度上弥补了传统存储容量低和效率低的不足，其技术优势体现在：

（1）云存储实现了数据海量存储和无限扩容。当存储空间不足时，服务商可根据设备特点采购新的服务器来实现系统容量的扩充。

（2）云存储创新了数据保存的状态。网络环境下，海量数据资源的可读性、可用性、完整性与真实性等要求存储设备能够对不同地域、不同网络环境下产生的数字档案资源进行长期协同存储，而虚拟技术冗余存储技术能够很好地实现对数据信息的存储、保护、管理和利用。

（3）云存储为数据安全提供技术和人员的双重保障。在进行数字档案信息长期保存的过程中，一些不可控因素，如工作人员的操作失误、数据传输过程的数据丢失与失真等情况的发生，都极有可能造成档案信息的灾难性毁灭。云存储中数据备份、数据迁移和加密技术的结合使用在一定程度上可以保障数据的完整性和安全性。

（4）云存储系统对存储设备不具依赖性。在云存储系统中，当硬盘发生故障时，该硬盘的数据会由系统自动在云存储可用的资源中生成一份，并作为一个新的存储资源加入云存储系统中。

2. 完善的备份措施

云存储备份技术改善了传统备份由操作失误或系统意外故障等引起的数据损坏、备份空间有限等方面的缺点。备份技术主要包括冷备份和热备份技术、镜像技术、快照技术、独立冗余磁盘列阵技术等，各备份方式能够实现优势互补。云备份的优点在于：

（1）可实现按需备份。云存储采用分布式并行扩充方式，当存储容量不足时，服务商可通过采购服务器或扩充宽带等方式扩充容量。

（2）可实现实时双重备份，且数据库工作不中断。双重备份是指同一个数字资源存储对象会同时存储到两个设备中。在备份过程中，数据库可正常运行和工作，不会影响用户对数据的访问。

（3）数据安全有保障。通过采用数字加密技术，用户经授权才能访问数据；在备份过程中，用户也可使用特定加密算法对上传文件进行加密，以保证传输过程中的安全性。

3. 高效的迁移机制

由于数据迁移不仅承担着数据备份、归档和恢复过程中数据的来回迁移等任务，而且是系统稳定运行的有效保障，因此被认为是存储系统的核心。传统的数据迁移主要依靠局域网的数据归档进行，比较适合于数据量较小的文档数据的迁移。而面对海量数据迁移时，因其数据格式、大小等的不同，不仅在迁移过程中会影响局域网络的宽带速率，而且极易因为某一步骤的错误或其他不可预知的情况，严重影响后续迁移工作的进行。

在云存储中，LAN–Free 和 Server–Free 归档模式对以往的迁移方式进行了改善，二者是建立在存储区域网络（SAN，一种独立于计算机局域网的专用于存储服务的网络，能够在多台主机和多个存储设备上提供任意两个节点之间的通信通道）上的解决方案。这两种结构将磁带库和磁盘列阵视为独立的光纤节点，多台主机共享磁带库备份。LAN-Free备份时数据无须通过局域网，用户只需将磁带机或者磁带库等备份工具连接到SAN上，各服务器便可将需要备份的数据直接通过SAN发送到共享的备份设备上，而不占用局域网中的宽带速率，实现控制流和数据流的分离，因此，它在迁移容量方面做了较大改进，但在一定程度上会占用服务器CPU处理时间和服务器内存；而Server-Free作为一种高效的海量数据迁移模式，备份时数据通过一种名为数据移动器的设备从磁盘阵列传输到磁带库上（该设备可能是光纤通道交换机、存储路由器等），当数据移动器收到一种名为SCSI-3的扩展拷贝命令（SCSI-3 extended copy command）时，能够使服务器发送命令给存储设备，指示后者把数据直接传输给另一个设备，而不必通过服务器的总线和内存，因此，可以减少对服务器资源的占用，进一步优化了迁移系统的整体性能。

4. 低廉的存储费用

从长远来看，云存储技术的最大特点是可以减少存储成本。首先，云存储可以通过划分不同消费群体，并提供针对性服务，减少不必要的成本预算。例如，企事业单位在不断的生产过程中累积了大量的数据、影像等历史资料，对这些资料的保存需求也日益复杂：不断加大存储空间（档案库房），配备密集架，同时必须不断增加移动硬盘设施，以对数据资料进行保存和备份。而利用云存储技术则可以减少一定量的硬件保存设备，从而减少设备采购成本。其次，云存储系统对存储设备、服务器设备、硬盘等产品的一致性要求较低，故既可以实现原有硬件的利旧保护投入，也可以实现新技术、新设备的快速更新迭代，从而实现可持续发展。因此，其所采用的存储与服务器设备可有较大范围的选择与优化，性价比较高，在长久合作的关系下，对使用者而言，更利于实现对成本的控制和对服务质量的提高。[8]

8.3.1.6　云存储技术在数字档案信息长期保存中应注意的问题

尽管云存储在技术上有着较强的优势，但在数字档案信息长期保存应用过程中，仍然存在如下问题，应用时需要注意。

1. 云存储资料的安全性问题

由于云存储是一种虚拟空间的存储技术，为了保障数据内容的零损毁，档案馆在进行数字档案信息长期保存过程中，一方面，需要建立冗余与备份计划，如将云存储作为替代磁带备份的辅助存储池来使用，或同时使用多个云存储平台。另一方面，由于档案馆的档案资源主要包括政府、企事业单位的电子文件，因此，需要树立隐私保护意识，确保档案数据的隐私不被泄露。如将档案按照访问权限进行类别划分，机密性档案资料应避免放在云端存储，以防黑客攻击或发生网络病毒等网络安全事故；而其他档案资料可预先设定访问权限，哪些资料对部分人开放,哪些资料可全部对外开放,同时申请加密技术。此外,对于这种新兴技术,国家应尽快制定相应的法律法规,对滥用或盗用资料进行违法活动的应予以制裁。

2. 档案人员的相关技术问题

一方面,档案专业教育由于招生生源中文科生比重过大,同时,高校档案学教学中,对信息技术等基础知识的重视程度普遍不够,教学内容局限于专业核心课程,导致培养出来的学生计算机技术薄弱,无法较好地适应社会信息化及知识经济背景下的后现代档案工作,"档案-计算机"复合型人才匮乏。[9]针对这种情况,需要完善档案相关专业信息技术的基础教育工作,为档案信息化提供坚实的人才基础。另一方面,已经走上工作岗位的档案管理人员,除了要掌握传统的档案保存技术外,也需要通过培训或自学途径不断学习新知识、新技术,了解、熟悉和掌握网络知识,熟练运用云存储保存档案的知识和技术,为有效管理、应用云存储档案数据做好充分准备。

8.3.2 区块链技术

区块链(blockchain)能够以一种永不被删除、不可更改的方式保存数据,这样的技术特性与数字档案长期保存的要求存在一致之处。随着区块链技术的发展,其在文件档案管理中的应用日益受到重视。2008年,日本学者中本聪(Satoshi Nakamoto)第一次提出区块链的概念。[10]2015年年初,美国数字档案管理专家Cassie Findlay分析了区块链在数据归档保存方面的能力,并指出区块链在维护证据的神圣不可侵犯性、真实性等方面可以为档案界所用。[11]区块链技术现正试用于金融、供应链、文化、医疗及其他公共服务等应用领域,具有广阔的应用前景。

8.3.2.1 区块链的概念

区块链是一种链式数据结构,链上每个区块以时间顺序相连,利用密码学知识进行数据交换和存储,[12]是去中心化系统中各节点共享且共同维护的分布式数据账本。一个完整的区块包括区块头和区块体。区块头记录当前区块的元信息,包括其版本号、当前的时间戳、上一个区块的哈希(hash)值;而区块体则包含技术信息、交易信息等,如图8-3所示。整个区块没有区块尾的原因是,在区块链中,当前区块紧挨着下一个区块的区块头,从而形成区块链,区块链的"链"实际上就是该区块与下一个区块头连接的hash计算值。

区块链技术是利用块链式数据结构来验证和存储数据,利用分布式节点共

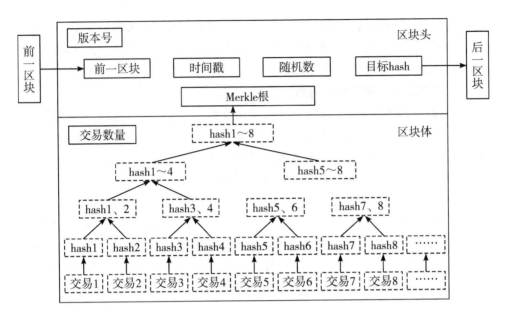

图 8-3 区块结构

识算法[①]来生成和更新数据,利用密码学的方式来保证数据传输和访问安全,利用自动化脚本代码组成的智能合约来编程和操作数据的一种全新的分布式基础架构和计算范式。[13]

8.3.2.2 区块链的种类

区块链按准入机制可分为公共区块链、私有区块链和联盟区块链三种类型。

1. 公共区块链

公共区块链(public blockchain)又称为公有链,即完全开放的区块链。在公有链中,任何人都可以读取和发送交易,且交易能够得到有效确认;同时,公有链上的数据是由全球互联网中的所有人共同维护,没有人可以擅自篡改,任何人都可以通过交易读取和写入数据。加入公有链不需要任何人授权,可以自由加入或离开,因此,公有链又称为非许可链。

公有链是真正意义上的完全"去中心化"的区块链。目前,比特币、以太坊、超级账本等都是公有链。公有链一般适用于虚拟货币、面向大众的电子商务、互联网金融等领域,如图 8-4 所示。

---

① 共识算法,即解决某一提案(目标、投票等协作工作)时,使各方达成一致的过程。

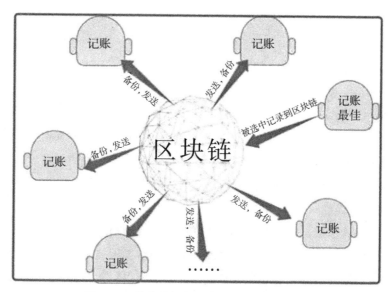

图 8-4 公有链依靠共识机制筛选记账节点

（图片来源：https://www.sohu.com/a/225700789_694022）

2. 私有区块链

私有区块链（private blockchain）又称为私有链，是一种不对外开放的，只有被授权的节点才能参与并查看数据的区块链。一般用于国家政府机构、企业组织和个体内部。

在国家政府机构中，其应用场景包括政府预算和执行等；在企业组织中，其应用场景一般是数据库管理、审计等。

私有链的特点在于能够提供安全、可追溯、不可篡改、自动执行的运算平台，同时也可以防范来自内外部对数据的安全攻击。目前，许多大型金融机构更倾向于使用私有链技术，较为典型的是中国人民银行开发的用于发行央行数字货币的区块链。

3. 联盟区块链

联盟区块链（consortium blockchain）又称为联盟链，是指共识过程受到预先选好的节点控制的区块链。联盟链仅限于联盟成员参与，区块链的读写权限和参与记账权限按照联盟规则来制定。联盟链网络由成员机构共同维护，网络一般通过成员机构的网关节点接入。

联盟链适用于机构间的交易、结算或清算等 B2B 场景。例如，在银行间进行支付、结算或清算的系统中可使用联盟链，将各家银行的网关节点作为记账节点，当网络中有超过一半的节点确认了一个区块，则区块记录的交易将得到全网确认。典型的联盟链有 R3 联盟、原本链等。

8.3.2.3 区块链的特征

区块链的主要特征包括去中心化、不可篡改性、可追溯性、开放性和匿名性。

1. 去中心化

去中心化是区块链技术的本质特征。由于使用了分布式核算和存储,没有集中的硬件或管理组织,区块链并不依赖于中心化机构,其中的任意节点的权利与义务都是平等的,从而实现了数据的分布式记录、保存和更新。

2. 不可篡改性

这一特性的基础技术是 hash 算法的单向性。数据信息一旦经过验证并添加到区块链,便得到永久存储,无法更改;除非能够得到控制系统中一半以上的节点的允许,数据的修改才会被视为有效,即单个节点对数据的修改是无效的。

3. 可追溯性

区块链中的数据信息存储在带有时间戳的链式区块结构中,链上的信息按照时间顺序排列,任何数据都可以按照时间顺序追溯到原始数据,因此,具有较强的可追溯性和可验证性。

4. 开放性

区块链,尤其是公有链上的数据对所有人都开放,任何人或者参与节点都能够通过公开的接口查询区块链上的数据记录或者开发相应的应用,因此,整个系统中的信息十分公开透明。

5. 匿名性

区块链的匿名性是指非实名性,主要采用的是非对等加密等技术,每个账户身份相当于一个虚拟身份,用密码学字符来代替,别人可以了解该账户的信息,但无法了解到账户所对应的身份。在信息传送时,不需要验证双方的真实身份,也不会知道对方的任何私人信息,因此,区块链具有匿名性。[14]

8.3.2.4 区块链技术在数字档案信息长期保存中的优势

区块链概念一经提出,便受到我国广大档案学者的关注。区块链技术的去中心化、不可篡改性和可追溯性等特点能够解决数字档案信息普遍存在的真实性和安全性问题,进而可加强档案管理主体治理的智能,提高档案管理工作效率。在数字档案信息长期保存过程中,区块链技术具备以下三点优势。

1. 保证数字档案的真实性

区块链技术能够很好地保证数字档案的真实性。以往数字档案存在易被修改的弊端,相关人员利用这一缺陷,能对档案信息进行篡改和伪造,破坏档案的真实性。区块链运用 hash 算法,使得区块链中的任何档案信息无法被未经授权的用户以不可察觉的方式进行伪造、修改和删除等操作，而在底层数字档案信息中往往会附加数字签名、散列函数等密码组件支持，极大地增加了攻击者恶意篡改、伪造和否认数据操作的难度与成本，确保了数字档案的真实性。

2. 保证数字档案的安全性

区块链以一种不可删除的块链形式存储数字档案信息，其背景信息、逻辑结构等形式都能够十分完整地分散保存在不同数据存储块链当中，从而能更好地实现数字档案的安全性维护。此外，区块链在保密性方面设置了相应的认证规则、访问控制和审计机制，规定了不同用户对不同数据的访问控制权限，并使用非对称加密算法，从而加强了数字档案信息的隐私保护，确保了其安全性。

3. 增强数字档案的可靠性

数字档案的可靠性要求数字档案自身准确可靠。区块链技术应用智能合约、时间戳、防篡改等技术，一方面，由于区块链的可信时间戳由共识节点共同验证与记录，不可伪造和篡改，能够应用于数字档案信息资源库中档案信息和数据存储的存在性证明，在数字档案信息资源数据库的建设中发挥着重要作用；另一方面，能够有效保障数字档案在生成、迁移、保存与利用过程中的内容完整性，在任何一个环节对数字档案信息进行操作，都会生成一个相应的时间凭证在区块链系统中显示，从而能够增强数字档案信息的可靠性。[15,16]

8.3.2.5 区块链技术在数字档案信息长期保存中应注意的问题

虽然区块链技术在数字档案信息长期保存中有着独特的技术优势，但仍然需要注意以下问题。

1. 开发与推广门槛较高

由于区块链对计算资源和存储资源的需求很大，想要对相关系统进行开发和推广，需要投入较多的人力、物力和财力，成本很高，一般的企业单位没有能力去承担这些投入。因此，国家需要加强对区块链技术发展的政策支持与资金支持，推动区块链技术的开发和利用。

2. 数据写入交易成本高

存储在区块链中的信息都是以交易的形式进行的，这意味着每次写入数据时都需要支付一定数量的数字货币作为交易费用。而档案管理人员往往会通过档案管理系统对文件进行多次添加、删除和修改操作，需要缴纳多笔交易费用，可以推测，通过区块链进行数据写入的交易成本是很高的。因此，除了要加强资金支持外，各档案单位及机构如果想要从中获利，需要改善管理流程，最大限度地降低管理成本，以提高投资回报率。

3. 国际缺乏统一的行业标准

目前，国际上还没有形成统一的区块链技术监管框架，存在着一定的监管风险。虽然我国发布了有关区块链管理的文件，如《区块链隐私保护规范》（T/

CESA 1049—2018)、《区块链技术安全通用规范》(T/SSIA 0002—2018)等,但与其他国家之间缺乏统一的技术标准和行业规范,使得区块链在档案管理领域的广泛应用之路十分艰难。此外,区块链技术也在不断发展变化,只有标准化才能最大限度地降低技术变迁产生的不利影响。[14]

实验设计

申请腾讯云主机或阿里云主机试用版,对云主机进行基础操作和探索,以了解云计算和云存储服务的运行和管理机制。

思考题

1. 请谈谈云存储或区块链技术在档案领域的应用可能性。
2. 云存储在数字档案长期保存中的独特优势体现在哪些方面?
3. 在应用区块链技术进行数字档案长期保存时,需要注意哪些问题?
4. 谈谈你对数字档案长期保存的思考和建议。

【参考文献】

[1] 方昀,杨安荣,宗琳. 电子文件长期保存技术需求研究 [J]. 档案学研究,2016 (1):96-100.

[2] 肖秋会,张瑜. 非结构化数字档案资源长期保存的挑战及应对策略 [J]. 中国档案,2016 (7):74-77.

[3] 蒋术. 我国数字档案存储载体长期保存研究 [J]. 出版发行研究,2016 (2):89-93.

[4] 吴申艳. 基于数字档案长期保存的元数据需求及建设策略研究 [J]. 档案管理,2017 (6):42-44.

[5] 耿志杰,凌桂萍. 基于长期保存视角的档案管理软件产品功能研究 [J]. 档案管理,2019 (4):32-35.

[6] 秦珂. 数字信息长期保存的技术方法分析 [J]. 档案与建设,2006 (3):19-21.

[7] 张龙立. 云存储技术探讨 [J]. 电信科学,2010,26 (S1):71-74.

[8] 唐芸. 云存储在数字资源长期保存中的应用研究 [D]. 湘潭:湘潭大学,2014.

[9] 谢童柱. 档案数字资源云备份策略的 SWOT 分析 [J]. 兰台世界,2014 (14):23-25.

[10] Nakamoto S. Bitcoin:A peer-to-peer electronic cash system [J]. Bitcoin. -URL:http://bitcoin.org/bitcoin.pdf.2008,4.

[11] 刘越男，吴云鹏. 基于区块链的数字档案长期保存：既有探索及未来发展［J］. 档案学通讯，2018（6）：44-53.

[12] 刘越男. 区块链技术在文件档案管理中的应用初探［J］. 浙江档案，2018（5）：7-11.

[13] 中国区块链技术和产业发展论坛. 中国区块链技术和应用发展白皮书［EB/OL］（2016-10-18）［2020-04-28］. http://www.fullrich.com/Uploads/article/file/2016/1020/580866e374069.pdf.

[14] 林昕，黄少华，聂云霞. 区块链技术应用于档案管理的SWOT分析［J］. 山西档案，2019（4）：70-75.

[15] 聂云霞，肖坤，何金梅. 基于区块链技术的可信电子文件长期保存策略探析［J］. 山西档案，2019（4）：76-82.

[16] 海啸. 基于区块链技术的数字档案信息安全建设策略探究［J］. 山西档案，2020（2）：118-124.

后 记

信息技术的发展日新月异，深刻地影响着各行各业。随着电子文件和数字档案的不断增加，如何对这些人类珍贵的记忆财富进行有效管理、长期保存和高效利用就成为摆在档案管理者面前的重要课题。进入 21 世纪后，档案数字化进程进一步加快，传统档案馆逐渐向数字档案馆转型。数字档案馆建设所面临的挑战来自管理、信息技术、制度环境三个方面，其中又以信息技术进步及其普及为数字档案馆发展的前提和主要推动力。

本书旨在介绍新兴信息技术及其对档案事业发展的影响，使学生了解当前新兴信息技术及其应用，掌握档案馆工作中涉及的基本信息技术以及未来可能应用于档案馆的信息技术，在弥补档案学本科生信息技术基础薄弱的不足和扩展信息技术视野的同时，培养学生的应用能力和实践能力，将理论课所学知识与实际工作需要真正结合在一起。

本书主要涵盖信息技术在数字档案馆的应用。其相关内容历来是信息管理类院校本科生课程设计的一个核心。但是与图书馆学、博物馆学等相关学科不同的是，目前还很少看到档案学专业专门针对信息技术及其应用而设立的课程。事实上，无论是具有多年档案学专业教学经验的教师还是档案学本科生，他们普遍认为应该而且迫切需要开设数字档案馆信息技术专门课程，来讲授档案馆在新的信息技术环境下的发展和信息技术在档案馆的应用等相关内容，以便让学生在当前信息技术突飞猛进的时代能够更好地掌握档案数字化专业知识，从而为档案事业信息化人才队伍提供储备力量。本书可作为高等学校本科生、研究生教育中相关课程的教材和参考书，对正在进行相关研究与实践活动的高等院校相关人员和档案馆工作人员同样具有理论指导意义和实践借鉴意义。

本书各章节分别由以下人员参与编写：

第一章：徐健

第二章：徐健、杨斯楠、吴思洋、谭芳

第三章：邓淑卿、吴思洋、徐健

第四章：谭芳、徐健、王楚涵

第五章：吴思洋、徐健、王楚涵

第六章：徐健、吴思洋、谭芳

第七章：徐健、吴思洋、谭芳

第八章：谭芳、徐健、王楚涵

  本书是在中山大学档案学专业本科生课程"数字档案馆与信息技术"讲义的基础上，经过完善成书出版。特别感谢中山大学本科教学质量工程项目建设的经费资助，以及中山大学信息管理学院陈定权院长在教材建设课题立项申请、研究和总结各阶段给予的悉心指导。此外，还要特别感谢中山大学信息管理学院陈永生教授、吴江华讲师，他们在课程设置、课程内容建设等方面提出了宝贵的建设性意见。

  由于数字档案馆概念及新兴信息技术尚处在不断发展变化过程中，加之我们的研究水平和实践时间有限，书中的一些观点论述还有待进一步深入研究与探讨。敬请读者批评指正。

编 者
2021 年 2 月